PETER MICHALZIK

HORVÁTH HOPPE HITLER

1926 BIS 1938
DAS ZEITALTER DER MASSE

aufbau

Mit 54 Abbildungen

FSC
www.fsc.org
MIX
Papier aus verantwortungsvollen Quellen
FSC® C083411

ISBN 978-3-351-03813-7

Aufbau ist eine Marke der Aufbau Verlage GmbH & Co. KG

1. Auflage 2022

Einbandgestaltung Anzinger und Rasp, München
Satz LVD GmbH, Berlin
Druck und Binden CPI books GmbH, Leck, Germany
Printed in Germany

www.aufbau-verlage.de

INHALT

1933

1934 - 1935

1936 - 1938

ANHANG

VORWORT

Ein Buch wie eine Ausstellung. Ein Buch wie eine Ausstellung, in der man der Chronologie der Ereignisse folgen, in der man sich aber auch frei bewegen kann. Ein Buch wie eine Ausstellung, in der sich das Gefühl einer Epoche vermittelt. Genau das schwebte mir vor: Zusammen mit meinen Leserinnen und Lesern möchte ich der Zeit vor und nach 1933 nahekommen, ihrer gefährlichen Erregung, die uns so sehr an Heute erinnert und die sich in manchem zu wiederholen scheint.

Marianne Hoppe, die große Theater- und Filmschauspielerin, begann damals ihre Karriere und spielt eine wichtige Rolle in dieser Ausstellung. Sie scheint mir sehr typisch für ihre Zeit, als würde sie wie eine Art Erscheinung dieses Zeitalter verkörpern. Also bin ich für mein Buch von dieser Erscheinung ausgegangen: von den unzähligen Bildern, die von ihr gemacht worden sind.

Ende der 1990er Jahre habe ich Marianne Hoppe, knapp 90 Jahre alt, noch kennengelernt. Auch das war ein Bild. Bei unseren Treffen in ihrer Berliner Wohnung war sie krank, aber es blieb sogar dann dabei. Sie war eine klare und humorvolle Frau, die mich nicht nur aufgrund ihres Alters beeindruckte. Sie thronte in ihrem Bett und vermittelte keinen Eindruck von Schwäche.

Ich war damals wegen Gustaf Gründgens zu ihr gefahren, mit dem sie verheiratet gewesen war, sie aber wollte von Horváth sprechen, und zwar mit Nachdruck. Dass Horváth für sie eine solche Bedeutung hatte, war mir damals nicht bewusst gewesen. Die beiden hatten 1933 eine enge Beziehung gehabt – aber was für eine? Dazu sagte sie nichts.

Horváth wird bis heute im Theater sehr viel gespielt. Aber wer war der Mann, der 1938, gerade als er auswandern wollte, vom Baum erschlagen wurde? Horváth zeichnete wie niemand sonst die Masse der Menschen. Seine Dramen und Prosastücke sind voller Skizzen damaliger Charaktere, aber wer er selbst war, ist bis heute undeutlich. Wie kein anderer Schriftsteller konnte er die Sprache seiner Zeitgenossen imitieren, vor allem die der Süddeutschen. Diese Fähigkeit ist ihm nach 1933 verloren gegangen, davon bin ich für dieses Buch ausgegangen.

Und Hitler, nun ja, Hitler gehört dazu. Er prägte diese Zeit, er dachte, er wäre ein neuer Messias, und viele folgten ihm darin. Er predigte in dem bekannt eifernden und besserwisserischen, belehrenden Ton, der heute so beunruhigend wiederkehrt. Deshalb habe ich entschieden, Hitler in seinen Reden selbst sprechen zu lassen. Er wird so spürbarer in seiner Gefahr, aber auch in seiner Gewöhnlichkeit. Er kommt uns auf diese Weise näher, wird bedrohlicher. Manchmal hat man das Gefühl, er sei heute weg- oder totkommentiert, eben das wollte ich vermeiden.

Ein Buch mit drei Perspektiven, die miteinander verbunden sind. Durch drei Biographien diese Zeit begreifen, sie mit ihren drei Augenpaaren betrachten. Ein Buch wie eine Ausstellung eben. Der zentrale Punkt ist dabei das Jahr 1933, in dem Horváth aus dem Gleis geriet, in dem Marianne Hoppes Filmkarriere begann und in dem Hitler an die Macht gelangte.

Ein Buch wie eine Ausstellung, und in der Mitte steht, wie eine Art Sphinx, die Masse. In der Mitte steht die Masse der Menschen – die Vielen, unübersehbar und nicht verstehbar. Das ist es, was am stärksten an unsere Gegenwart erinnert. Die dauererregte Masse in den sozialen Medien und auf den Demonstrationen, die meint sich selbst gefunden zu haben, diese Masse, die aber niemand, der ihr zusieht, verstehen kann.

Was ist diese Masse? Soviel scheint klar: Heute wehrt die Masse sich gegen etwas. Was das aber ist, ist so schwer greifbar wie die Masse selbst. Vielleicht wehrt sie sich gegen das Gefühl, dass ihr das Leben aus der Hand genommen wird, dass sich der Staat oder was man für ihn hält (Eliten, Lobbyisten, Beamte und Apparate, Institutionen inklusive Parteien, Kirchen, Gewerkschaften, Medien) verselbständigt.

Und damals, Anfang des vergangenen Jahrhunderts, als die Masse entstand? Was war die Masse, als sie begann, die Wahrnehmung der Gesellschaft von sich selbst zu prägen, als sie in Aufmärschen, in Stadien, auf Plätzen und schließlich im Krieg so nachdrücklich in Erscheinung trat?

VORGESCHICHTEN

Augen

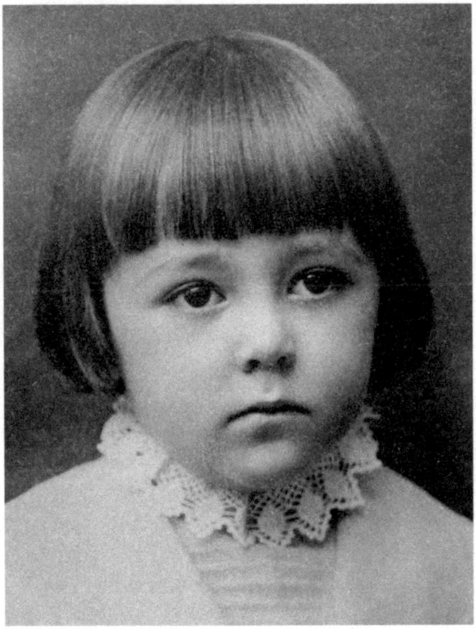

Eine der wenigen Erinnerungen an den jungen Ödön von Horváth stammt von seiner Mutter. »Wie neugierig dieses Kind auf die Welt war.« Sie erzählte Ödöns Freundin Gustl: »Immer wenn Menschen zu Besuch kamen, wenn Empfänge waren, ging mitten in der Nacht leise die Tür auf, und Ödön stand im Türrahmen, im Spitzennachthemd, und staunte die Menschen an, still, beobachtend und todernst. Es war ihm nicht abzugewöhnen. Man versuchte alles, wartete, bis er in tiefem Schlaf war, und konnte es nicht fassen, dass er trotzdem plötzlich dastand, lautlos und aufmerksam, mitten unter den fremden Menschen.«[1]

Horváth lernte Gustl Schneider-Emhardt, wie sie später mit vollem Namen hieß, im Alter von zwölf Jahren kennen. Sie war ein Jahr jünger als er. Er schrieb Liebesgedichte an sie, die beiden blieben lebenslang befreundet, und sie wurde – durch die Heirat mit dem Bruder Lajos von Horváth – seine Schwägerin. Vieles, was wir über Horváths Familiengeschichte wissen, stammt von ihr.

Das Faszinierende an der Erinnerung der Mutter ist das, was Emhardt mit den Worten »still, beobachtend und todernst« wiedergibt. Die fast beängstigende Betrachtung der Erwachsenen durch ein Kind, ein intensives Schauen, die großen Augen, die man vor sich zu sehen meint. »Ödön stand im Türrahmen … und staunte die Menschen an« – das erinnert an ein gerahmtes Erinnerungsgemälde. Er staunte nicht nur, er staunte an.

Gustl Schneider-Emhardt gab ihrem Erinnerungsbericht von 1983 ein Foto bei und schrieb dazu: »Wenn man dieses faszinierende Kinderbild betrachtet, weiß man, dass diese Geschichte wahr sein muss. Es kann gar nicht anders gewesen sein.«[2] Es ist ein Bild, bei dem man wirklich denken kann, dieser kleine Ödön glaubt nicht, was er hier zu sehen bekommt. Er fühlt sich fremd. Er kann nicht wegsehen. Er schaut und schaut und schaut. Man fragt sich unweigerlich: Was sah dieses Kind, wenn es die fremden Menschen anschaute, die sich abends bei den Eltern versammelt hatten? Was faszinierte ihn daran? Was zog ihn so sehr an, dass er schauend im Türrahmen verharrte?

Bild der Frau (I)

Was für ein Gesicht! So wach, so anwesend. Und so würde sie bald aussehen. Im Jahr 1909 wurde Marianne Hoppe geboren. Auf dem Foto dürfte sie etwa 20 Jahre alt sein.

Wie zart dieses Gesicht ist! Wie aufgeschlossen, wie freudig sie ins Leben blickt, in das große Kommende, das vor ihr liegt. Wie erfrischend sie wirkt, wie stark. Und wie fein ihre Gefühle sind. All das meint man hier zu erkennen oder zu ahnen.

Wie mag es gewesen sein, als der Fotograf, vielleicht sogar die Fotografin (es gab sie durchaus!), dieses Bild aufgenommen hat? Es war ein Studio, die Lampen waren wahrscheinlich vorinstalliert, die Haare, kurz aber weiblich, schnell gerichtet, nein, das ist kein Bubikopf mehr.

Ich lasse sie etwas nach oben schauen, denkt der Fotografierende. Dann wirkt sie noch präsenter. Ich sage ihr, dass sie den Mund leicht geöffnet lassen soll, und irgendetwas ansehen soll, das sich oberhalb von ihr befindet, etwas, das sie gerade erst bemerkt hat. Schön, denkt der Fotograf, man denkt, dass sie alles um sich herum wahrnimmt.

Das Erstaunliche an diesem Gesicht sind nicht die klassische Schönheit, das Zarte, das Kraftvolle, das Präsente, das Offene. Das Erstaunliche sind die Möglichkeiten, die es birgt. Ausdrucksstark und unbeschrieben. Marianne Hoppe und die damalige Bildindustrie – Kino, Fotografen, Illustrierte – begannen gerade, dieses Gesicht zu erkunden. Sie gaben ihm immer neue, unterschiedliche Erscheinungsweisen. »Masken« wäre dafür der falsche Ausdruck. Es wurde nichts verborgen, immer wieder wurde eine neue Seite aufgeblättert. Sie lasen es. Sie erprobten, was aus diesem Gesicht gemacht werden kann.

Dieses Bild, zeitlich schwer einzuordnen, es stammt wohl von 1928 oder 1929, kann für die Möglichkeiten des Kommenden stehen. Gleichzeitig ist es nur eine der unzähligen Aufnahmen, die von Marianne Hoppe gemacht wurden.

Sie trägt auf diesem Bild einen weißen Rundkragen. Weiße Krägen sind gut geeignet, um den Kopf daraus hervorstechen oder hervorblühen zu lassen. Marianne Hoppe muss diese weißen Krägen geliebt haben, sie tauchen auf auffallend vielen Fotos von ihr auf.

Bevor wir weiter schauen, sehe man sich dieses klare und sachliche Gesicht noch einmal an. Was sehen wir? Wir sehen nicht nur das Gesicht, wir sehen auch einen anderen Frauentypus: Die Zeit der großen Hysterikerinnen ist vorbei, der theatralischen Gebärden, der Ausstellung von Gefühlen, der Konversion und Inversion, das ganze Seelentheater. Wir sehen eine klare, selbstbewusste, entdeckungslustige Person. Es gab nun einen Typ Frau, der bei sich sein konnte, ohne Züge von Leid, von etwas Verstecktem, einer ungelebten Sexualität oder Emotionalität.

Es ist aber auch nicht die kühle Sinnlichkeit, die das Bild ausmacht und die ein Zeichen der Zeit war, dieses Bild ist offener, wärmer.

Beim Betrachten solcher Bilder stellt sich eine alte Frage neu: Ist ein solches Gesicht ein Spiegel des Inneren? Erzählen solche Gesichter eine Geschichte? Kann man aus diesen Gesichtern ablesen, was in jemandem vorgeht? Sieht man dem Gesicht an, wie jemand gelebt hat? Wir wissen es nicht. Aber wir handeln bis heute jeden Tag so, als wäre es so. Wir lesen, beurteilen Gesichter, wir reagieren auf sie, wir erinnern sie wie nichts anderes. Gesichter sind die selbstverständlichste – und härteste – Währung im Umgang von Menschen miteinander.

Noch einmal, das Bild ist licht und klar. Vergleicht man es mit Bildern und Fotos aus dem 19. Jahrhundert oder auch aus der Zeit bis 1914 oder sogar 1928, wird deutlich, wie unverschleiert diese Frau wirkt. Es ist tatsächlich etwas Neues, das sich hier ankündigt und in diesem Blick zeigt. Das Bild hat eine bemerkenswerte Offenheit. Es ist so hell, dass man fast meint, es sei gemacht, um die wahre Bedeutung der Fotografie zu zeigen. Ein Gesicht, das endlich klar macht, was ein Foto sein kann.

München 1914, Odeonsplatz (Masse I)

Aufgenommen wurde dieses Foto gut zehn Jahre, bevor unsere Geschichte richtig beginnt. Ein Foto aber, das unbedingt zu dieser Geschichte gehört. Es wirkt wie ein Bullauge in eine andere Welt, ein Guckloch in eine eigentlich verschlossene Vergangenheit. Allein dass es dieses Foto gibt, grenzt an ein Wunder, denn es ist ein unglaublicher Zufall. Es zeigt eine riesige Menschenmenge auf dem Münchner Odeonsplatz, gesehen von der Feldherrnhalle aus. Links thront einer der steinernen Löwen an der Treppe. Man hat den Eindruck, die gesamte Stadt, soweit sie männlich ist, drängt sich in dieser Menschenmenge. Mit Mühe lassen sich ein paar Frauen ausmachen.

Weil die Menge so unübersehbar ist, scheint die Theatinerkirche dahinter merkwürdigerweise mächtiger als sie ist. Wenn man in Wirklichkeit vor ihr steht, wirkt sie nicht so gewaltig. Aber auf diesem Bild steht sie wie die steinerne barocke Ewigkeit über der bildfüllenden Masse von Menschen.

In dieser Masse, in der man nur wenige Personen wirklich unterscheiden kann, befindet sich ein junger Mann, dessen Gesicht sehr gut zu erkennen ist. Er schaut beschwingt, freudig, erwartungsfroh. Wenn man weiß, dass die Menschenmenge sich am 2. August 1914 auf dem Odeonsplatz versammelt hat, um die Kriegsproklamation zu feiern, braucht es keine besondere Phantasie, um sich vorzustellen, warum der Mann so guter Dinge ist. Er freut sich auf den kommenden Krieg. Endlich! Endlich ist es soweit!

Erstaunlich bleibt, dass der 25 Jahre alte Mann auf dem Bild so gut zu erkennen ist. Man sieht ganz deutlich, dass es Adolf Hitler ist. Man kennt ihn von späteren Abbildungen. Wer hätte sich überhaupt dafür verbürgt, dass er auf einem so frühen Bild gleich auf den ersten Blick als Hitler zu erkennen sein würde? Hitler blickt vertraut aus einer Zeit herüber, als es Hitler im eigentlichen Sinn noch gar nicht gab. Dieser junge Hitler hat sogar ein Hitlerbärtchen!

Man kann sich die Erregung und Überraschung des späteren Entdeckers gut vorstellen, wie er das Bild betrachtete und dachte: Das gibt's doch nicht, das kann doch nicht wahr sein, das ist doch der Hitler da vorn in der Menge! Er sah in der Menge eine einzelne Figur – und dann ist das auch noch Hitler.

Heinrich Hoffmann, der später bekannte Führer-Fotograf, hat (wahrscheinlich) dieses Bild aufgenommen (als er sicher noch nichts von Hitler wusste). Es ist möglich, dass Hitler ihn später ermunterte, seine alten Aufnahmen zu durchforsten, und Hoffmann Hitler dann entdeckte, weil er nach ihm suchte. So hat er es erzählt: »Ich ging in die Dunkelkammer und legte eine der Platten vom 2. August 1914 in den Vergrößerungsapparat. Mit höchster Spannung suchte ich unter den Zehntausenden nach einem Gesicht, das Hitler gehören könnte.« Das Zitat stammt aus den fünfziger Jahren.[3]

Das Foto erschien erstmals 1932 im »Illustrierten Beobachter«, einen Tag vor der Reichspräsidentenwahl am 13. März. Die Bildunterschrift lautete: »Adolf Hitler, der deutsche Patriot. Als am 1. August 1914 Zehntausende von Münchnern auf dem historischen Boden vor der Feldherrenhalle ergriffen den Klängen der letzten Standmusik lauschten, da brandete plötzlich das Deutschlandlied über den Platz. Mitten in der Menge stand mit leuchtenden Augen – Adolf Hitler.«

1936 erschien eine Propagandabroschüre mit dem Titel »Adolf Hitler. Ein Mann und sein Volk«, in der die Fotografie wieder abgedruckt war. Die Bildunterschrift lautete jetzt: »Der Mann in der Menge«. Das Bild wurde eindeutig als Propagandamaterial benutzt.

In jüngerer Zeit wurde die Authentizität des Bildes bezweifelt. Der Historiker Gerd Krumeich und andere Forscher haben Indizien für eine Manipulation der angeblich authentischen Aufnahme gesammelt. Das Negativ des Bildes ließ sich, im Gegensatz zu anderen aus der Serie, nicht finden. Möglicherweise ist die Aufnahme eine Montage Hoffmanns.

Aufregend ist das Bild in jedem Fall. Es zeigt den Mann, der später die Massen lenken und missbrauchen würde, als »Mann in der Menge«. Hitler geht auf diesem Bild in der Masse auf. Und doch ist er, schon im Jahr 1914, unverkennbar.

Das Bild unterhält ein eigenartiges Verhältnis zur Zukunft. Es wirkt heute, als wäre es aufgenommen, um von Adolf Hitler zu erzählen: vom Individuum und den Vielen, dem Mann und der Masse. Was den Fotografen Heinrich Hoffmann keinen Moment beschäftigt haben kann, wenn er das Bild denn so aufgenommen hat. Er hat Hitler auf dem Bild gar nicht wahrnehmen können. Nicht einmal Hitler selbst wusste zu dieser Zeit, wer Adolf Hitler sein würde. Wir aber können es gar nicht anders betrachten.

Falls es dagegen eine Fotomontage ist, hat Hoffmann mit dem Bild aktiv am Hitler-Mythos gearbeitet. Dann ist der Vorgriff in die Zukunft in die dargestellte Vergangenheit durch die Manipulation eingebaut. Dann erzählt das Bild das, was wir ohnehin in ihm sehen: Hitlers Kriegsbegeisterung, den Mann als Teil der Menge, der ihr zuruft: Ich bin einer von Euch!

Hitler konnte wie jeder andere nicht in die Zukunft schauen, auch wenn er einen anderen Eindruck zu erwecken suchte. Das gerade machte etwas von dem Nimbus aus, den er mehr als ein Jahrzehnt zu erzeugen wusste, dass er anscheinend, getragen von seinem Willen, frühzeitig die Lage richtig eingeschätzt und den Aufstieg der nationalsozialistischen Bewegung vorhergesehen habe.

So sehen wir auf diesem Bild eine vergangene Zukunft. Man sieht zwar nichts von dem Grauen, das kommen würde, das sich aus dem

Verhältnis zwischen dem Mann und der Masse, in der er sich so wohl zu fühlen scheint, entwickeln würde. Aber man kann es trotzdem spüren, es scheint für uns auf diesem Bild bereits ahnbar zu werden, es scheint sich für uns in diesem Mann in der Masse abzuzeichnen.

Man meint die Bewegung der Menge zu sehen, jene Kraft, die Jahre später so unheilvoll aufbrechen würde, man meint zwischen der Masse der vielen Menschen auf dem Odeonsplatz und dem freudig blickenden einzelnen Mann eine Verbindung zu spüren, als wenn sie zueinander gehören würden.

Das Jahr 1919

Fünf Jahre später, der Krieg ist vorbei. Ödön von Horváth machte 1919 in Wien das Abitur (bzw. die Matura), dann kam er nach München und schrieb sich hier an der Universität ein. Gustl Schneider-Emhardt war inzwischen nicht mehr mit ihm, sondern mit Lajos, seinem Bruder, liiert. So traf sie Ödön wieder, den sie eine Zeit lang aus den Augen verloren hatte. Sie gehörten nun zu einer Münchner Clique, die all das tat, was Cliquen meistens tun. Sie waren unterwegs und besuchten vom Oktoberfest bis zum Schwabinger Café alle möglichen Orte gemeinsam.[4]

Diese Zeit nach dem Krieg, das Jahr 1919, wird bei Horváth in den folgenden Jahren immer wieder vorkommen. Sein Stück *Don Juan kommt aus dem Krieg* etwa, geschrieben 1936, spielt in den Jahren 1918/19. Der Titel beschreibt es: Don Juan kommt zurück und bildet sich ein, durch den Krieg ein anderer Mensch geworden zu sein. Die Großmutter sagt zur Magd: »In der Zeitung steht, seit gestern ruhen die Waffen, jetzt wird geplündert, auch bei uns. Sie haben den Metzger erschlagen und den Holzhändler verletzt. Schließ die Fenster, schließ die Türen, aber doppelt, dumme Gans!« Die Magd fährt sie an: »Ich bin keine dumme Gans, verstanden?! Jetzt gibt's eine andere Zeit, auch bei uns …«[5] So also schrieb Horváth 17 Jahre später über das Jahr 1919.

In Entwürfen zu einem frühen Roman notierte Horváth über die Zeit des Krieges: »… da sprach der liebe Gott: »Es werde Weltkrieg!« Und es geschah also. Und Gott sah, daß er gutgetan. Die Horizonte waren rot von den Flammen der brennenden Dörfer, er regnete Granaten, Schrapnells, Bomben und Kugeln, in den Wassern explodierten Torpedos und Minen und über das Leben kroch das Gas. Rund zwölf Millionen Menschen wurden erschossen, erstochen, erschlagen, ersäuft, erwürgt, verbrannt, vergiftet, verschüttet, zertrampelt, zerquetscht, zerstückelt, zerrissen und über die Erde kollerten herrenlose Arme, Beine, Schenkel, Finger, Zehen, Hände, Gedärme, Gehirne, Zungen, Ohren, Nasen, Augen, Köpfe, es war Hausse in Prothesen und Baisse in Brot. Fabriken, Bergwerke, Städte, Brücken, Straßen, Wasserleitungen, Krankenhäuser, Denkmäler, Kirchen, Wälder, Wiesen, Äcker, Fluren, Gärten wurden plangerecht zerstört und an ihrer Stelle mit übermenschlichen Qualen stilvolle Wüsten angelegt.«[6]

Die Menschheit hatte sich aufgelöst, der Tod hatte die Menschen auf alle möglichen Arten gleichgemacht, die Körper waren in ihre Glieder zerfallen. Das hatte Horváth zehn Jahre nach dem Krieg, um 1928 herum, geschrieben.

München 1919: Hitler redet

Fünf Jahre nach dem Bild in der Menge, ein Jahr nach dem Krieg, als Horváth seine Matura machte und Marianne Hoppe zehn Jahre alt war. Wir befinden uns im Jahr 1919. Das Jahr, das Horváth so wichtig fand.

Auch für Hitler war es eine prägende Zeit: Krieg, Niederlage, Ende der Monarchie und der Vertrag von Versailles vom Mai 1919. Hitler beschloss damals, wie er später sagte, Politiker zu werden. Darin liegt Hitlers Verwandtschaft mit Millionen anderen, und darin zeigt sich auch eine gewisse Nähe zu Ödön von Horváth, der Krieg und Nachkriegszeit als prägende Erfahrung seiner Generation begriff.

1919 trat Hitler, während einer politischen Bildungswoche, auch erstmals als Redner auf. Der Historiker Karl Alexander von Müller hat ihn dabei beschrieben: »Festgebannt um einen Mann in ihrer Mitte, der mit einer seltsam gutturalen Stimme unaufhaltsam und mit wachsender Leidenschaft auf sie einsprach: ich hatte das sonderbare Gefühl, als ob ihre Erregung sein Werk wäre und zugleich wiederum ihm selbst die Stimme gäbe. Ich sah ein bleiches, mageres Gesicht unter einer unsoldatisch hereinhängenden Haarsträhne, mit kurzgeschnittenem Schnurrbart und auffällig großen, hellblauen, fanatisch kalt aufglänzenden Augen.«[7]

Unabhängig von der Frage, wieviel von dieser 1954 veröffentlichten Erinnerung Rückprojektion war, der magische Austausch zwischen der kleinen erregten Gruppe und dem leidenschaftlichen Redner wurde das Modell der Hitlererfahrung von Millionen – als auch der späteren Hitler-Deutung.

Die Aufnahme vom sprechenden Hitler auf dem Münchner Marsfeld ist drei bis vier Jahre später entstanden, beim ersten Reichsparteitag der NSDAP am 28. Januar 1923. Auch diese Fotografie wurde von Heinrich Hoffmann gemacht.

Die Alpen

Horváth lebte in München und liebte die Berge. Und er liebte Wanderungen in den Alpen. Aus der Höllentalhütte im Wettersteingebirge schickten der Neunzehnjährige und sein Bruder von einem Wanderurlaub eine Karte an die Eltern. Ein Jahr später, 1921, schrieb Ödön allein von der Coburger Hütte am Drachenkopf.

Zu dieser Zeit machte er auch Bergwanderungen mit Gustl Emhardt und anderen Freunden. Öfter besuchten sie dabei ein älteres Ehepaar, mit dem sie sich befreundet hatten, in dessen Bergbauernhof im abgelegenen Hinterhornbach.[8]

Horváth bewältigte damals den Grat zwischen Alp- und Zugspitze, eine Tour von acht Stunden, ein langer, sehr schmaler Bergweg, nicht ganz einfach. Es war eine Klettertour, von der sein Freund und Bergkamerad Hans Geiringer noch Jahrzehnte später schwärmte. »Es war die schönste Tour meines Lebens.«[9]

In den Bergen (wie vor dem Meer) erfährt sich der Mensch auf besondere Weise als Einzelner, allein gegenüber der gewaltigen Natur. Das ist sozusagen die klassische Bergerfahrung. Horváth sah es anders, moderner. Sein Stück *Revolte auf Côte 3018*, spielt ausschließlich in den Hochalpen, während des Baus der Zugspitzbahn. Die Alpen bildeten für Horváth die Kulisse, um eine eigene Dramaturgie und Sprache zu entwickeln. (*Revolte auf Côte 3018* sei sein erstes Stück, hat Horváth selbst gesagt. Was aber nicht ganz stimmt, es gibt mehrere dramatische Versuche aus früherer Zeit. *Revolte auf Côte 3018* hat er 1926/27 geschrieben.)

Die Berge sind bei Horváth der Ort, an dem der Mensch kein eigenständig Handelnder ist, sondern ein Spielball. Hoch oben in den Bergen arbeiten kleine arme Leute, denen nichts anderes übrigbleibt, als dort ihr Leben zu riskieren. Ihnen galt Horváths Sympathie. Horváths Entdeckung in *Revolte auf Côte 3018* war dabei: Die Großkopferten, die Bessergestellten, die Geldigen, die aus der Stadt, die Hochdeutsch sprechen und sich für etwas Besseres halten, sind in den Bergen, wenn der Sturm beginnt, genauso lächerlich und hilflos wie die kleinen Leute. Die Berge machen alle gleich. Das interessierte ihn, und das gefiel ihm.

Bekannt ist auch sein kleiner Text *Aus den weißblauen Kalkalpen*. Der Begriff »Kalkalpen« wird bei ihm mit Vorliebe verwendet. Horváth, der in den bayerischen Alpen zum Touristen und zum Autor wurde, schätzte den Ausdruck »Kalkalpen« sehr. Er gab dem Gebirge etwas Geologisches und Erdgeschichtliches, den menschlichen Geschicken entzogen. Kalkalpen, das klingt groß und unberührt und ein wenig distanziert.

Horváths Zuneigung zu den Alpen und den Wanderungen war ein typisches Phänomen. Es war die Zeit des beginnenden Tourismus. Die Berge wurden bevorzugter Ort für Ausflüge, Reisen, Erlebnisse, es entwickelte sich damals eine Bewegung, die dann immer mehr zu einer Massenbewegung werden würde.

Frankfurt 1922 (Masse II)

Die Masse war groß, hatte keine Gestalt, sie war anonym. Sie wogte und strömte hin und her, sie füllte die Städte, Straßen und Plätze. Sie litt an Hunger und Armut. Sie kam aus den großen Fabriken. Die Masse transportierte die Gerüchte, in ihr wuchsen die Meinungen, blühten die Vorurteile.

Obwohl sie dergestalt präsent war, war die Masse bis in die zwanziger Jahre kein großes Thema. Die politische Linke sah in ihr die revolutionäre Kraft. Karl Liebknecht, Rosa Luxemburg, Karl Kautsky erwähnten sie, aber sie reflektierten nicht in eigenen Aufsätzen oder Reden über sie. Sie war da, aber sie wurde nicht eigens zum Thema gemacht. Bücher wurden nur ganz wenige über sie geschrieben, mit allerdings bedeutenden Ausnahmen: 1921 war in Wien Siegmund Freuds Aufsatz *Massenpsychologie und Ich-Analyse* erschienen, in dem er versuchte, individualpsychologische Erkenntnisse auf große Menschenmengen zu übertragen. Ernst Tollers *Masse Mensch* war 1920 in Nürnberg uraufgeführt worden. *Psychologie der Massen*, das Buch des Franzosen Gustave Le Bon, in dem das Thema erstmals bearbeitet worden war, gab es seit 1895.

Für den Chemiestudenten und angehenden Schriftsteller Elias Canetti, ein 1905 in Bulgarien geborener Jude, wurde die Masse in den zwanziger Jahren zu einem bestimmenden Thema. Sein Werk kreist um Erfahrungen, die er als junger Mann in Frankfurt und Wien mit der Masse gemacht hat. 1922, noch keine 18 Jahre alt, spürte er nach der Ermordung Walter Rathenaus in Frankfurt am Main, wo er lebte, erstmals die Gewalt der Masse. Sie erschien ihm rätselhaft und mächtig. Sie war für ihn nicht Trägerin konkreter Ideen, revolutionärer Vorstellungen oder bürgerlich-konservativer Ängste, Canetti nahm die Masse sozusagen kreatürlich wahr, wie ein eigenes Lebewesen.

Etwas später, November 1923, putschten in München der schon damals durch und durch antisemitische Adolf Hitler, die SA und NSDAP. Hitler wurde verhaftet, die NSDAP verboten. Etwa zu dieser Zeit begann Ödön von Horváth, immer noch in München wohnend, bei den Eltern in der Türkenstraße, an einem seiner (tatsächlich) ersten Stücke zu schreiben. Es war eine »Chronik aus dem Jahr 1495«, die er *Dósa* nannte – nach einem ungarischen Bauernführer.

Auch hier taucht die Masse auf. Am Ende der vierten Szene sagt Dósa, der Bauernführer, zum Kanzler Báthory vor dem Kronrat in Buda: »Du hast mir nichts zu befehlen! Nur mein König und der Kardinal!« Niemand erwidert etwas darauf, der Kardinal nickt lediglich, der König erhebt sich. Da beginnt Dósa, der kleine Mann, der Bauer, in die Stille des

Kronrats hinein zu lachen. Dieses laute Lachen, das könnte so etwas wie Horváths Grundton sein, unheimlich, autoritätsverachtend, befreiend. Und es ist ein Geräusch der Masse. »Dósa lacht immer stärker unheimlich – sein Lachen wird eins mit dem Geheul der Massen in der Ferne – etwas brennt wieder.«[10]

Horváth schrieb *Dósa* wohl 1924, ein wenig später, etwa 1925, begann Elias Canetti sich ernsthafter mit dem Thema Masse auseinanderzusetzen. Die Masse hatte ihn gepackt. Gleichzeitig wirkte er noch unentschieden und zurückhaltend: Als ob er gewusst hätte, dass er hier ein Schlüsselerlebnis und einen Schlüsselbegriff in der Hand hielt und dass ihn die Masse nicht mehr loslassen würde. In den dreißiger Jahren kam für ihn die Macht als zweites Thema zur Masse hinzu, und ein Buch, das er noch viel später schreiben würde, begann sich erstmals abzuzeichnen. Canetti versagte sich dichterische Arbeit, konzentrierte sich ganz auf sein Werk über die Masse und die Macht, las sich jahrelang durch entlegene ethnologische, soziologische und anthropologische Literatur, forschte, hörte, erlebte und dachte über die Masse nach.

Hoppes Geburt, 1909

Felsenhagen ist nicht Marianne Hoppes Geburtsort, das ist Rostock. Aber hier, es ist das elterliche Gut Felsenhagen in Brandenburg, ist Marianne Hoppe aufgewachsen. Sie wird, anders als Ödön von Horváth, sehr alt werden und erst im Jahr 2002 in Siegsdorf in Oberbayern sterben.

Sie sei 1911 geboren worden, sagte Marianne Hoppe. Sie hatte dieses Geburtsjahr selbst festgelegt. In Wahrheit war sie bereits 1909 geboren. Sie machte sich damit, schon als sie noch sehr jung war, jünger als sie war, und hielt daran ein Leben lang fest. Ist das Selbstbetrug oder Selbstbeherrschung, Lüge oder Spiel, verachtens- oder bewundernswert? Es geht um das Selbst als Erfindung, und so, als bewusste Erfindung, bleibt sich das Ich ein wenig fremd.

»Ich bin mit zwölf Jahren weg von Zuhause. Zuvor bin ich sozusagen in freier Wildbahn aufgewachsen. Das war herrlich. Mit dem Leben, das ich dann später geführt habe und auch, ja fast noch als Kind, mit ausgesucht habe, war das aber nur sehr schwer zu vereinbaren.«[11]

Marianne Hoppe war als Kind wohl das, was man einen »Wildfang« nannte, naturverbunden, frei, eigensinnig, störrisch. Und sie wuchs in behütetem Hause auf, hatte zwei ältere Geschwister, es gab ein Stubenmädchen und eine Kinderfrau. Der Krieg und seine Auswirkungen in der unmittelbaren Nachkriegszeit berührten ihr Leben nur wenig. Der

Vater war zwar einberufen worden, aber bereits 1915 zurückgekehrt. Die fehlenden Feldarbeiter waren durch Kriegsgefangene ersetzt worden. Es gab Änderungen, aber es ging doch auch alles seinen gewohnten Gang.

In Felsenhagen, ein ländliches Idyll, wo man barfuß laufen konnte, wo sie ein eigenes Pony hatte, wo sie mit dem Vater ausritt, war so kaum etwas von den großen Umwälzungen und Bewegungen zu spüren, die nun das Leben der meisten anderen Menschen so sehr beeinflussten.

Im Alter von nur vierzehn Jahren aber, 1924, kam Marianne Hoppe nach Berlin-Dahlem zur Erziehung.

Murnau

In diesem Jahr 1924, als Marianne Hoppe nach Berlin kam, als Hitler geputscht hatte und deswegen in München zu fünf Jahren Festungshaft verurteilt wurde, begann Ödön von Horváth als Schriftsteller zu arbeiten. Damals, im Alter von 23 Jahren, wählte er Murnau als seinen Wohnort. Die Familie hatte das große Dorf – oder die kleine Stadt – 1920 entdeckt, sie hatte hier ein Grundstück gekauft und eine Villa gebaut, in der Horváth nun für zehn Jahre leben würde. Eltern und Bruder waren weiterhin meist in München, wo der Vater arbeitete. Ödön war in Murnau. Die Gründe dafür sind schnell gefunden. Hier gefiel es ihm, hier waren die Berge nah, hier fand er Raum und Konzentration für seine Arbeit. Ob er bereits am Anfang die Nähe der oberbayerischen Bevölkerung suchte, oder ob er sie erst hier zu einem wesentlichen Teil seiner schriftstellerischen Arbeit machte, muss offenbleiben. Es ist aber auch nicht entscheidend.

Murnau hatte damals knapp 3000 Einwohner. Blickte man die Hauptstraße, die auch Marktstraße war, hinunter, sah man die Alpen. Über das Kopfsteinpflaster fuhren in Horváths Murnauer Jahren Pferdewagen genauso wie Automobile. Der Ort war groß genug, um eine gewisse Anziehungskraft auf die umliegenden Gemeinden auszuüben: eine Marktgemeinde mit Touristen, ein neues Strandbad, kulturelle Veranstaltungen, Hotels. Im Hotel »Post« gab es ein Radio, vor dem sich die Dorfbewohner versammelten. Die Zugverbindung nach München war hervorragend, nach Garmisch und in die Berge ebenfalls. Die herausragenden Freizeitmöglichkeiten wie Wandern, Bergsteigen, Schwimmen, Eisstockschießen zogen nicht nur Fremde an, sie wurden auch von Horváth allesamt gern wahrgenommen. Wobei er das Wandern in den Bergen besonders schätzte.

Murnau war klein genug, dass es noch als ganz und gar ländlich durchgehen konnte, mit den Vorzügen des persönlichen und beschaulichen Lebens. Man kennt in solchen Verhältnissen viele der Menschen, auch die, die man nicht kennt – also noch nicht gesprochen hat. Der soziale Zusammenhang ist spürbar, die Dorfbewohner bilden eine – wie gut auch immer funktionierende – Gemeinschaft. Die überragende Rolle der Versammlungsorte, der Wirtschaften und Biergärten (Hotel Post, Hotel Schönblick, Strand-Hotel, Gaststätte Kirchmeir, Pantlkeller, die Cafés Seerose und Almrose) ist für Horváth wie für Murnau zu Recht immer wieder hervorgehoben worden.

»Wissen'S, da sin mir Mädel immer in die Post, Hotel Post, zum Tanzen gangen. Und da ham ma einige Male mit ihm getanzt. Das war ein großer strammer Mensch, sonst weiter ham man ja nicht gekannt, gei, aber ein sehr, wie sog i denn, feiner Mann. Das war a Schriftsteller, seine Eltern ham ja hier gewohnt, in der Bahnhofstrasse hatten's a Villa. Mehr wollt er nicht.« So erzählte eine Murnauerin 1978 in einem Film des Bayerischen Rundfunks über Horváth.

Diesen Ort also hat Horváth gewählt, um Schriftsteller zu werden und zu sein. Hier fühlte er sich wohl, hier konnte er so schreiben, wie er wollte. Er konnte sich konzentrieren, er kam mit Menschen zusammen, die ihn interessierten, die Art des Kontakts entsprach ihm. Man muss dabei im Kopf behalten, es wäre kein Problem gewesen, in der Münchner Wohnung in der Martiusstraße zu wohnen – einen guten Kilometer entfernt von der oberen Schellingstraße, die er sich bald für seine Arbeit vornahm (er hatte zeitweilig auch in der Türken-, Ludwig- und der Arcisstraße gewohnt).

Der wichtigste Grund für Murnau als Wohnsitz könnte jedoch gewesen sein: Das kleine Murnau diente Horváth als Modell der Gesamtgesellschaft. Es wurde sein Muster. Selbst in Horváths späteren Arbeiten, nach 1933, als er nicht mehr hier wohnte, taucht Murnau als Folie auf. Man kann sagen, Murnau bilde eine Keimzelle und den Kern seines gesamten Werkes. *Jugend ohne Gott*, der Roman von 1937, den er schrieb, als er

Murnau bereits seit Jahren verlassen hatte, spielt in einem dörflichen Kosmos, der dem Murnauer entspricht. Man kann sagen, das damalige Murnau ist das Modell von Horváths Welt.

Möchte man sich vom Murnauer Leben Horváths ein Bild machen, sind die zahlreichen Fotografien, die aus dieser Zeit überliefert sind, ebenso sprechendes Material wie die Erinnerungen. Von Horváth gibt es Murnauer Bilder im Fuhrwerk, genauso wie an einem Auto. Man sieht ihn arbeiten, man sieht ihn wandern, man sieht ihn beim Baden, beim Ringkampf im Strandbad, man sieht ihn trinken und feiern. Und man sieht den gutsituierten Villenbesitzer, vor dem Portal mit Freitreppe, mit Familie und Hund.

Horváth bewegte sich in dieser Welt ebenso im Anzug mit Krawatte wie in Lederhose mit Kniestrümpfen. Selbst aus den Hochalpen findet sich ein Bild, auf dem er im Anzug zu sehen ist. Das vielleicht schönste Foto zeigt ihn mit Freunden 1929 an einem Tisch der Fürst-Alm, eines wunderbar gelegenen Biergartens außerhalb von Murnau. Horváth lacht in die Kamera, eine aufgekratzte Frau hat ihren Arm um seinen Hals gelegt, daneben Freunde, vor ihnen Weinflaschen und -gläser. Die Stimmung scheint sehr fröhlich und gelöst. Man kann von Glück sprechen. »Ich sehne mich nach der Fürst-Alm, um mit Dir Schach spielen zu können«, schrieb Horváth im Januar 1929 aus Berlin an seine damalige Murnauer Freundin Lotte Fahr.[12] »Nirgends in ganz Oberbayern hat man solch einen instruktiven Überblick über eine typisch oberbayerische Landschaft«, schrieb er in einer Skizze über den Ort.[13]

Manches Foto von Murnauer Faschingsbällen und aus dem Murnauer Strandbad zeigt Horváth in größeren Gruppen, Frauen wie Männer, Alte und Junge. Die Gruppen machen einen ausgesprochen lebenslustigen Eindruck. Horváth ist dabei, aber er befindet sich immer ein wenig am Rand, schaut mal distanziert in die Kamera, blickt von oben auf die anderen, blickt zu Boden, fast nie aber ist er so munter wie die anderen. Ein Bild aus dem Strandbad gibt es, da legt er den Zeigefinger an seine Nasenspitze und scheint einen momentanen Scherz zu machen. Auf einem anderen hält er ein Kind, was man aber leicht übersehen kann. Horváth kann verschmitzt aber auch melancholisch sein, das zeigen die Fotos mehr als deutlich. Und auch das: Er gehörte dazu, hielt sich aber am Rand auf.

Horváth vorne links als Matrose beim Fasching 1926.

Gustl Emhardt, die Freundin aus München, erinnerte, wie sich die Brüder Horváth am Seestrand mit Damenmützen und Bademänteln »hüftewiegend« in das Damenbad schlichen. Horváth sagte von sich: »Wenn sie mir einen Matrosenanzug mit kurzen Hosen und einer Matrosenmütze anziehen, dann schau ich aus wie ein rausgefressener Konfirmand in einer Riesenfamilie.« Das war ziemlich bayerisch gesagt. Luise Ullrich, die diese Äußerung überliefert hat, kommentierte sie so: »Das war Ödön. Das war skurril, und es stimmte. Er hatte ein dickes, breites Kindergesicht mit großen braunen, ängstlichen Augen. Ängstlich? Nein, eigentlich mit erstaunten Augen, erstaunt über die Menschen und sich selbst.«[14] Immer noch ist da dieser Blick, dieses Anstaunen, von dem die Mutter gesprochen hatte.

Wenn das Leben für das Werk eines Künstlers Bedeutung haben sollte, dann ist das im Fall Horváths vor allem das Murnauer Leben. Die langjährige Leiterin der Monacensia, des Literaturarchivs der Stadt München, und Murnauer Literaturwissenschaftlerin Elisabeth Tworek macht seit etwa 35 Jahren darauf aufmerksam. In zahlreichen Aufsätzen, Büchern und mit immer neu entdeckten Dokumenten und Details weist sie auf die Bedeutung Murnaus und damit Oberbayerns für Horváth hin. Trotzdem hält sich bei Horváth hartnäckig das Bild eines österreichischen, ein wenig aristokratisch-schmuddeligen Autors. Horváth ist im allgemeinen Bewusstsein bis heute ein Semi-Bohemien mit k. u. k.-Anstrich. Aber er war ein bayerischer Zugezogener, er wurde zum Oberbayer, der sich für ein paar Jahre ganz ordentlich in die Murnauer Dorfgemeinschaft integrierte – und sich dabei von dieser Gemeinschaft sein eigenes Bild machte.

Prostituierte

In einem weiteren von Horváths frühen Stücken, *Mord in der Mohrengasse*, geschrieben wohl 1923/24, nach *Dósa* und vor *Revolte auf Côte 3018*, der Autor war 22 Jahre alt, beginnt der zweite Akt mit »Drei Dirnen« und dem »Verwachsenen«, bald treten noch eine »Altmodische« und ein »Polizist« auf. Es ist bereits ein für Horváth typisches Personal. Sein Faible für abseitige Figuren, für kleine Leute, seine Liebe zu eigenartigen Kreaturen, hatte der Autor von Anfang an. Dazu gehörten auch Prostituierte, die Bewohnerinnen der Straße – ein bevorzugter Spielort Horváths.

Der Wohnort Murnau bedeutete für Horváth keinen Rückzug aus der gesellschaftlichen und politischen Realität. Die Frau als Ware, dieses zentrale Thema seines Werkes, in dem sich die Ökonomie und »das Fräulein« überschneiden, war von Anfang an ein Thema und blieb es in Murnau. 1921 hatte Horváth an der Münchner Universität einen Vortrag zum Mädchenhandel besucht, der ihn anscheinend nachhaltig beeindruckte.

Zu Beginn der 3. Szene von *Ein Wochenendspiel*, geschrieben 1928, treten wieder Prostituierte auf, diesmal sind es nur zwei. Auch sie befinden sich in einer Straße, einer Seitengasse. Ein Teil ihres Dialogs verläuft so: »Ich kann nichts gegen den Weltkrieg sagen. Das wär undankbar. *Mit dem Lippenstift.* Für mich sind am besten Gemäldeausstellungen, überhaupt künstlerische Veranstaltungen. Auch so vaterländische Feierlichkeiten sind nicht schlecht.« *Pause* »Eigentlich ist der Krieg dran schuld.« »An was denn?« »An mir.« »Lächerlich! Alle reden sich naus auf den armen Krieg!«[15]

In *Italienische Nacht*, der endgültigen Fassung des Stoffes, lautet dieser Dialog dann fast genauso. In solchen Gesprächsfetzen, dem beiläufig Dahingesagten, spricht sich, quasi nebenbei, bei Horváth das Wesentliche aus. Darin liegt die (hier beginnende) Kunst dieses Dramatikers. So machte er die Menschen sichtbar, die nicht gelernt haben, sich auszusprechen. Im Dialog aus dem *Wochenendspiel* kann man eine wesentliche Aussage über den Ersten Weltkrieg finden. Der Krieg bestimmte, was nach ihm kam, er diente allgemein als Entschuldigung und Rechtfertigung für das, was in diesen Jahren geschah.

Prostituierte, die Straße, das Bordell, waren dabei zentral. In den Entwürfen von Horváths Roman *Herr Kobler wird Paneuropäer* sagt Schmitz: »So ein Bordell, die Atmosphäre regt mich immer an. Es wirkt auf mich irgendwie künstlerisch.«[16] Und im Kapitel 50 des zu seinen Lebzeiten unveröffentlichten Romans *36 Stunden* schrieb Horváth: »Seit es Götter und Menschen, Kaiser und Knechte, Herren und Hörige, Beichtväter und Beichtkinder, Adelige und Bürger, Aufsichtsräte und Arbeiter, Abteilungschefs und Verkäuferinnen, Familienväter und Dienstmädchen, Generaldirektoren und Privatsekretärinnen - - kurz. Herrscher und Beherrschte gibt, seit der Zeit gilt der Satz: »Im Anfang war die Prostitution!««[17]

Horváth scheint durchaus vertrauten Umgang mit Prostituierten gehabt zu haben. Zu Hertha Pauli sprach er – nach 1933 – etwas ironisch von den »braven Huren«, sein Freund Karl Frucht berichtet von einer Szene, wo sie, er und Horváth, Prostituierte auf dem Schoß gehabt hätten, »nichts weiter«. Prostituierte sind Figuren zwischen Typ und Kreatur, denen Horváth eine eigene, umfassende Zuneigung entgegenbrachte.

Im *Wochenendspiel* (und dann in *Italienische Nacht*) findet sich neben den »Dirnen« auch eine weitere, spezielle Spielart der Prostitution. Martin schickt Anna auf »den politischen Strich«, sie soll dem politischen Gegner schöntun und ihn so ausspionieren. Die Gegner, das sind die Faschisten, ein Linker verscherbelt hier also eine Frau für die »gute Sache«.

Horváth hatte Lust daran, zu zeigen, wie sexuelle Ausbeutung überall, auch in verborgenen Strukturen steckt und funktioniert. Irgendwie prostituiert sich jeder, das lässt sich als verborgene Tendenz in Horváths Werk ausmachen. Ein weiteres Beispiel ist das Schaufenster der Puppenklinik im *Wiener Wald*, wo Marianne zwischen Scherzartikeln und Skeletten die Auslage arrangiert. Alfred betrachtet sie dabei wohlgefällig durch die Scheibe, für den Zuschauer erinnert die Szene an eine Peepshow. Er kann sich so – im Theater sitzend – selbst als Voyeur erkennen.

Im *Wiener Wald*, wo der norddeutsche Student Erich von der älteren Valerie ausgehalten wird, und in *Zur Schönen Aussicht*, wo die Freifrau Ada das männliche Hotelpersonal aus- und sich zur sexuellen Verfügung hält, gibt es die männliche Prostitution. Prostitution ist bei Horváth tatsächlich allgegenwärtig, sie bestimmt die Beziehungen.

Auch in späteren Werken tauchen Prostituierte immer wieder auf. Eine moralische Verurteilung der Prostitution, überhaupt irgendeine Form ihrer Verurteilung, gibt es bei Horváth nicht. Eher schien ihn zu interessieren, möglichst viele Beispiele von offener und verdeckter Prostitution zu sammeln. Er schien sie ganz nüchtern betrachten zu wollen, die Prostituierte als Person, die nicht davor zurückschrickt, Liebe in Geld zu tauschen. Alle scheinen bei Horváth Angst zu haben, sich zu prostituieren, allein die Prostituierten nicht.

Für Adolf Hitler, auch er wurde schriftstellerisch tätig, war Prostitution dagegen besorgniserregend. Nicht aufgrund des Wohls der Frauen, sondern wegen der Knaben und jungen Männer. In *Mein Kampf* schreibt er: »Wer will sich da wundern, daß schon in diesen Alterskreisen die Syphilis ihre Opfer zu suchen beginnt? Und ist es nicht ein Jammer, zu sehen, wie so mancher körperlich schwächliche, geistig aber verdorbene junge Mensch seine Einführung in die Ehe durch eine großstädtische Hure vermittelt erhält? Nein, wer der Prostitution zu Leibe gehen will, muß in erster Linie die geistige Voraussetzung zu derselben beseitigen helfen. Er muß mit dem Unrat unserer sittlichen Verpestung der großstädtischen ›Kultur‹ aufräumen, und zwar rücksichtslos und ohne Schwanken vor allem Geschrei und Gezeter, das natürlich losgelassen werden wird.«[18] Hitler hatte *Mein Kampf* 1924 in der Festungshaft begonnen, der zweite Band erschien 1926.

Hitler sah – quasi als Gegenstück zu Horváth – Prostitution als verderbten Auswurf großstädtischer Kultur, als Produkt der modernen Massengesellschaft. Horváth verurteilte sie nicht, für Hitler war sie eines der großen Übel. Horváth sah sie überall, Hitler nur im Sündenpfuhl Großstadt. Die Felder, auf denen sich Horváth und Hitler bewegten, waren so weit entfernt voneinander nicht – nur die Wahrnehmung war eine vollkommen andere.

1925–1927

Bild der Frau (II)

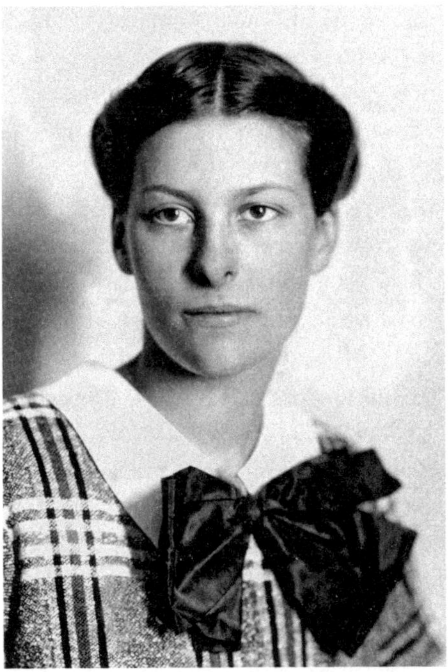

Mit diesem Bild befinden wir uns im Jahr 1925. Marianne Hoppe ist nun bereits 16 Jahre alt. Sie selbst sagte, nur zur Erinnerung, sie sei damals 14 Jahre alt gewesen, und sie sei mit zwölf nach Berlin gegangen. Die Aufnahme stammt aus der Schulzeit am Königin-Luise-Stift in Berlin Dahlem. Von 1924 bis 1926, das war Marianne Hoppes erste Berliner Zeit. Sie kam vom Land, dem elterlichen Gut, wo sie das freie Leben geliebt hatte, direkt in die Großstadt.

Sie ging einen Weg, den damals nicht viele Frauen gingen, aber es begann doch so etwas wie eine Bewegung, vom Land in die Stadt, Frauen taten das, was bisher nur Männer getan hatten, sie gingen allein, sie behaupteten sich.

Das Königin-Luise-Stift war 1811 gegründet worden. Es war eine Höhere-Töchter-Schule, mit typischer Zucht und strenger Erziehung. Die Mitschülerinnen waren meist von Adel und kamen von den ostelbischen Landgütern. Die Erziehungsideale waren traditionell: Ordnung, Häuslichkeit, Schlichtheit. Hier, in solchen Anstalten, nahm das seinen Lauf, was man »Zurichtung eines Fräuleins« nennen könnte. Das wäre dann mit Horváths Augen gesehen. Marianne war der Meinung, man lerne an dem Stift nichts, auch wenn es Unterricht nicht nur im rechten Benehmen, sondern auch in Englisch, Französisch und Geschichte gab. Zur Stiftungstracht gehörten hochgestecktes Haar und hochgeschlossene Bluse. Die junge Stiftsschülerin begegnete dem mit Kurzhaar.

Auf den ersten Blick wirkt sie nordisch, streng, kühl. Aber das ist nicht das, was an diesem Bild fasziniert. Vielleicht ist es die Andeutung von etwas Undurchschaubarem, etwas Unzugänglichem, etwas verschlossen Eigenem. Dieses Mädchen ist zurückgenommen, es wirkt alles andere als offensiv, es bleibt trotzdem der Eindruck, dass sie selbstbewusst ist und bei sich. Sie wird sich vielleicht noch über sich selbst wundern.

Die riesige Schleife über dem weißen Kragen sieht aus, als sei sie angeklebt. Als ob man sie zu einem Präsent machen wollte – sie aber sieht so aus, als sei sie schon woanders. Nur dass der Wille, so es ihn denn schon gibt, so er erst reifen sollte, in ihr versteckt ist, nicht nach außen drängt. Was da wohl kommen wird?

Bamberg, 14. Februar 1926

1926 war Hitler schon länger aus der Haft entlassen, hatte aber noch Redeverbot. Er war eine halbwegs bekannte Figur in der Weimarer Republik, wurde aber nicht ganz ernst genommen. Auch in der NSDAP war er noch nicht als unumschränkter Führer etabliert.

Was hatte Hitler allen anderen Mitgliedern der NSDAP voraus, dass er nicht nur die Partei in seine Gewalt brachte, sondern auch die Macht im gesamten Staat zusammen mit der Partei, die immer mehr seine wurde, erlangte? Orientiert man sich an den Aussagen der Zeitgenossen, war es vor allem seine Fähigkeit als Redner.

Diese Fähigkeit als Redner aber war nicht eine Fertigkeit des Sprechens oder des Auftretens, der Formulierung oder der Sprache, es war eine Fähigkeit mit dem Wesen zu kommunizieren, das Canetti die Masse nannte. Gern wird das Wort auch im Plural verwendet, die Massen (so wie später die Gelder, die Börsen), was wenig Sinn ergibt, da die Einzahl schon alle umfasst.

Was aber ließ im Volk bzw. in der Masse das Gefühl entstehen, ihm folgen zu wollen, in seinem Willen aufgehoben zu sein, die Verantwortung an ihn zu delegieren? Warum ließ man sich von ihm führen?

Diese Frage ist auch dann wichtig, wenn man die Folie der Weimarer Republik auf die heutige Situation projizieren will. Hitler wurde in der Bundesrepublik jahrzehntelang als Führer stilisiert, damit man sich von eigenen Schuldgefühlen ablenken konnte. Heute aber kann die Beschreibung des psychosozialen Vorgangs, in dem sich Hitler die Masse zu eigen machte, aufschlussreich sein. Hitlers Gefolgsleute wollten am Anfang nicht das, was später geschah. Subjektiv erlebten sie, dass er sie dorthin mitnahm, sie meinten tatsächlich in einem Führerstaat zu leben.

Im Februar 1926 fand in Bamberg eine Tagung der NSDAP statt, deren Ziel und Verlauf parteiintern nicht klar kommuniziert war, die aber für die weitere Geschichte der NSDAP entscheidende Bedeutung erlangte. Im Kern ging es bei der Tagung um die Rolle Hitlers. Sollte er der unumschränkte Führer der Partei sein, die maßgebliche Instanz, oder gab es andere Faktoren, zum Beispiel eine Programmatik, die seine Kompetenzen, seinen Wirkungskreis, seine Führungsrolle einschränken sollten?

Hitler erkannte das wohl genau. Die norddeutschen Teile der Partei erarbeiteten ein Programm, das bei der Bamberger Tagung diskutiert werden sollte. Albert Krebs, Gauleiter der NSDAP in Hamburg, der den Vorgang aus seiner Perspektive schilderte, der aber an der Tagung selbst nicht teilnahm, sprach von einer norddeutschen »Verfassung«, die Hitler aufgezwungen werden sollte.[1] Die Vertreter Norddeutschlands, zu denen auch Goebbels gehörte, wollten die Richtlinien, die sie erarbeitet hatten, vorlegen und – wahrscheinlich in einer Diskussion und der nachfolgenden Abstimmung – durchsetzen.

Goebbels aber, so Krebs, habe Hitler den Plan verraten, woraufhin dieser ergebene NSDAP-Unterführer aus Franken zu der Tagung hinzugezogen habe, die jede Abstimmung gegen ihn unmöglich machten. Krebs' Darstellung ist in den Details nicht ganz tatsachengetreu, sie zeigt aber deutlich, in welch angespannter Atmosphäre diese Tagung aus norddeutscher Sicht stattfand.

Die Frage ist, was geschah, dass die norddeutsche Vereinigung hinterher in der Bedeutungslosigkeit versank und Hitler auf seinem Weg zu unumschränkter Führungsgewalt einen entscheidenden Schritt weiterkam. Die Versammlung hatte 60 bis 65 Teilnehmer, fand im Gasthof Stöhren statt und wurde von Hitler geleitet. Seine Rede ist nicht überliefert. Es wurde allerdings eine Zusammenfassung, zehn Tage später, im *Völkischen Beobachter* (25. 2. 1926) veröffentlicht. Darin kann man lesen:

»Unsere außenpolitische Not erfordert eine baldige Änderung, da sie auf Dauer unerträglich wird. Der einzige Weg dazu ist nicht das Anbiedern an den Völkerbund großkapitalistischer Prägung, sondern der Appell an die eigene Kraft des deutschen Volkes. Dieser Ruf kann heute nicht einen Appell an die Waffenmacht bedeuten, da uns die Dolchstoßpolitik der letzten Jahre das Reichsheer von heute zu einer Seiltänzergruppe im Sinne von Stresemanns Pazifismus degradiert hat. Da bleibt nur der Appell an die Willenskraft des Volkes, die allein den Widerstand gegen alle Bedrückungen zu organisieren vermag. Bei einer wirklich deutschen Politik handelt es sich heute darum, den Deutschland umschließenden Gürtel feindlicher Staaten dadurch zu lockern, daß einige Staaten aus dieser Weltkoalition herausfallen. Das kann nach Lage der Dinge nicht durch kriegerische Aktion erreicht werden, sondern muss die Auswirkung staatsmännischer Klugheit und fanatischen Befreiungswillens sein.«[2]

Das war weniger radikal als Hitler bald sprechen würde. Darin stecken sogar Ansätze einer politischen Argumentation. Hitler ging in seiner Rede dann unterschiedliche Punkte und Staaten durch und sprach sich dabei für taktische Bündnisse aus: »England, für das das Ergebnis des Weltkriegs rein negativ war, sieht sich heute militärpolitisch von der größten Macht Europas, von Frankreich, am nächsten bedroht. Letzteres hat nicht nur sein Kolonialreich ausgebaut, seine Armee und seine Flotte auf eine ungeahnte Höhe gebracht, sondern es duldet heute in Europa nur noch Vasallenstaaten, Satrapien (»kleine Entente« und sog. »Neutrale«). Wir Deutsche wissen, daß Frankreich ständig unser nächster unbedingtester Todfeind ist, weil seine Mentalität immer die gleiche bleibt, mag es nationalistisch, marxistisch oder demokratisch regiert werden. Auch Italien steht Frankreich feindlich gegenüber; doch wird die italienische Frage in Südfrankreich, in der Riviera, immer brennender. So sehen wir, daß innerhalb des Feindbundes trotz der Ableugnungen deutschnationaler Weisheitsapostel in Vereinigung mit der Judenpresse der Ententeländer sich ein langsamer Gesinnungswechsel vollzieht, der für ein zielbewußt regiertes Deutschland Möglichkeiten bietet, aus der passiven Stellung herauszukommen, indem die Bündnisfrage in den Vordergrund aller außenpolitischen Erwägungen tritt.«

Diese Textstellen sind kleine Ausschnitte aus einem viel längeren Text. Es ging laut *Völkischer Beobachter* weiter und weiter, Südtirol, Italien, Russland, der splendiden Isolation der Vorkriegszeit, Ostkolonisation. Dazu kommt: Bei der Wiedergabe im *Völkischen Beobachter* handelte es sich um eine Zusammenfassung der Zusammenfassung. Warum aber Hitler damit solchen Erfolg hatte, dass seine Position in der NSDAP deutlich gestärkt wurde, wird an keiner Stelle klar. Der Inhalt seiner Rede in ihrer für ihn moderaten Argumentation kann kaum den Erfolg Hitlers begründet haben.

Noch rätselhafter wird es, wenn man das Tagebuch von Goebbels hinzuzieht. Er war nach der Veranstaltung wie betäubt und paralysiert. Goebbels war von Hitlers Auftritt alles andere als überzeugt, er fand ihn deprimierend.

Tagebuch Goebbels. Bamberg, 14. 2. 26: »Hitler redet. Zwei Stunden. Ich bin wie geschlagen. Welch ein Hitler? Ein Reaktionär? Fabelhaft ungeschickt und unsicher. Russische Frage: vollkommen daneben. Italien und England: naturgegebene Bundesgenossen. Grauenhaft! Unsere Aufgabe ist die Zertrümmerung des Bolschewismus. Bolschewismus ist jüdische Mache! Wir müssen Russland beerben! 180 Millionen!!! Fürstenabfindung! Recht muss Recht bleiben. Auch den Fürsten. Frage des Privateigentums nicht erschüttern. Grauenvoll! Programm genügt! Zufrieden damit. Feder nickt. Ley nickt. Streicher nickt. Esser nickt. Es tut mir in der Seele weh, wenn ich dich in der Gesellschaft seh!!! Kurze Diskussion. Strasser spricht. Stockend, zitternd, ungeschickt, der gute ehrliche Strasser, ach Gott, wie wenig sind wir diesen Schweinen da unten gewachsen! Eine halbe Stunde Diskussion nach einer vierstündigen Rede! Unsinn, du siegst! Ich kann kein Wort sagen! Ich bin wie vor den Kopf geschlagen. Mit dem Auto zur Bahn. Strasser ist ganz aus dem

Häuschen! Winken und Heil. Mir tut das Herz so weh. Abschied von Strasser. ... Wohl eine der größten Enttäuschungen meines Lebens. Ich glaube nicht mehr restlos an Hitler. Das ist das Furchtbare: mir ist der innere Halt genommen.«[3]

Hitler, so Goebbels, habe eine unmögliche Rede gehalten, in der er unmögliche außenpolitische Ansichten geäußert habe. »Welch ein Hitler? Ein Reaktionär? Fabelhaft ungeschickt und unsicher. Russische Frage: vollkommen daneben. Italien und England: naturgegebene Bundesgenossen. Grauenhaft!« Aber ist das der Grund für Goebbels Paralyse? Divergierende politische Ansichten? Andere norddeutsche Parteigenossen, schreibt Goebbels, hätten genickt. Allein Strasser habe geantwortet, »Stockend, zitternd, ungeschickt, der gute ehrliche Strasser.«

Womit hat Hitler die Versammlung derart gelähmt und sprachlos gemacht? Auch Goebbels' Aufzeichnungen geben keinen Aufschluss. Aber es gibt in Goebbels' Bericht eine auffällige Merkwürdigkeit. Anfangs sagt er, Hitler habe zwei Stunden gesprochen. Später spricht er von vier Stunden Hitlerrede, der eine halbe Stunde Diskussion gegenübergestanden habe. Der Unterschied ist eklatant. Die zweite Zahl, vier Stunden, entspricht dem tatsächlichen Geschehen eher. Goebbels wollte die übergebührliche Ausdehnung nicht wahrhaben.

Die Überwältigung durch bloße Redegewalt, durch Rededauer, das Missverhältnis zwischen Rede- und Diskussionszeit scheint eine entscheidende Rolle gespielt zu haben. Eine für alle peinliche und peinigende Veranstaltung, in der sie vor Hitlers Redefluss die Waffen streckten, hat den Ausschlag gegeben. Hitler konnte endlos reden, und er hat die Versammlung in Bamberg in mehreren Stunden niedergeredet.

Dass dem wirklich so war, macht eine weitere Quelle deutlich. Der Bamberger Polizeibericht spricht von fünf Stunden, die Hitler geredet habe. Hitler hat sozusagen niemanden überzeugt, aber alle an die Wand geredet. Es war eine Mischung aus Überwältigung und Erschöpfung, die ihn über die Norddeutschen siegen ließ.

Der Weg der Erdrückung, ein Weg, der Demütigung, Peinlichkeit und Sprachlosigkeit einschließt, scheint für die Frage unumschränkter Führerschaft letztlich erfolgversprechender als der Weg der Überzeugung, wo Selbstständigkeit, Argumentation und damit eine gewisse Unabhängigkeit eine wesentliche Rolle spielen.

Hitler in Hamburg (Masse III)

Ein paar Tage später, am 28. Februar 1926, hielt der so erstarkte Hitler vor Mitgliedern des Hamburger Nationalclubs im Hotel Atlantic eine etwa zweistündige Rede. Hier ging er, gleich zu Anfang, darauf ein, dass er ein öffentliches Redeverbot hatte. Deswegen sei er glücklich, hier sprechen zu dürfen. Diese Rede war viel stärker als die in Bamberg. Sie richtete sich vor allem gegen den »Marxismus« bzw. »Bolschewismus«, worunter er fast alles verstand, was ihm nicht passte, einschließlich der Weimarer Demokratie. Der Sieg über den Marxismus sei Aufgabe des Nationalsozialismus. Dafür bedürfe es einer Massenbewegung. Um die Massen zu gewinnen, müsse man ihre sozialen Bedürfnisse erkennen.

Außerdem sagte Hitler, man müsse der Masse »ein Programm« geben, »das unabänderlich ist, einen politischen Glauben, der unerschütterlich ist«. Was er damit dezidiert nicht meinte, waren die üblichen Wahlprogramme, wie sie die bürgerlichen Parteien für sich verfassten. Hitler näherte sich der Masse schon hier mit Verachtung, er wollte sie manipulieren, akzeptierte sie nicht als gleichwertiges Gegenüber, sie kenne nur das harte Entweder-Oder, sie sei primitiv. Sie sei, so Hitler, feminin. »Die breite Masse ist blind und dumm und weiß nicht, was sie tut.« Sie wolle keine differenzierten Meinungen, sie wolle einen Standpunkt, zu dessen Durchsetzung aber setze sie alle Mittel ein, auch Gewalt. »In einer Menge von 200.000 Menschen im Berliner Lustgarten empfinde der einzelne sich selbst kaum mehr als ein »kleiner Wurm«, unterliege der Massensuggestion, bemerke nur die Bereitschaft der Umstehenden, für ein Ideal zu kämpfen.«[4] Geleitet sei die Masse nicht von Erkenntnis, sondern vom Gefühl. »Was stabil ist, ist das Gefühl: der Haß.«

Hitler arbeitete also bewusst mit der Masse, er behandelte sie wie ein persönliches Gegenüber, aus dem Zusammenspiel mit der Masse entstand Macht. Aber dass er sie wertschätzte, das lässt sich schwerlich behaupten.[5]

Horváth und der Dialekt (Bayerisch I)

»Meine Kindheit verbrachte ich in Belgrad, Budapest, Wien, München und Pressburg – mein Vater war an österr.-ung. Gesandtschaften und Botschaften tätig, daher der Wandertrieb. Daher kommt es aber auch, dass ich keine Heimat hab – nur eine Wahlheimat: … Bayern.«[6]

Das Zitat erinnert stark an den Beginn einer anderen autobiographischen Bemerkung, die Horváth Anfang 1929 für die Ullstein-Zeitung *Der Querschnitt* aufschrieb: »Sie fragen mich nach meiner Heimat, ich antworte: ich wurde in Fiume geboren, bin in Belgrad, Budapest, Preßburg, Wien und München aufgewachsen und habe einen ungarischen Paß – aber: »Heimat«? Kenn ich nicht.«.[7]

Tatsächlich scheint es sinnlos, Horváth in einer Nation, einem Volk oder einer anderen fest umrissenen Gemeinschaft verorten zu wollen. Horváth war als Nachfahre des k. u.k-Vielvölkerstaates, als Kind des Weltkrieges, als Pan-Europäer, als zeitweise Bayer und Wahldeutscher eine hybride und fluide Figur. Welchem Land ist Horváth zuzuordnen, fragte die Vorsitzende der Murnauer Ödön-von-Horváth-Gesellschaft Gabriele Rudnicki am Anfang eines Aufsatzes. Die Antwort muss sehr deutlich ausfallen: keinem.

Sinnvoll aber ist die Frage nach der Sprache, die Horváth in seinen Stücken und seiner Prosa verwandte. Nun, das ist einfach, das ist Deutsch. Trotzdem ist die Forschung hierzu bis heute widersprüchlich und uneins. Das liegt meines Erachtens daran, dass bis heute – verführt durch Horváth selbst – immer nach der Funktion der Sprache Horváths gefragt wird, selten aber danach, welche Sprache, welches Deutsch Horváth verwendet hat. Oft genug – und oft genug unscharf – wird beispielsweise behauptet, er sei in den österreichisch-bayerischen oder nordalpinen Dialekten Zuhause, wie wenn Wienerisch mit Bayerisch und Tirolerisch nahezu gleich zu setzen wäre.

Ausgangspunkt einer Überlegung zu Horváths Sprache kann sein bekannter Satz sein, dass er, Horváth, in süddeutschem Dialekt schreibe, denn er könne ja nichts anderes.[8] Das ist (wie viele theoretischen Äußerungen Horváths) ein wenig kokett, ziemlich defensiv und etwas ungenau. Horváth beherrschte Hochdeutsch, wie seine Bücher und Manuskripte zeigen, und es sollte Wunder nehmen, wenn er nicht auch österreichische Dialekte, insbesondere Wienerisch (nach mehreren Aufenthalten in Wien) wenigstens einigermaßen gekonnt hätte.

Dass er, wenn denn einen Dialekt, aber eher Bayerisch beherrschte (und nicht Wienerisch oder Österreichisch), ist insbesondere für die Zeit vor 1930 bestens belegt. Aber wie genau sprach er es? In der milden Münchner Spielart? Oder in der harschen, sich dem Gebirglerischen annähernden Murnauer Form? Das erste Zeugnis, das von seinem Bayerisch spricht, stammt von der Berliner Sekretärin des Ullstein Verlags, Grete Fischer. Es dürfte sich auf das Jahr 1929 beziehen. »Ich bin Bayer«, sagte er, »die Eltern haben ein Gütchen in Murnau. Der Bayer, das ist eine Kreuzung zwischen an Aff und an Tiroler.« Er liebte die Menschen nicht, er sah sie. So überlieferte Fischer Horváths Sätze und kommentierte sie.[9]

Das Zitat von Horváth selbst, an Aff und an Tiroler, zeugt von einer ironisch-selbstironischen Haltung Horváths zu seinem bayerischen Auftritt in Berlin, vielleicht auch von der Unsicherheit des Mannes aus der Provinz. Als ob es eine Verkleidung sei, die er sich hier selbst zugelegt hatte. Daneben belegt das Zitat auch eine bayerisch-derbe Ausdrucksweise. Falsch dürfte Fischers Einschätzung sein, dass Horváth die Menschen nicht liebte, sondern nur sah. Passender wäre ein anderer Eindruck gewesen: Horváth sah die Menschen, liebte sie aber trotzdem.

Das zweite Zitat aus der Zeit stammt von Carl Zuckmayer, zwar selbst aus Rheinhessen stammend, aber für das Süddeutsche und Österreichische durchaus kompetent, da ein Haus im Salzkammergut besitzend und dort lebend. Er erinnerte sich wie folgt: »Höchst merkwürdig war, dass er … sich völlig aufs Bayerische stilisiert hatte, auch in seiner Sprache und Ausdrucksweise. … Er empfand sich selbst als einen Bayer aus Murnau, dort lebte seit einiger Zeit seine Familie, dort lebten seine Modelle – auch die Dialektanklänge in seinen Stücken sind durchwegs mehr bayerisch als österreichisch gefärbt.«[10]

Wie fast immer ist Zuckmayer in seinen Einschätzungen präzise. Er schreibt von Stilisierung, als ob das Bayerische Horváth nicht abzunehmen gewesen sei und vielleicht auch gar nicht vollkommen ernst genommen werden wollte. Das trifft sich mit dem, was Fischer beobachtete. Es war ein Spiel, ein Spiel mit einer nicht beherrschten, sondern immer ein wenig zitierten Sprache. Ein Spiel aus Zuneigung und Bloßstellung, aus Imitation und Entlarvung, das Horváth betrieb – auch mit sich selbst. Es wirkt genauso wie manche Fotografien, die ihn in Tracht zeigen, er sieht zugleich verkleidet aus und doch wie in seinem Element.

Bayerisch ist eher ein Idiom des Grummelns und Schulterzuckens als des komplizierten Ausdrucks, des langen Satzes oder der begriffsscharfen Explikation. Horváth, so viel darf man behaupten, gefiel das. Es war eine Mischung aus Zuneigung und Spott, mit der er durch die Sprache seinen oberbayerischen Landsleuten begegnete. Der Dialekt hatte damals eine spezifische Funktion, die wenig mit Folklore, aber viel mit Gesellschaft zu tun hatte. Er machte das Individuum zu einem Teil des Volkes, der Dialekt gab ihm den Stempel der Gemeinschaft, es war die Sprechweise, die alle teilten.

Neben diesen beiden Zeugnissen, die vom Bayerischen Horváths Auskunft geben, gibt es Quellen, die von Horváths ungarischer Sprachfärbung berichten. Elisabeth Tworek, selbst Murnauerin, konnte in den 1970er/1980er Jahren mehrere Personen sprechen, die ihrerseits Horváth gekannt hatten. Sie hat sie auch nach seiner Sprechweise gefragt. Übereinstimmend sagten die drei Murnauerinnen – Barbara Mooser, Marille Biller und die Modistin Peppi Kastner –, die sie dazu befragte, dass er mit dem typischen ungarischen Akzent gesprochen habe. Es scheint mehrfach die Formulierung »wie ein Kellner vom Balaton« gefallen zu sein. Horváth war also ein magyarischer Murnauer, der mit ungarischem Akzent die bayerische Sprache angenommen hat. Der ungarische Klang vermischte sich mit dem bayerischen Sprachspiel.

Ob Horváth sich wirklich so verhielt, ob er so sprach, wird sich nie mehr zweifelsfrei nachprüfen oder beweisen lassen. Aber die Frage, welche Sprache Horváth verwendete, muss trotzdem gestellt werden. Als Horváth nach Murnau zog, war er zu alt, um den dortigen Dialekt richtig zu erlernen. Vom Klang her hatte das Murnauer Idiom nicht sehr viel mit dem zu tun, was er in München gehört hatte. Zu dieser Konstellation würde es passen: Er konnte sich nur annähern, nur damit spielen, diese ihm sympathische sprachliche Identität nur teilweise übernehmen und sich zu eigen machen.

Noch entscheidender ist die Frage: Wie verwendete Horváth Bayerisch in seinen Stücken? Beginnt man mit *Revolte auf Côte 3018* und geht bis zu *Kasimir und Karoline*, verändert sich, was er als Dialekt in diese Stücke hineinschrieb. In *Revolte* taucht zunächst der dezidiert Hochdeutsch sprechende, schwächliche Schulz auf dem Berg auf, und Karl, in allem sein Gegenbild, spricht überdeutlich Dialekt, wenn er etwa gleich zu Anfang Veronika beschreibt: »Herrgottsakra! Das Fleisch! Du bist scho des best Fleisch im Land, auf und nieder. Di hat net unser Herrgott gformt, den Arsch hat der Satan baut!«[11] Das ist durchaus nicht frei von Klischee, wie sich da Dialekt und Potenzgehabe verbinden, je mehr Dialekt, desto tierischer. Es scheint, als habe Horváth den hochdeutschen Schulz und den krachbayerischen Karl mit Vergnügen gegeneinandergestellt. Alle anderen Arbeiter sprechen wie Karl. Der zweite Akt endet zum Beispiel mit Hannes Worten: »Da täuscht di! I, wanns hier zugmacht wird, i geh stehln. Pfeilgrad! I geh stehln!«

Das sind fast überdeutliche schriftliche Nachahmungen bayerischer Ausdrucksweise. Eine solche Schrift ist wie immer etwas unbeholfen, aber als Vorlage für das Sprechen auf der Bühne gut verwendbar. Horváth hat am Anfang seines Schreibens Dialekt in Schriftsprache transponiert, und mehr muss man meiner Ansicht nach da nicht hineininterpretieren.

Horváth selbst hat dazu eine programmatische Äußerung gemacht. Die Randbemerkung zu seinem Stück *Revolte auf Côte 3018*, das er als sein erstes Stück bezeichnete, ist auch seine erste theoretische Äußerung: »Dialekt ist mehr als ein philologisches, ein psychologisches Problem. Verfasser befolgte im Folgenden weder philologische Gesetze, noch hat er einen Dialekt (hier Dialekte des ostalpenländischen Proletariats) schematisch stilisiert, sondern er versuchte Dialekt als Charaktereigenschaft der Umwelt, des Individuums oder auch nur einer Situation zu gestalten.«[12]

Was bedeutet das, Dialekt als Charaktereigenschaft? Horváth sagt hier lediglich, die sprechen so, wie ihnen der Schnabel gewachsen ist, dadurch charakterisieren sie sich, ihre Umwelt und ihre Situation. Ja, könnte man sagen, so ist das, wenn Figuren im Theater Sprechweisen verwenden, die in der Wirklichkeit vorkommen.

Interessanter ist etwas anderes: Er begreift die Sprache als Charakteristikum nicht nur einer Gegend, die er den »ostalpenländischen Raum« nennt, sondern auch einer Schicht, die er »Proletariat« nennt. Er unterscheidet also eine Unter- und eine Oberschichten-Sprache. Horváth versuchte so, durch die Sprache den geistigen Zustand seiner Figuren kenntlich werden zu lassen, das dürfte das Wort »Charaktereigenschaft« bezeichnen.

Der Erfolg von *Revolte auf Côte 3018* war überschaubar, was möglicherweise auch an der lokal begrenzten Sprechweise lag. Die Uraufführung war 1927 in Hamburg. Der Dialekt in Horváths nächstem Stück, ein *Wochenendspiel*, ist deutlich abgemildert. Geht man noch ein paar Jahre weiter, zu *Kasimir und Karoline* von 1932, ist der Dialekt trotz des Spielorts Oktoberfest weitgehend verschwunden. Er ist nur noch in einer gewissen Umständlichkeit der Sprache und Unbeholfenheit der Sprecher erhalten wie bei Kasimirs »indem dass«: »Hier dreht es sich doch nicht um Deine Achternbahnfahrt, sondern um Dein unqualifizierbares Benehmen, indem dass Du mich angelogen hast.«[13]

Da kommt auch etwas anderes ins Spiel. Die Sprecher versuchen präzise zu sein, vergreifen sich dabei und sprechen dann von der Tendenz her immer etwas zu hochgestochen. Sie stehen sozusagen unter dem Zwang, sich deutlicher auszudrücken, als ihnen unmittelbar gegeben ist. Das hat Horváth vermutlich mit dem »Bildungsjargon« gemeint, ein von der Horváth-Forschung viel verwendeter Begriff. (Anm.: Der »Bildungsjargon« ist meiner Meinung nach nicht der Schlüssel zu einem Sprachverständnis Horváths. Der Ausdruck ist zu unpräzise, passt längst nicht immer, bezieht sich nicht auf alle Stücke, ist vom Autor in einer speziellen Situation verwendet worden.)

Zuweilen ist die Sprache in *Kasimir und Karoline* auch von jener Drastik »- das Maul können wir uns an das Tischeck hinhaun!« sagt Kasimir am Anfang, »zerreiß ihr das Maul«, meint der Merkl Franz immer wieder –, die schon Karl in *Revolte* hatte, wenn er Veronika beschrieb. Dann ist es eine stark reduzierte Form dialektalen Sprechens bzw. Schreibens, die aber authentisch und unmittelbar wirkt.

In der damals unpublizierten »Gebrauchsanweisung«, die Horváth zur Uraufführung von *Kasimir und Karoline* im November 1932 schrieb und die dann seit den 1960er Jahren vielfach veröffentlicht und zur Interpretation herangezogen wurde, heißt es: »Dialekt. Es darf kein Wort Dialekt gesprochen werden! Jedes Wort muss Hochdeutsch gesprochen werden, allerdings so, wie jemand, der sonst nur Dialekt spricht und sich nun zwingt, Hochdeutsch zu reden. Sehr wichtig! Denn es gibt schon jedem Wort dadurch die Synthese von Realismus und Ironie.«[14]

Das ist eine zentrale Stelle, Horváth unterstreicht es: »Sehr wichtig!« Der Schauspieler tut so, als könne er kein Hochdeutsch, versuche es aber zu sprechen. Darin liegt die Unbeholfenheit der Landbevölkerung angesichts der offiziellen Sprache, des Schriftdeutsch, der Hochsprache, des Versuchs, sich genau auszudrücken. Das ist aber auch, auf der Theaterbühne, reine Stilisierung. Schauspieler, die sehr wohl Hochdeutsch können, sprechen Hochdeutsch so, als ob sie nur Bayerisch könnten. Das ist hybrid und künstlich.

Dass Horváth dadurch eine Verbindung von Ernst und Spaß am Werk sah, gleichzeitig Realismus und Ironie, ist bezeichnend, es trifft sich mit seiner eigenen Sprechweise, wie sie in diesem Kapitel eingangs gezeichnet wurde. Es hat aber nichts mit Nachahmung eines degenerierten Dialekts zu tun, wie es gern heißt, einer geschrumpften Sprache, sondern es ist ein Spiel der Schauspieler, der Sprecher, die in einer Sprache nicht ganz zuhause sind. Es ist eine Kunstsprache, die Horváth vorschlägt, kein realistisches Sprachbild.

Das entspricht dem Verhältnis, das er zum Volk, dem Proletariat, zur Masse, den Prostituierten, dem Kleinbürger, der Unterschicht herstellt. Er macht sich gleichzeitig mit diesen Menschen gemein und distanziert sich. Er ist einer, der in der Masse verschwindet und mit ihr verschmilzt, und einer, der zuschaut und dabei vereinzelt und allein ist.

Der nicht endende Krieg

Was Horváth vom Krieg hielt, wird in den frühen Entwürfen des Romans *36 Stunden* beziehungsweise *Der ewige Spießer* klar. Er verabscheute ihn nicht nur, er sah in ihm einen moralischen Zusammenbruch, dem er mit Sarkasmus begegnete: Gott sprach, es werde Weltkrieg, und war damit zufrieden.[15]

Horváth hörte nicht auf, über den Krieg zu schreiben. 1933 etwa heißt es: »… um wieder mal den gigantischen Kampf zwischen Individuum und Gesellschaft zeigen zu können, dieses ewige Schlachten, bei dem es zu keinem Frieden kommen soll – höchstens, dass mal ein Individuum für einige Momente die Illusion des Waffenstillstandes genießt.«[16] Der Krieg und die Nachkriegszeit bilden das thematische Hintergrundrauschen von Horváths Stücken und Prosa, sie sind fast immer präsent.

Es ist paradox und absurd, wenn eine der Prostituierten im *Wochenendspiel* (1928) deutlich macht: Kaum ist der Krieg vorbei, wird er von den Überlebenden missbraucht. »Lächerlich! Alle reden sich naus auf den armen Krieg!« Der Krieg wird da sozusagen zum Opfer. Der Krieg dient als Entschuldigung und Rechtfertigung für das, was geschieht. Er taucht im *Wochenendspiel* als Wiedergänger auf. In einer frühen Vorarbeit sagt der Kapellmeister bei einer Musikprobe im Wald: »Lieblich! Mehr Addagio! Mehr Gefühl!« Darauf der Swoboda: »Also ich scheiss Dir was auf Dein Gefühl! Ich tu bei dem Krampf überhaupts nicht mehr mit!« Kapellmeister: »Das ist keine Selbstbeherrschung!« Swoboda geht daraufhin ab und ein Musiker sagt: »Man muss nachsichtig mit ihm sein, bitte. Er war im Krieg verschüttet – er ist halt sehr nervös – man muss solche Ausdrücke menschlich nehmen –«[17]

Die gesamte Szene spielt in einem etwas unwirklichen Wald. Dort sind auch die »Hakenkreuzler« unterwegs. Diese Nazis wirken, wie meistens bei Horváth, weniger wie eine politische Vereinigung als eine Gespenstertruppe zur Reinszenierung des Krieges. So ist der Krieg vorbei und so ist er da.

Im fertig ausgearbeiteten *Wochenendspiel/Italienische Nacht* sagt Leni bei einem Umzug der Faschisten zur Dvorakischen: »Die Musik ist ja fein, aber für die Herren in Uniform könnt ich mich nicht begeistern. Die sehen sich alle so fad gleich. Und dann werdens auch gern so eingebildet selbstsicher. Da sträubt sich etwas in mir dagegen.« Darauf die Dvorakische: »Das glaub ich gern, weil Sie halt keine Erinnerung mehr haben an unsere Vorkriegszeit.« Leni: »Ich muss jetzt da nach links.« Die Dvorakische: »Fräulein. Sie könnten mir eigentlich einen großen Gefallen tun –« Leni: »Gern!« Die Dvorakische: »Ihr Herr Major muss doch ganz pompöse Uniformen haben –« Leni: »Ja, das stimmt, weil er früher auch in den Kolonien gewesen ist, die, wo uns Deutschen geraubt worden sind.« Die Dvorakische: »Geh fragens doch mal den Herrn Major, ob er mir nicht so eine alte Uniform verkaufen möchte, es passiert ihnen nichts –« Leni: »Wie meinens denn das?« Die Dvorakische: »Das sagt man halt so.« *Stille.* Leni: »Was möchtens denn mit der Uniform anfangen?« Die Dvorakische *lächelt*: »Anschaun.« Leni: »Ist das alles?« Die Dvorakische: »Wie mans nimmt –« *Stille.* Leni: »Nein, das wär mir, glaub ich, unheimlich –« Die Dvorakische *plötzlich wütend*: »Dumme Gans, dumme! Ihr jungen Leut habt halt keine Illusionen mehr.«

Hier, in diesen banalen Sätzen, hat man fast den ganzen Horváth, leichter Dialekt, die vielen Stillen und Gedankenstriche, ein Fräulein,

Verkauf, Grobheit, alltägliche Sätze, durch die im Hintergrund die großen Themen klingen, hier der Krieg. Dazu kommen die Gespenster, wie hier durch die Uniform verkörpert. Vergleichbares geschieht am Anfang des nächsten Bildes, wenn die beiden Prostituierten über die gehissten Fahnen reden. Nur dass es hier die Fahnen statt der Uniform sind, die die Geister der Vergangenheit beschwören.

Der Krieg ist genauso Folie in *Zur schönen Aussicht*, nur versteckter: »Nach dem Krieg, vor dem Krieg … egal«, sagt Müller da. Es bleibt sich am Ende doch immer gleich, scheint Horváth schulterzuckend zu sagen. Diese Dauerpräsenz des Krieges, die alles Aktuelle zu entwerten scheint, muss Horváth gemeint haben, wenn er sagte, dass der Krieg das bestimmende Ereignis seines Lebens sei.

In einem frühen Entwurf zum Roman *36 Stunden* oder *Der ewige Spießer* schrieb Horváth: »Also, es gab Krieg. Krieg ist Krieg, und Charlottes Vater wurde Soldat und sie bekam mit Schwestern, Militärärzten und Sanitätern, Verwundeten, alles aus Zinn zum Spielen. Sie hätte lieber Soldaten gehabt, und zum erstenmale kam ihr der Gedanke, warum sie kein Junge sei. Bis dato hasste sie die Jungen, aber jetzt kam sie sich plötzlich ganz minderwertig vor. Die Leute zogen vor das Gebäude der Öster.-Ung. Gesandschaft sangen Gotterhalte und das Deutschlandlied. Es war ein riesiger Rausch. Der Vater sagte: Serbien muss sterbien, Viel Feind, viel Ehr, er sei in drei Wochen wieder aus Paris zurück, aber in vier Wochen war er tot. Charlotte fühlte sich stolz einen Vater auf dem Felde der Ehre verloren zu haben.«[18]

Wenn es um Krieg ging, war Horváth in seinem Sarkasmus klar und eindeutig. Aber er wollte nicht von sich erzählen, sondern die Leute zum Sprechen bringen und dem Sprechen der Leute nachhorchen.[19]

Hoppe im Janker (Bayerisch II)

Was ist denn das? Ist das ein Spiel? Ein Spiel von Horváth? Es sieht aus, als habe sich Marianne Hoppe für ein Horváth-Stück verkleidet. Soll sie doch noch zu einem Jungen gemacht werden? Oder soll das frivol wirken? Wer hat hier wen wofür verkleidet? Oder ist das einfach übliche Staffage, Fotografenpose, Atelierverkleidung? Aber weshalb eine oberbayerische Tracht? Wieso gerade Bayern? Was hat das mit Marianne Hoppe zu tun, einer 17-Jährigen aus Felsenhagen in der Prignitz, die nun auf eine Handelsschule in Weimar geht? Dahin war sie gewechselt. Und noch dazu eine männliche Tracht. Ist es vielleicht doch sie, die sich diese Lederbundhose mit Edelweiß, diesen etwas zu kleinen, gefiederten Hut, diese skurrilen Wadlwärmer ausgesucht hat? In ihrem Blick scheint eine Spur von Schalk zu stecken. Hehe! Jedenfalls ist hier alles offen, gar nichts verborgen.

Oder war das alles einfach nur eine Faschingsverkleidung? Ein anderes Foto aus dem gleichen Jahr, Fasching 1926, beim gleichen Fotografen, wie der Hintergrund mit gewittrigem Himmel nahelegt, zeigt sechs Pensionatsschülerinnen. Sie sind verkleidet als Köchin, Amme, Soldatin und Herrin. Marianne Hoppe ist Gutsbesitzerin mit Krawatte.

Im Weimarer Mädchenpensionat fühlte sie sich, wie im Königin-Luise-Stift, nicht wohl. Zu viel Erziehung. So wechselte sie in die staatliche Handelsschule. Sie, die Gutsherrentochter, war damit auf dem Weg, ein Mitglied der gerade neu entstehenden Klasse der Angestellten zu werden. Arbeitsame, beflissene Frauen wie Männer, die Buchführung, Rechnen und Schreibmaschineschreiben, Büroorganisation und Steno lernten. Für die selbstständig werdenden Frauen war die Rolle der Büroangestellten eine der wenigen Möglichkeiten, man könnte vom beginnenden Zeitalter der Sekretärin sprechen. Noch ist es nicht die große Masse, aber es ist doch ein Heer von Frauen, das sich aufmacht, um in den Städten ein selbstgewähltes Leben zu führen. Auch wenn dieses Leben immer noch in vielem vorgezeichnet war.

Das hört sich bestimmt und entschieden an. In Wirklichkeit, so erzählt es das Tagebuch[20], wusste Marianne Hoppe nicht, wohin mit sich und was aus ihr werden sollte. Sie suchte und zweifelte.

In Weimar, im Nationaltheater, begannen auch die Theaterbesuche. Die Schule hatte im Rang ein paar Plätze abonniert. Langsam wurde das richtige Schauspiel für sie zu einer Perspektive.

Vielleicht ist es gut, an dieser Stelle kurz innezuhalten. Die junge Marianne Hoppe, jetzt 17 Jahre alt, ist in Weimar und verlässt den Weg, den sie eingeschlagen hatte. Sie fängt an zu spielen und verwendet dafür auch eine bayerische Tracht. Der Weg zur Sekretärin war ungewöhnlich, selbstständig, aber er war doch akzeptiert. Sie aber wollte sich damit nicht begnügen, es reichte ihr nicht. Wie konnte es weitergehen?

Horváth lebt in Bayern, halb fremd, halb zuhause, spielt mit dem Bayerischen und ist dabei doch noch mehr Beobachter als Spieler. Für Hitler liegen die Dinge einfach: Bayerisch ist gut, Großstädtisch ist schlecht. Hitler und Horváth können (oder wollen) den Krieg nicht vergessen, der Marianne Hoppe gar nicht interessiert. Hitler darf noch nicht auftreten, nimmt aber die Masse bereits ins Visier. Die Masse spielt eine zentrale, aber schwer bestimmbare Rolle. Horváth schaut und hört ihr zu. Marianne will sich in ihr behaupten.

Deutsches Nationaltheater, 4. Juli 1926, 14–15 Uhr (Weimar I)

Überall hatte Hitler Redeverbot. In Bamberg und Hamburg hatte er nicht öffentlich, sondern nur intern sprechen dürfen. Beim Parteitag der NSDAP, der in Weimar stattfand, hielt er am 4. Juli 1926 im Nationaltheater ebenfalls eine interne Rede.

Hitler gab sich als ein Kind des Krieges: »Nur der Kräftigste, Mutigste und Fleißigste hat ein Anrecht auf Grund und Boden und er muß ihn sich selbst erwerben. Eine andere Art der Zukunft zu genügen, den Daseinskampf zu kämpfen, war, die überschüssigen Menschen zu exportieren. Durch Jahrhunderte wanderte der deutsche Mensch in die andere Welt als Kolonisator, als Dünger für andere Völker, als Kulturdünger für andere Nationen. So beginnt er, den großen Kontinent zu erobern. Aber all diese Deutschen gingen dem Mutterlande endgültig verloren und ihre Kinder bildeten die neue Weltmacht, die sich im letzten Kriege feindlich gegen ihr Mutterland einstellte. All das hochgewachsene Menschenmaterial, das wir im Weltkrieg auf amerikanischer Seite sahen: Glauben Sie mir, deutsche Mütter haben einst diese Menschen geboren, deutsche Väter haben sie einst gezeugt und das Schicksal hat es so gefügt, daß sie 50, ja 20 und weniger Jahre später schon als unsere Feinde im Daseinskampf um unsere Existenz uns gegenübertraten. Das ist der furchtbare Fluch des letzten politischen Vorganges.«

Es ist nicht überraschend, dass eine neue Kolonialpolitik im europäischen Osten im Zentrum der Rede stand. Es ging um die von ihm zur Grundfrage stilisierte »Lebensraumfrage«. Im gedanklichen Zentrum von Hitlers Ausführungen aber stand das Volk. Nur es ist merkwürdig: Obwohl sich alles um das Volk drehte, obwohl das Volk doch so eine enorme Rolle in der Propaganda spielen würde, empfand Hitler keine Liebe für das Volk, hatte keine Verbindung zu ihm. Es war ein ausgedachtes Volk, von dem er sprach, eine Einbildung. Das Volk war ein Konstrukt, um die Kränkungserfahrung, die die bestimmende Kriegserfahrung sinnlos zu machen schien, aufzuwiegen.

»Das ist das Wesentliche, wenn Sie sich die Frage vorlegen: Kann ich die Verantwortung des Blutvergießens auf mich nehmen, da gibt es nur eine Antwort. Die Verantwortung kann nur dann getragen werden, wenn dieses Blut zum Dünger wird für Millionen weiterer Volksgenossen (Heil!), woraus eine neue Saat für unser Volk ersprießt, wenn das Leben geopfert wird, um den Kommenden das Leben zu geben. Aber nicht im ideologischen Wahnsinn, für kleinste Interessen der Parteien, für wirtschaftliche Anschauungen, für Börseninteressen, denn das ist das größte Verbrechen, das an einem Volke geübt werden kann. Wenn diese Auslese gar nichts erringt, ist es ein fluchwürdiges Beginnen, und solche haben wir im Lauf unserer Geschichte so ungeheuer viel. Wenn wir nun heute unser deutsches Volk ansehen, so ist das Tragische nicht der verlorene Krieg an sich – wieviele Kriege sind schon verlorengegangen, ohne dass sich die Gestalt der Völker änderte –, sondern daß das deutsche Volk einem Phantom nachjagt, daß Millionen unseres Volkes keine Stellung nehmen zu den Problemen: »Gib uns unser täglich Brot«, sondern daß sie träumerisch für weltbürgerliche Ziele ihr Blut hingeben, die erst recht das Ende von uns allen (sein) werden. Das ist das Tragische in dieser Zeit der größten Not, daß unser Volk sich nicht entschließt, zur Behebung dieser Not das Letzte hinzugeben.«

Hitler stilisierte sich in eine messianische Sendung, es ging um den Sinn des Opfers. Noch war er damit der einsame Rufer: Er war nicht nur der Realist, er war auch der Idealist. Es ging um eine neue Glaubensgemeinschaft, er sah die neue Politik als eine neue Religion.

»Es gilt erst das Beharrungsvermögen, die Trägheit der breiten Massen des Volkes, das die alten Gleise weitergehen will, zu überwinden. Deshalb sind die Ideale nicht zur Unmöglichkeit verdammt. Das ist nun einmal eine historische Wahrheit. Zu allen Zeiten sind die Träger neuer Ideen in der Minderheit gewesen. Das macht sie aber nicht unmöglich. Die Apostel des neuen Glaubens müssen ihn vorwärts tragen, als ob er schon Gemeingut wäre, und der Erfolg ist umso größer, je schlechter die Gegner sind und je intensiver der Glaube der Träger ist. Dann wird eine solche neue Parole weit hinausragen nicht nur über den Rahmen des Augenblicks, der Ereignisse des Tages, sondern sie wird Form und Charakter annehmen können, sie wird eine Weltanschauung, eine alle erfüllende Glaubensmission.«

Nach der Rede fuhr er in Weimar durch eine Menge von mehreren Tausend SA-Männern und nahm die Parade ab. Jeder SA-Mann schwor auf Hitler einen Treueid. Das erste Mal trat auch die SS auf. Hitler hatte den Arm zum faschistischen Gruß erhoben. Der Parteitag diente der Demonstration der neuen Einheit und Einigkeit der Partei. Er sollte die »wiedererlangte innere Gesundung der Bewegung« zeigen.

Was Marianne Hoppe, die sich damals in Weimar befand, davon mitbekam, was sie gesehen hat, was sie dazu dachte, wissen wir nicht.

Revolte auf Côte 3018 – Die Bergbahn

Die Ereignisse, die der unmittelbare Anlass für *Revolte auf Côte 3018* waren, das Stück, das hier bereits mehrfach Erwähnung fand, ereigneten sich im Herbst 1925. Es war ein »Zusammenstoß zwischen Arbeitern und Betriebsleitung« beim Bau der Zugspitzbahn. Knapp zwei Jahre nach den Auseinandersetzungen, im August 1927, wurde im Anzeigenblatt der Volksbühnen Verlags- und Vertriebsgesellschaft das erste Mal auf das Stück Ödön von Horváths hingewiesen.

Im November 1928 war dann die Uraufführung in den Hamburger Kammerspielen. Das Stück fiel hier als unreifes Tendenzwerk eines Antikapitalisten gnadenlos durch. Horváth schrieb das Stück um, nannte es *Die Bergbahn*, er selbst hieß nun Ödön Horváth, und schon im Januar 1929 hatte es in der Volksbühne am Bülowplatz in Berlin Premiere. Seitdem ist das Stück als *Die Bergbahn* bekannt, was ihm nicht zum Vorteil gereicht hat. Horváth war durchaus bereit, sich immer wieder anzupassen, um das Publikum zu kämpfen und zu buhlen. Trotzdem ist die Erstfassung der deutlich bessere Text.

Der Volksbühne hatte Horváth sich selbst als »bayerischen Bahnarbeiter ungarischer Abstammung« angepriesen, der an der Zugspitzbahn gearbeitet hatte. Das sorgte für Authentizität und Glaubwürdigkeit. In der Kantine der Volksbühne lernte er Carl Zuckmayer kennen, der durchschaute Horváths Spiel schnell, und Horváth begriff ebenfalls, dass er durchschaut worden war. Die beiden Herren waren einander sympathisch.

Die Handlung von *Revolte auf Côte 3018* ist einfach. Die Bedingungen für die Arbeiter beim Bau der Zugspitzbahn sind unmenschlich hart, das Entgelt ein Hungerlohn. Andere Arbeit finden sie nicht, im Gegenteil, ein schwächlicher Berliner Friseur kommt auf den Berg hinauf, um seine Arbeitskraft anzudienen. Die Arbeiter bluten und leben in anhaltender Gefahr. Der Ingenieur ist ehrgeizig, die Aktionäre sind geizig. Bei einem Aufstand gibt es Tote, ändern tut sich nichts.

Der zweite Akt von *Revolte auf Côte 3018* ist in *Die Bergbahn* verschwunden. Es ist aber der entscheidende. Was in diesem Akt gezeigt wurde, sind die Arbeiter um ihrer selbst willen. Diese Arbeiter sind eine Meute. Da ist Horváth in seinem Element. Es geht in dem Akt nur um die Dynamik in dieser Männerhorde. Und um die Frage, ob das Blut der Toten, die im Berg arbeiten, ausradiert oder zu Gold wird. Sie selbst werden vernichtet und werden für die Bahngesellschaft zu Gold.

Das ruft (nebenbei gesagt) nach modernen Methoden der Inszenierung, nach Ruhe, Schweigen, Zeit. Das Stück ist skizzenhaft, weil Horváth jene Deutlichkeit scheut, die dem Zuschauer sagt, was er zu denken hat. Auch wenn die Hamburger Kritiker das damals anders gesehen haben. Was Horváth hier zu entwickeln begann, ist eine Skizzendramaturgie. Es sind Schlaglichter in und aus den Bergen. Das bietet einer modernen, fragmentarischen Darstellungsform eine hervorragende Vorlage. Es ist kein Wunder, dass das Stück 1927 durchfiel, aber in den zwanziger Jahren des 21. Jahrhunderts, da sollte so etwas möglich sein.

Das Stück schwankt zwischen gnadenlosem Alpennaturalismus und einer traumhaften, surrealen Atmosphäre. Das Entscheidende ist die Horde der Männer, der die Frau Vroni gegenübersteht. Die Horde, deren Witterung Horváth hier sozusagen aufnimmt, ist dabei gar nichts Außergewöhnliches. Sie ist das, was im Wirtshaus jeden Tag beieinandersitzt. Sie findet eine Fortsetzung im zweiten Volksstück, dem *Wochenendspiel* und seiner Neufassung *Italienische Nacht.* Hier ist die Horde bereits im ersten Bild versammelt.

Unter »Massenkristallen« wird Elias Canetti kleine, überschaubare Gruppen verstehen, Keimzellen zur Bildung von Massen. In *Masse und Macht* schreibt er: »Massenkristalle und Masse, im modernen Sinne des Wortes, leiten sich beide aus einer älteren Einheit her, in der sie noch zusammenfallen; diese ältere Einheit ist die Meute. Bei Horden von geringer Zahl, die in kleinen Rudeln von zehn oder zwanzig Mann umherwandern, ist sie die Form gemeinsamer Erregung, der man überall begegnet.«[21] Eine solche archaische Meute, eine solche Horde, hat Horváth im zweiten Akt von *Revolte auf Côte 3018* in den Blick genommen. *Die Bergbahn* wurde dann im Januar 1929 in der Volksbühne am Bülowplatz in Berlin uraufgeführt. Die Reaktion war breit, aber keineswegs begeistert. Horváth war gereizt. In München reagierte man nicht positiv. Horváth schrieb an seine Freundin Lotte Fahr sehr treffend: »Ich verstehe ja die Wut: ganz Bayern bringt seit 1914 keinen Dramatiker heraus, und nun kommt ausgerechnet ein »Ausländer«, der ein »bodenständiges«, »völkisches« Stück schreibt! Das einzige, das die Bayern haben.«[22]

Metropolis (Masse IV)

Die Masse erscheint im Bild. In Fritz Langs 1927 uraufgeführtem, damals nicht erfolgreichem, später weltberühmtem Film *Metropolis* sieht man Menschenheere, vollkommen gleichförmig, mit gesenkten Köpfen und stumpfem Blick, wie Sklaven zur Arbeit ziehen. Dieses Heer der Arbeiter kann man als das ikonische Bild der Masse betrachten, gesichtslos, uniform, trist.

Siegfried Kracauer, damals Journalist, begann sich auf seine Weise mit der Masse zu beschäftigen. Er beschrieb, nach ausgedehnten Recherchen in Berlin, das Heer der Angestellten in den Großstädten. Langs *Metropolis* hat Kracauer später, 1947, in seinem Buch *Von Caligari zu Hitler*, inzwischen Filmtheoretiker, als protofaschistisches Märchen verstanden. Das »Ornament der Masse« trete in *Metropolis* durch die gewaltige Komparserie und die geometrische Choreografie in Erscheinung. Kracauer sah das ausgesprochen kritisch: Es weise auf die späteren Massenszenen in den nationalsozialistischen Parteitagsinszenierungen der 1930er Jahre voraus.

Zur schönen Aussicht

Wie die Zeiten sich doch verschieben und überlagern! *Zur schönen Aussicht*, eines der besten Stücke Ödön von Horváths, wurde erst 1969 uraufgeführt. Geschrieben hat er es 1926/27. Hier brechen Horváths Art zu schreiben, sein detaillierter, hinstarrender Blick, die ungerührte Bosheit des Personals mit Kraft hervor. Er hat Murnau angeblickt und lässt uns mitsehen.

Das Setting ist visionär: In einer Hotelhalle, die in dem Stück die Bühne ist, hängt eine verstaubte Karte Europas. Das passt heute noch besser als zur Entstehungszeit: Europa, ein immerwährend angestaubter Traum! Wahrscheinlich war die Karte, die Horváth vor sich sah, eine Europakarte aus der Zeit vor 1914.

Die Karte hängt in der Halle des Hotels Zur schönen Aussicht. Dieses Hotel ist inspiriert von den Murnauer Hotels Strandhotel, Post und dem Hotel Schönblick. Das Hotel Schönblick war ein schmuckes, hoch aufragendes, vierstöckiges Fachwerkhaus, wie sie damals mit Erker und Wintergarten so schön gebaut wurden. Aber das Hotel Zur schönen Aussicht ist nicht durch seine ansehnlichen Vorbilder bestimmt, es ist ein Versammlungsort für die Horváthsche Weise der Existenz: ein heruntergekommener Ort, ein zerfallender Ort, ein immer mehr bröckelnder Ort.

Zur schönen Aussicht ist zudem Horváths erstes richtig gutes Stück. Es ist komödiantisch, deutlich, krass und böse: Eigenschaften, die das Theater eigentlich liebt. Trotzdem ist *Zur schönen Aussicht* für das Theater bis heute schwieriges Terrain. Es wird nicht so oft gespielt wie die Volksstücke, als wäre es immer noch nicht wachgeküsst. Der Dramaturg Herbert Gamper, ein großer Kenner Horváths und Liebhaber besonders dieses Stückes, meinte, dass es der komplizierteste Text Horváths sei. »Ich bin nämlich eigentlich ganz anders, ich komm nur so selten dazu«, das sei der programmatische Satz.

Das Stück ist kein »Volksstück«, sondern eine Komödie. Es ist das erste Mal, dass Horváth ein Stück Komödie nennt. Bis 1933 bleibt es die einzige, die er schreibt. Ab 1933 nennt er dann die meisten seiner Stücke Komödien. Die *Unbekannte aus der Seine* wird die erste dieser neuen Komödien sein. Es sind Stücke in einer verqueren Welt, die nicht mehr in eine Form zu bringen ist.

So weit ist es jetzt noch nicht. Warum aber ist *Zur schönen Aussicht* eine Komödie? Witze gibt es wenige, das übliche Repertoire der Komödie, Türenknallen und Verwechslung, fehlt. Obwohl Horváth die Bühne mit den vielen Zimmertüren genau so konzipiert hatte. Aber irgendwie wollte dieses Stück woanders hin. Das Stück ist eine Komödie, weil die Situation insgesamt lächerlich ist. Die Situation ist nicht nur absurd, sie ist unhaltbar. Man hört im gesamten Stück ein Hohnlachen. Die Komödie ist, so verstanden, die Steigerung des Absurden. Kein Mensch kann so leben.

Ihren Kern hat die Komödie in dem Versteckspiel im zweiten Akt. Dieses Versteckspiel, gemeinsam veranstaltet von Hotelpersonal und Hotelgästen, ist quasi eine Umkehrung der heiteren, klassischen Verwechslungskomödie. Es ist eine bösartige Inszenierung, eine bewusste Irreführung des Fräuleins, das in diesem Stück vorkommt. Personal und Gäste versuchen Christine, so heißt hier das Fräulein, buchstäblich verrückt zu machen. Christine meint, mit dem Hotelier Strasser schicksalhaft verbunden zu sein. Sie hat auch wirklich ein Kind von ihm. Aber alle fünf Männer machen ihr vor, letztes Jahr ein Verhältnis mit ihr gehabt zu haben. Sie sind dabei kompromisslos, direkt und roh. Geld und Kalkül bestimmen ihr Handeln und Gefühlsleben. Christine hat gar nichts von einer Prostituierten, aber die Männer sorgen tatkräftig dafür, das vergessen zu machen.

Horváth schafft in *Zur schönen Aussicht* so eine schwebende, heitere, hohnlachende Welt der Bosheit. Diese Komödie ist trotz *Wiener Wald* und trotz *Glaube Liebe Hoffnung* sein brutalstes Stück. Der zweite Akt könnte »Die Vernichtung des Fräuleins« heißen. Auf dem Höhepunkt der Zerstörung Christines kommentiert ihr eigentlich geliebter Strasser dumpf und treffend: »Es dürfte zu furchtbar sein, die Nichtigkeit des höchsten Glücks zu sehen.«[23] Es hat sich alles ganz verkehrt, alles dreht sich um. Das unterste kommt nach oben, das Obere nach unten: Furchtbar ist das Glück, schrecklich die Komödie.

Interessant ist auch Max. Er, der alles zu verstehen und zu durchschauen scheint, der vielleicht die Dinge lenkt, ist eine Art Stellvertreter des Autors. Max und Strasser geben in dem Stück den Ton vor, sie spielen am Anfang für sich und die Gäste des Hotels das Theater, Besitzer und Lakai, Hotelier und Kellner, Herr und Knecht. Max ist eine interessante Variante des aus vielen Komödien bekannten Dieners, der flinke Junge, der die Vorgänge und damit das Stück durchschaut, ein Nachfahre des Servitore der klassischen Commedia dell'arte.

Christine ist ein ganz besonderes Fräulein. Wenn es eine Marianne Hoppe bei Horváth gäbe, dann wäre es Christine, selbstbewusst, undurchschaubar, klug, selbstbestimmt. Während die anderen Fräuleins alle Opfer sind, ist Christine wehrhaft. Die Männer sind in diesem Stück bösartiger und komödiantischer, die Frauen wehrhafter als sonst bei Horváth. Die zweite Frau, Ada, spielt sich als Schmierenkomödie ihrer eigenen Existenz, sie macht ihr Leben zu einer Rolle. Ada ist eine in die Jahre gekommene Diva.

Aber wer ist Christine? Die fünf Männer sind wieder eine Horde oder Meute, wie sie in Horváths frühen Stücken öfter vorkommt. Ein tierischer Mann (sogar mehrere) geilen sich an einem Fräulein auf, haben eigentlich gar nichts anderes zu tun, versuchen sie kaputt zu machen. Und finden natürlich auch das erregend. Müller machen sie für ihre Inszenierung zum Generaldirektor, Karl, eigentlich Chauffeur, ist merkwürdig unbestimmt. Alle sind Bonvivants, Strizzis, leichtlebige Kerle. Es geht ihnen immer um Geld, aber auch nur nebenbei. Ihr Vorleben ist zweifelhaft, es sind undurchsichtige Kameraden, Spieß- und Spaßgesellen, das ist Abschaum – aber Schaum, egal welcher, schwimmt bekanntlich oben. Darauf richten sich hier alle ein: bloß keinen Tiefgang.

Mit einer soziologischen Analyse kommt man hier nicht weiter. Es sind keine Kleinbürger, es handelt sich weder um Proletariat noch um den Mittelstand, es sind keine Angestellten, wenn irgendwie ökonomisch zu fassen, sind das alle Bankrotteure. Horváth wird bald versuchen, seinen Stücken eine soziologische Theorie abzulesen. Nirgendwo wird so deutlich wie in *Zur schönen Aussicht*, dass das nirgendwo hinführen kann.

Die Figuren des Stückes, angeführt von Strasser, ähneln sich alle. Sie sind eine Horde, aber ergeben ein Bild der Masse, sie zeigen Horváths Sicht des Volkes. Dieses Personal macht Horváths Blick auf die Menschen deutlich, auf alle und jeden. Horváth hat sich diese Figuren aus Murnau abgeschaut. In einem Entwurf tragen sie zum Teil Namen von Personen, die in Murnau lebten.

Man kann anhand von *Zur schönen Aussicht* über Wertesysteme, den Verfall Europas und der moralischen Ordnung nachdenken. Aber damit bleibt man hinter Horváth zurück. Alle haben hier längst begriffen, dass es vorbei ist, vorbei mit Werten, Europa, Moral. Ihre Illusionslosigkeit macht diese Figuren aus. Sie leben im Morast ihrer eigenen Amoralität, und sie wissen es. Fragen nach dem Ende der Aufklärung oder der moralischen Ordnung (wie sie Soziologen, Philosophen oder Philologen stellen) wirken da lächerlich.

Je mehr Horváth auf Konstruktion und Handlung verzichtet, desto nackter und stärker tritt ein einfacher Satz hervor: Der Mensch ist schlecht. Das wurde ihm dann auch vorgehalten, zum Beispiel von Julius Bab, einem Theaterkritiker, der Horváth als Autor zunächst sehr gemocht hatte.

Und hier, in dieser schlechten Welt, findet sich Christine im dritten Akt sehr gut zurecht. Das ist das Spannende. Wie muss man sein, um in einer solchen Welt klarzukommen? Horváths Antwort ist einfach: Man muss eine Schauspielerin sein (ein Schluss, den bald auch Marianne Hoppe ziehen wird).

Die Figuren in *Zur schönen Aussicht* sind voneinander genervt und enttäuscht. Sie sind verbittert. Sie sagen Sätze, die ins Fleisch schneiden, Sätze, mit denen sie sich behindern, Sätze, die dem anderen die Luft zum Atmen nehmen, die verunsichern, Sätze, mit denen sie sich kaputt machen wollen. Es ist ein permanenter Kampf, ein echter Krieg. Alles Heitere oder Lichte fehlt in dieser Komödie. Es gibt keine Liebe, es gibt keine Gemeinschaft – nur die Horde. Und Christine.

Wie gesagt, *Zur schönen Aussicht* ist sicher eines der besten Stücke von Horváth. Meiner Meinung nach sogar das beste. Allein hier findet sich eine starke Frau, die sich behauptet. Nach wie vor aber wird *Zur schönen Aussicht* seltener gespielt als andere seiner Stücke. Immer noch gibt es keine stilbildende Aufführung (auch nicht die des überragenden Horváth-Regisseurs Christoph Marthaler). Solange das so ist, ist Horváth eigentlich nicht wirklich auf der Bühne angekommen.

Die Versuchung

Etwa seit der Zeit der *Schönen Aussicht*, seit dem Jahr 1926, schrieb Ödön von Horváth auch eine Reihe von kurzen Texten. Es gab dafür keinen konkreten Auftrag. Mit diesen erzählenden Skizzen erarbeitete er sich ein eigenes System und eine eigenständige Position. Dieses System und diese

Position würden ihn bald bekannt, später berühmt und noch heute zu einem der meistgespielten Dramatiker deutscher Sprache machen. Nur kennt die Texte bis heute fast niemand.

In vielen dieser Erzählungen geht es um junge Frauen, in anderen um Herren, manchmal etwas älter. In einer der Erzählungen hört eine junge Frau auf den schwer zu überhörenden Namen »Seraphine Hinterteil«. Die beiden Teile des Namens passen offensichtlich nicht zusammen. Seraphine, das ist engelsgleich schwebend, das Hinterteil dagegen besteht aus sehr irdischem Fleisch (das erinnert an Veronika in *Revolte auf Côte 3018*). Die sehr junge Frau, die nicht weiß, wie ihr geschieht, begegnet zunächst einem geil hüstelnden Greis und dann einem himmelwärts blickenden, ebenso geilen Beichtvater. Als sie herangewachsen ist, ist sie, wie Horváth uns in einer schönen Wendung mitteilt, ausdruckslos – weil sie bis dahin selbst keinen tieferen Eindruck empfangen hatte.

Einen Eindruck aber hatte es doch gegeben: Der Greis, der bald darauf verstorben war, hatte gesagt: »Ach, hast du einen süßen Familiennamen ---« (Mit drei Strichen, die bei Horváth immer ein Schweigen zeigen!) Das vergaß sie nicht.

Sie wird Lehrerin, und es dauert bis zu ihrem 43. Geburtstag, als sie die Versuchung überkommt. Sie lernt die Versuchung in Gestalt der »galanten Geister der Hölle« kennen, als sie sich zu Bett begibt. Da läuft der Autor, zusammen mit der schlafenden Phantasie von Seraphine Hinterteil, zur Hochform auf.

Sie sieht zunächst zwei Knaben, der eine dunkel, der andere blond (die schon erwachsen sein dürften, wie wir erfahren), im Walde ihre Notdurft verrichten. Sie fühlt, wie die Spitzen zweier Stiftenköpfe ihre Brüste berühren. Ein norddeutscher General schlägt dann die Hacken zusammen, entkleidet sich, zieht den Degen und schreit: »Was willst du, Hinterteil!?« Purpurne Kugeln rollen aus der Dunkelheit empor, ein nackter Jüngling mit einer goldenen Schärpe tritt hervor und fragt nach den Wünschen von Königin Seraphine. Deren Knie zucken, sie vergräbt das Gesicht in ihr kaltfeuchtes Kissen, und ein Minotauros schleudert den Jüngling ins All. So steht dann dieser Mann-Stier mit geschwollenen Adern vor ihr, blickt sie brünstig an, macht sich über sie her und gebiert so eine Reihe weiterer sexueller Phantasien. Das Blut ihrer Schenkel rieselt auf seinen Rücken, und der Satan schreitet über ihrem geöffneten Leib.

Nach dieser wilden und wüsten Phantasmagorie, zu der es in der Literatur wenig Vergleichbares gibt, schrieb Horváth nur noch einen einzigen Satz. »Und vom nächsten Tage ab hatte sie bei den Kindern in der Schule den Spitznamen: die Hexe.«

Die Deutlichkeit und Zuneigung mit der Horváth die sexuellen Phantasien einer Frau schildert, dürften in der Literatur tatsächlich ein Novum darstellen. Ihre Jugend und die jungen Erwachsenenjahre waren leer und hohl, nun aber, zur Zeit des sich ankündigenden Alters, als das Leben vorbei scheint, geschieht es. Die Versuchung schenkt ihr ein starkes Gefühl ihrer selbst.

Die Sanktionierung aber erfolgt auf dem Fuß. Der letzte Satz hat mit der Zielsicherheit, mit der die (doch angeblich unschuldigen) Kinder reagieren, etwas viel Erschreckenderes als die Phantasien der Versuchung. Einmal Phantasien gehabt, einmal man selbst gewesen, könnte man *Die Versuchung* zusammenfassen, für immer zur Hexe geworden.

Versuchung, Satan und Hexe, Horváth operiert nicht mit zeitgenössischen, sondern mit sehr archaischen Vorstellungen. Es ist eine alte, eine sehr alte Geschichte, die er zu erzählen hat. Horváth erzählt von Seraphine durch eine Art Traum, man könnte also sagen, es sei das Unterbewusste, das er aufdeckt, um die Eigenart, die Charakteristik seiner Figur zu finden. Das ist nicht ganz falsch, aber es ist kein geheimnisvolles, sondern ein sehr offensichtliches und sehr deutliches Unbewusstes.

Seraphines Eigenart, so wie Horváth uns von ihr berichtet, war in ihrem Namen – und dann nach 43 Jahren in ihrer Phantasie – zu finden. Es ist diese gesichtslose Person, dieses Massewesen, diese eine unter Vielen, diese ungesehene Existenz, um die es Horváth geht, die er zu fassen bekommen und anschaulich machen möchte. Seraphine Hinterteil, könnte man sagen, ist eine von Millionen. Und sie, gerade sie, soll jetzt eine Sprache und ein Leben bekommen.

Horváth hat offensichtlich etwas für diese Frau übrig. Zweimal taucht in seiner Kurzprosa eine ähnliche Person auf, eine Verwandte Serpahines, die alt geworden ist, die noch als Alte in der Kirche auf der Sünderinnenbank sitzen muss, weil sie sich in der Jugend eine (angebliche) Verfehlung hat zuschulden kommen lassen.

Die Persönlichkeit seiner Figuren findet Horváth in ihrer Sexualität. Man kann es deutlich sagen, ihre lebendige Geilheit ist das Beste, was sie haben. Daraus ergeben sich bald die Probleme mit der Ehe und vor allem der Liebe, aber das ist dann tatsächlich ein anderes Thema.

Der letzte Satz macht Seraphines persönliche Angelegenheit zu einer gesellschaftlichen. Seraphine Hinterteil, eine offenbar alleinstehende Frau ohne sexuelle Erfahrungen (außer den frühen Nachstellungen geiler alter Männer), wird von ihren Schülern zur Hexe erklärt. Die Schüler sind dabei von bemerkenswerter, wenn auch bösartiger Treffsicherheit, sie sind eingebettet in ein System, sie ächten sie in dem Moment, in dem sie zu sich selbst findet. Eine Verurteilung, die sie nicht mehr verlieren wird.

Hier erscheint das merkwürdige Passiv, das Horváth bald regelmäßig verwenden wird. »Wie aus Seraphine Hinterteil eine Hexe wurde« hätte Horváth den kleinen, vierseitigen Text nennen können. Seine Figuren handeln nicht, sie werden zugerichtet. Sie sind Produkte, keine Akteure.

Denken wir für einen Moment an Marianne Hoppe auf der Suche nach ihrem eigenen Weg. Wenn ihre Eltern, was wahrscheinlich ist, sich große Sorgen machten wegen der Gefahren der Großstadt, dann hätten sie nur Horváths entstehenden Figurenkosmos nehmen müssen, um ihrer Tochter zu zeigen, was alles auf sie wartete. Ein Fräulein, und genau das war Marianne Hoppe ja nun, ein Fräulein wird zugerichtet. Das steht im Zentrum von Horváths Werk, das ist das Leben, das Marianne Hoppe nun droht.

Wo aber ist sie? Was tut sie?

München, Circus Krone, 9. März 1927

Immer noch galt das Redeverbot. Die erste richtige Rede nach Aufhebung des Verbots hielt Adolf Hitler am 9. März 1927 von 21 Uhr bis 22.30 Uhr im Circus Krone in München. Diese Rede ist nicht erhalten. Drei Tage zuvor aber hatte er im niederbayerischen Vilsbiburg von 15 bis 17 Uhr vor etwa 1000 Zuhörern gesprochen, es war eine Art Generalprobe gewesen, nachdem einen Tag zuvor das Redeverbot aufgehoben worden war.[24]

»Sie werden von mir nicht erwarten, daß ich heute über das zurückliegende Redeverbot spreche.« Stattdessen beschwor er die Verelendung, an der Deutschland zugrunde gehe. »Wenn wir uns die Frage vorlegen, wieso ist das 1. möglich und 2. bemerkt man das nicht, dann müssen wir uns sagen, möglich ist das, weil unser deutsches Volk von heute nur mehr im einzelnen denkt, d. h. jeder sieht nur sein Dasein an sich und nicht, daß sein Leben verbunden ist mit dem Leben und der Existenz der ganzen Volksgemeinschaft. Dadurch aber, daß er nur sein Dasein sieht, wird er Egoist in jeder Hinsicht, das heißt, er empfindet das Recht für seine Person sich auszuleben, politisch, wirtschaftlich, gesellschaftlich und in jeder Hinsicht. Er empfindet das Recht, nur Rücksicht auf seine eigene Person zu nehmen. Er prüft keine Handlung mehr, ist das für das ganze Volk zu ertragen, und wo kommen wir hin, wenn unser ganzes Volk so lebt, sondern er sagt: Ich bin ich. Und wenn ich eine Gesinnung habe, die mein Volk zerreißt, dann habe ich sie, was kümmern mich die anderen. … Wir haben also keine Macht mehr und sind deshalb allein und haben deshalb keine Macht mehr, unser Schicksal zu bessern. Das deutsche Volk will das ja auch nicht. Es lebt in einem Traum.«[25]

Hitler hielt sich zurück und bewegte sich tastend vorwärts. Er sprach den Einzelnen an, seine Armut und Kränkung, und skizzierte den Ausweg. Er wärmte sich auf und beschwor die Gemeinschaft. »Volksgemeinschaft«, das wurde sein Stichwort.

Beim Maler (Weimar II)

Immer noch lebt Marianne Hoppe in Weimar. Es ist wie eine Inkubationszeit, man hört nicht viel von ihr, aber es brodelt. Hier ist sie nun beim Maler.

Klar, man könnte jetzt sehr gut über die Neue Sachlichkeit reden, den Stil der Zeit: Kühl, direkt, eindeutig, sachlich eben, mit diesem Hauch Stilisierung, der den Figuren etwas Typisches, aber auch einen Anflug von Heroik gibt. Marianne Hoppes Erscheinung passt wie kaum eine andere in diese Kunstrichtung, und der Weimarer Maler Werner Fechner hat das ziemlich gut erkannt.

Fechner, er hatte unter anderem bei Walter Gropius gelernt, ist ein guter Maler gewesen. Wir meinen Marianne Hoppe, 18 Jahre alt, auf diesem Bild zu erkennen, zu sehen, zu spüren. Wir sehen den Pelzkragen und spüren ein Gefühl von Saturiertheit, das er vermittelt, wir sehen den modernen Hut, der dem Modell etwas Aufgeräumtes gibt. Es sind wohl die Attribute einer Handelsschülerin, die sich in der Geschäftswelt zu behaupten gedenkt.

Das ist alles gut und schön, was das Bild aber wirklich aufregend macht, ist etwas im Blick dieser Frau. Es ist das erste Mal, dass man bei

Marianne Hoppe das Gefühl hat, dass es eine Frau ist, die einen hier ansieht. Sie ist jung, aber sie ist kein Mädchen mehr. Man denkt, sie könne jetzt gleich etwas sagen. Man sieht ihr Interesse, keine Scheu.

»Bloß vor Malern habe ich mich immer gefürchtet. Da ist man in so nem Maleratelier, und da muß man etwas sagen …«, sagte Marianne Hoppe 1982.[26] Da war sie 73 Jahre alt. Auf diesem Gemälde sieht das anders aus.

Werner Fechner lebte in Weimar. Zu Beginn ihrer Weimarer Zeit wurde Hoppe von ihm in einem Café angesprochen, ob sie ihm Modell stehen wolle. Am 10. März 1926 erhielt sie von Fechners Frau »Meislein«, alles lief sehr diskret ab, eine Karte mit der Bitte, zu ihnen nach Hause zu kommen.

Knapp ein Jahr später, am 27. Februar 1927, besuchte Hoppe einen Vortrag des Biologen Franz Kaibel und schrieb danach in ihr Tagebuch: »Wir haben die alte Maske noch auf. Ein Jasagen zwischen Mann u. Frau.«[27] Das ist ein neuer Ton, da spürt man deutlich den eigenen Willen, die eigenen Vorstellungen.

Am Tag nach dem Besuch bei Kaibel hatte sie an der Handelsschule ihre Prüfung in Steno und Rechnen. Und bald darauf fuhr sie zu den Eltern nach Felsenhagen, um ihre Zukunftspläne zu offenbaren. Jetzt war sie bereit dafür. Sie, die bisher kaum etwas mit dem Theater zu tun gehabt hatte, wollte wirklich an eine Schauspielschule.

In Weimar hatte sie nach dem Unterricht immer wieder das Theater besucht. Sie hatte mehrere Textseiten aus Schillers *Braut von Messina* gelernt. Und sie hatte privaten Schauspielunterricht genommen. Marianne Hoppe wollte weiter als bis auf den Sekretärinnenstuhl in einem Büro. Sie wollte einen ganz eigenen Weg gehen.

Einbürgerung (Murnau II)

Im April 1927 stellte Ödön von Horváth, er lebte jetzt fast drei Jahre in Murnau, bei den dortigen Behörden einen Einbürgerungsantrag. Er wollte bayerischer Staatsbürger (und damit auch Deutscher) werden. Der Antrag wurde vom Murnauer Gemeinderat mit sieben zu sechs Stimmen abgelehnt. Wobei die Stimme des Vorsitzenden doppelt zählte, sonst wäre es Stimmgleichheit gewesen. Vielleicht kann man darin, sieben zu sechs bzw. sechs zu sechs Stimmen, einen Spiegel des Verhältnisses der Murnauer zu Horváth sehen: fasziniert und reserviert, neugierig und skeptisch.

Die Begründung der endgültigen Ablehnung seines Gesuchs lag in der fehlenden Gewissheit über sein Einkommen. Bei einem Schriftsteller sei nicht zu sagen, ob er sich »dauernd zu ernähren im Stande ist«. Ein Jahr später, also April 1928, bekam er von der Regierung von Oberbayern den Bescheid. Vielleicht hätte er mit dem Antrag noch etwas warten sollen: Wieder ein Jahr später hatte er ein festes Einkommen.

Horváths Versuch ist bedeutsam, weil er zeigt, dass er kein Deutscher werden konnte, er ist aber auch bedeutsam, weil er zeigt, dass er zu dieser Zeit tatsächlich Deutscher beziehungsweise Bayer werden wollte.[28]

Von dieser Zeit an lebte Horváth mit einer brüchigen nationalen Identität. In der bereits zitierten Bemerkung für die Zeitschrift *Der Querschnitt* von 1929 erklärte er, dass Deutsch seine Sprache sei, er also dem deutschen Kulturkreis, dem deutschen Volke angehöre. Allerdings sei ihm jegliche nationalistische Färbung des Begriffs »Vaterland« fremd. Der Absatz endet: »Mein Vaterland ist das Volk.« Damit zwangen ihn die Behörden in eine Position, so könnte man sagen, die tatsächlich der seinen entsprach.

Er nahm seine besondere Position nun als etwas Positives an: »Ich habe keine Heimat und leide natürlich nicht darunter, sondern freue mich meiner Heimatlosigkeit, denn sie befreit mich von einer unnötigen Sentimentalität.«[29] So schärfen negative Erfahrungen das Bewusstsein.

In einer Prosa-Skizze von 1929, *Ein sonderbares Schützenfest*, schrieb er, dass ihm bei einem politisch anrüchigen Graf-Arco-Schießen in Murnau übel geworden sei, »Zeuge dieser entarteten Heimatliebe zu sein«. Die Skizze endet: »Nein! Sagen wir es so: Möge es uns daher vergönnt sein, dass wir es möglichst bald erleben, dass kein Deutscher mehr nationale Verbrechen seiner Ahnen als Tradition pflegt, nur um eine Jubilarscheibe gewinnen und ein Bier saufen zu können.«[30]

Das war deutlich, Horváth distanzierte sich. Der Text spricht aber trotz seiner eindeutigen Tendenz von Horváths Liebe zu und Identifikation mit Bayern. Diese Ambivalenz – und das Aushalten dieser Ambivalenz – wurde charakteristisch für ihn. Horváth war kein großer Denker, er war auch kein brillanter Kommentator politischer Ereignisse, aber er hatte bestens ausgebildete Reflexe und ein sehr gutes Gespür für die eigene Rolle und Position.

NSDAP-Versammlung in München, 3. Juni 1927

Hitler entwickelte weiterhin mit Verve die nicht neue Theorie vom Lebensraum im Osten. Bei der Rede Anfang Juni 1927 in München, drei Monate nach den vergleichsweise moderaten Tönen im Circus Krone, waren seine Tiraden gegen Juden bereits sehr scharf. Auffällig war dabei neben der offensichtlichen Boshaftigkeit sein messianisch-welterklärerischer Zug. Seine Rede wirkte fast logisch, als würde er das eine aus dem anderen ableiten. Das schien ihm wichtig. Dabei entlarvte er sich aber auch: Sein System konnte nur aufgrund des Wahns existieren, der Jude sei das absolute Verderben. (Heutige Verschwörungstheorien wiederholen diesen Gestus, diese logische Phantastik, mit oder ohne Judenwahn.)

»So kommen wir denn zum entscheidenden Faktor: zum internationalen Weltjudentum. – Wer ist Imperialist? Imperialist ist jeder Vater, der ein Kind zeugt und will, daß sein Kind lebt; ist jede Mutter, die ein Kind gebärt und will, daß ihr Kind nicht verhungert. Zur Erfüllung dieses Zieles müssen Menschen Wege gehen, die Kampf heißen. Entweder wirtschaftlicher Kampf oder Kampf mit der Waffe, um Leben und Nahrung. Jedes Volk, das gesund ist, zeigt dies, daß es den Drang hat sich zu erhalten. Gesund ist deshalb auch nur das Volk, das imperialistisch ist, das den Willen hat zu leben. – Der Arier zeugt Kinder und sucht Boden zu erwerben, um seinen Kindern Leben zu geben. Da er jede Arbeit verrichtet, die er braucht, um innerhalb seines Volkes leben zu können, kann er bestehen, wenn auch alles andere vergehen würde. Er organisiert die Arbeit und arbeitet selbst und wirkt deshalb nicht ausbeutend. Das ist der gesunde, natürliche Imperialismus, denn wenn ein höherer Gott uns die Kraft gibt Kinder zu erzeugen, so hat das einen höheren Sinn als irgendein marxistisches Manifest. Der Jude ist ebenfalls ein Volk auf dieser Welt. Auch er ist Imperialist wie wir, sonst bestünde er nicht mehr. Sein Imperialismus jedoch äußert sich in einer anderen Art. Während der Arier sich Boden erwirbt, um arbeiten zu können, erwirbt sich der Jude auf Kosten der Arbeit die Existenz. Er ist ein Parasit, er läßt für sich arbeiten, es fehlt ihm überhaupt der Begriff Arbeit. Für ihn bedeutet Arbeit Last. Millionen von Arbeitern sind bei uns tätig, ohne sie wären wir kein Staat, hätten keine Kultur und keine Freiheit, wenn jeder nur dabei gerechnet hätte, was er dabei verdienen kann. Der Jude dagegen kann aus Mangel an Arbeiten keine

Kultur schaffen. Er kann nur dort leben, wo andere die Grundlagen der Arbeit schufen, um dann dort als Schmarotzer zu leben. Daher finden wir auch den Juden zu allen Zeiten mitten im Leib der Kulturvölker. Der Trieb des Juden, sich zu vermehren, führt zu ganz bestimmten Kampfarten. – So versucht der Jude langsam die Produktion, das Nationalvermögen in seine Hand zu bekommen. Dazu aber braucht er Macht, und deshalb schafft er sich die nötigen Instrumente. Diese Form der Waffe heißt Marxismus.«[31]

Voraussetzung für das verschwörungstheoretische Wahngebilde war, »den Deutschen« genauso wie »den Juden« als Einheit zu betrachten. Hitler tat so, wie wenn alle Deutschen und alle Juden gleich wären, jeweils eine Person, eben genau so wie wenn das Volk eine homogene Masse wäre. Nie tauchten bei Hitler Einzelpersonen auf, nie sprach er von konkreten Menschen, die er kannte. Ganz anders als Horváth, der immer einzelne Personen schilderte, aber mit theoretischen Abstraktionen seine liebe Mühe hatte.

Immer waren es Phantasmen, Konstrukte von irgendwelchen Menschengruppen (der Deutsche, der Bolschewist, der Arier, der Franzose, der Engländer, der Jude), die Hitler ausbreitete, an denen er sich abarbeitete und mit denen er sich erregte.[32]

Tod aus Tradition (Bayerisch III)

Bayerisch wurde bei Horváth so etwas wie eine eigene Weltanschauung. Bayerisch, so zeigte er, steht nicht in Konkurrenz zum Sächsischen oder Westfälischen, es ist ein eigenes philosophisches System, das in Konkurrenz zu anderen philosophischen, politischen oder soziologischen Modellen der Zeit stand (Modernismus, Sozialismus, Liberalismus, Pazifismus, Populismus, Rationalismus, Biologismus, Republikanismus, Nationalismus, Ökonomismus …). Wenn das Bayerische zum Preußischen in Konkurrenz stand, was es tat, dann zum Modernen und Metropolitanen, das das Preußische damals auch verkörperte.

Das bayerische System war das System einfacher Menschen, ihr Seinsrahmen, ihr Rückzugsort. Dieses Bayerisch ist weniger eine regionale Bestimmung, es ist viel mehr die Chiffre einer bestimmten geistigen Haltung. Es ist dezidiert kleinbürgerlich, antimodernistisch, monarchistisch.

Es ist heimat –, das heißt ortsverbunden, skeptisch, bereit zur Abwehr. Es ist, innerhalb der geistigen Landschaft der Weimarer Republik (aber auch noch der Bundesrepublik Deutschland) einerseits ein Teil Deutschlands, aber auch eine geistige Verfassung. Das machte den Erfolg der bayerischen Folklore, das machte und macht den Erfolg des Modells Bayern im Ausland.

Ein anderer früher Prosatext Horváths, neben denen über Seraphine Hinterteil und das Arco-Schießen, trägt den Titel *Der Tod aus Tradition*. Die Figur, die hier vor uns tritt, hat den stattlich-barocken Namen Franz Xaver Loibl. Es lohnt sich bei Horváth, auf die Namen zu achten. Unser Mann ist offenbar ebenso süddeutsch wie Seraphine Hinterteil. Dieser Mann steht in der Pracht seines Daseins leuchtend da, Ehrenmitglied des Männergesangsvereins »Athen-Ost« und gesegnet mit einer derben Heiterkeit. Er wird dann aber von der Veränderung der Zeit nach 1918 vollkommen aus der Bahn geworfen, ob es das Ende des Königtums ist oder die Proklamation der Republik in der Stadt München. Das Leben ist ihm fortan vergällt, das »Herz voll Bitternis und Bier«.

Auch Loibl träumt, wie Seraphine Hinterteil, doch sein Traum ist deutlich blasser. Er ist nicht nur ein grober Mensch, sondern auch ein ausgewachsener Antisemit, indem er den Regimewechsel den Juden anlastet und schlimme Angstträume von Verjudung durchmacht. Er ist alles andere als ein Sympathieträger. Aber – und das ist wichtig – die Figur wird von Horváth deswegen nicht denunziert, sie wird in der Erzählung nicht verurteilt. Horváth sucht vielmehr, sich in Loibl hineinzuphantasieren. Er stellt, zu einer durchaus ekelhaften Figur, Nähe und Vertrautheit her, obwohl er sie kritisch sieht und zeichnet.

Loibls antisemitische Angstträume sind am Ende nicht nur Unterwerfungs-, sondern wie bei Seraphine auch Sexualphantasien. Nachdem er über das *ius primae noctis* (das Recht der ersten Nacht, das Fürsten jahrhundertelang für sich in Anspruch nahmen) gelesen hat, will er seine Tochter dem König für eine Nacht darbringen, vergessend, dass es diesen König gar nicht mehr gibt. Es geht also im Kern nicht um Antisemitismus, es geht wie in *Die Versuchung* letztendlich um Sexualität – in diesem speziellen Fall um Unterwerfungsphantasien. Die Sexualität ist im Falle Loibls verdeckt von einer bornierten Unter- und Einordnung in die königlich-altbayerische Welt, die ein paar Jahre nach ihrem Ende bei ihm zu einem System der Verblödung erstarrt. Darin erweist sich die Übermacht seines Traditionsglaubens, der im Titel bereits angesprochen war; Loibl wird in seinen Phantasien entschlafen und sterben.

Auch dieser Loibl ist eine bekannte Figur, eine Variante des geilen Alten, wie es ihn im Volkstheater mindestens seit der Commedia dell'arte, seit dem 14./15. Jahrhundert gibt, ein Greis, wie er auch in der Erzählung von Seraphine Hinterteil auftritt. Loibls Spezialität aber ist die Verhaftung in der altbayerischen Welt. Er ist Traditionalist bis zur absoluten Selbstaufgabe. Die steht seiner Lebendigkeit im Weg.

Die Versuchung und *Der Tod aus Tradition* sind zwei frühe Teile einer längeren Reihe von Prosaskizzen, die Horváth weiter bis 1932 schrieb. Es handelt sich um etwa vierzig Texte, ein Korpus, das bisher weder vom Theater, von der Öffentlichkeit, noch von der Forschung eingehend gewürdigt wurde. Man muss sagen, diese ziemlich herausragenden Texte Horváths, wenngleich seit den sechziger Jahren publiziert, müssen tatsächlich als weitgehend unbekannt gelten.

Die beiden hier ausgewählten Skizzen beschreiben zum einen sehr explizit die Sexualität einer einfachen, einer gesichtslosen Frau. Das ist revolutionär. Er sieht diese Figur dann durch die Wendung des letzten Satzes als Produkt seiner Zeit und der Gesellschaft, der sie entstammt. Dadurch, und nicht durch Haltung oder Moral, sind diese Texte politisch. *Der Tod aus Tradition* beschreibt weniger einen neuen oder zeitgenössischen Männertyp, als einen geistigen Zustand, der das Neue nicht wahrnehmen kann. Interessant bleibt, dass der Schriftsteller Horváth, damit ist er nicht allein, mehr Interesse und Einfühlungsvermögen für Frauen mitzubringen scheint. Er schien die Frau besser zu kennen.

Horváth schwebte ein Novellenband vor. Anfang 1929 unterschrieb er einen Vertrag beim Ullstein Verlag in Berlin, der ihn seiner finanziellen Sorgen entledigte. Er bekam ein monatliches Fixum von zunächst 300 und später dann 500 Mark. Damit aber war er auch gezwungen, etwas marktgängiger und weniger skrupulös zu denken. Es ging nun um einen Roman. Sein erster Entwurf dieses Romans hieß *Roman einer Kellnerin*, er schrieb daran im Jahr 1928, als die Berliner Pläne langsam konkret wurden. Die Kellnerin sollte Lotte oder Charlotte heißen, zuvor Ursula, und nach längerer Arbeitslosigkeit eine Stelle finden. Horváth war beim Entwurf des Romans unsicher, schwankte zwischen verschiedenen Titeln und Entwürfen. Ein einzelnes Thema drängte sich ihm nicht so sehr auf, und das Projekt blieb stecken.

Wien 1927 (Masse V)

Fünf Jahre nach dem ersten Erlebnis in Frankfurt, 1927 in Wien, beim Brand des Justizpalastes am 15. Juli, hatte Elias Canetti ein zweites elementares Masse-Erlebnis. Auf der einen Seite standen Arbeiter und Mitglieder linker Parteien von den Sozialdemokraten bis zu den Bolschewisten, auf der anderen Seite – ihnen gegenüber – eine katholische, konservative, monarchistische und faschistische Mischung aus Landbevölkerung, Kleinbürgern und Mittelstand. Es war der große Konflikt der damaligen Zeit. Am 15. Juli spitzte sich die Lage durch die Ermordung eines Jungen und eines Kriegsveteranen zu. Die Arbeiterschaft marschierte, eine aufgebrachte Menge zog zum Justizpalast, jemand legte Feuer, die Polizei schoss in die Menge, 89 Demonstranten starben. Österreich schrammte an diesem Tag an einem Bürgerkrieg entlang. Oder an einer Revolution, wie Canetti meinte.

Was Canetti so sehr beeindruckte, dass es fortan sein Leben bestimmte, waren nicht die Toten oder die Ungerechtigkeit ihrer Ermordung, waren nicht die politischen Auseinandersetzungen, war nicht die Möglichkeit der Revolution, es war die Masse selbst. »Ich sehe mich nicht gut an diesem Tag, aber ich fühle noch die Erregung, das Vorrennen und Ausweichen, das Flüssige der Bewegung. Alles ist beherrscht durch das Wort »Feuer«, dann durch dieses selbst. – Ein Stoßen im Kopf. Es mag Zufall gewesen sein, daß ich keine Angriffe auf Polizisten selbst sah. Wohl aber erlebte ich, wie auf die Menge geschossen wurde und Leute fielen. Die Schüsse waren wie Peitschen. Das Rennen der Menschen, in Seitengassen, und wie sie dann gleich wieder erscheinen und sich wieder zu Massen formieren.«[33]

Canetti sah die Toten, die Verletzten, die am Boden Liegenden, er näherte sich ihnen und mied sie. »Ich rannte mit den anderen. Ich spürte, daß ich mit ihnen rennen mußte. Ich wollte unter ein Haustor flüchten, konnte mich aber nicht von den Rennenden trennen. Ein sehr großer, starker Mensch, der neben mir lief, schlug sich mit der Faust auf die Brust und brüllte beim Rennen: ›Da schießt's eini! Da! Da! Da!‹ Plötzlich war er weg. Umgefallen war er nicht. Wo war er? Das war das vielleicht Unheimlichste: daß man Leute sah und hörte, in einer starken Geste, die alles andere verdrängte, und dann waren gerade diese wie vom Erdboden verschwunden. Alles gab nach und überall öffneten sich unsichtbare Löcher. Doch der Zusammenhang des Ganzen riß nicht ab; selbst wenn man sich plötzlich irgendwo allein fand, spürte man, wie es an einem riß und zerrte. Das kam daher, daß man überall etwas hörte. Es war etwas Rhythmisches in der Luft, eine böse Musik. Musik kann man es nennen, man fühlte sich davon gehoben. Ich hatte nicht das Gefühl, daß ich mit eigenen Beinen ging.«[34]

Es gab keine SMS, kein WhatsApp, kein Instagram, über das sich die Masse hätte lenken und organisieren können. Es ist bei Canetti, als folgte die Masse einem gemeinsamen Trieb, der sich nun zeigte. Es war etwas Neues und zugleich etwas sehr Archaisches, was hier geschah. Und genau so wird Canetti auch später die Masse beschreiben, als etwas Archaisches, Körperliches, Vorwissenschaftliches. Sogar als etwas Vorsprachliches. Die Masse bei Canetti befindet sich vor der Sprache, fast gehört sie noch der Biologie an.

Was Canetti faszinierte, war der Zusammenhang, die Gewalt und Kraft dieses Zusammenhangs, das »Brausen der Woge«, wie er es nannte. Dazu gehörten die Menge, aber auch das Feuer, die Schüsse, die Rufe.

»Ein für alle Mal hatte ich hier erlebt, was ich später eine offene Masse nannte, ihre Bildung durch das Zusammenfließen von Menschen aus allen Teilen der Stadt, in langen, unbeirrbaren, unlenkbaren Zügen, deren Richtung bestimmt war durch die Position des Gebäudes, das den Namen der Justiz trug, aber durch den Fehlspruch das Unrecht verkörperte. Ich hatte erlebt, daß die Masse zerfallen muß und wie sie diesen Zerfall fürchtet; daß sie alles daran setzt, nicht zu zerfallen; daß sie sich selbst im Feuer sieht, das sie entzündet, und um ihren Zerfall herumkommt, solange dieses Feuer besteht. … Sie läßt sich durch Angriffe in die Flucht schlagen, zersprengen und vertreiben, aber obwohl Getroffene, Tote und Verwundete vor aller Augen auf den Straßen liegen, obwohl sie selbst keine Waffe hat, sammelt sie sich wieder, denn das Feuer brennt noch und sein Schein erleuchtet den Himmel über den Plätzen und Gassen. Ich sah, daß die Masse auf der Flucht sein kann, ohne in Panik zu geraten; daß Massenflucht und Panik wohl zu unterscheiden sind. Solange sie auf der Flucht nicht zu Einzelnen zerfällt, die nur noch von der Sorge um sich selbst, um ihre eigenste Person erfüllt sind, besteht die Masse weiter, auch in der Flucht, und wenn diese zum Stehen kommt, kann sie sich wieder zum Angriff wenden.«[35]

»An diesem hellerleuchteten, entsetzlichen Tage gewann ich das wahre Bild dessen, was als Masse unser Jahrhundert erfüllt.«[36]

Canetti hatte sein Lebensthema gefunden. Jene Kraft, die in der Gesellschaft am Arbeiten ist, die vor den Institutionen wirkt, die elementarer ist als Kultur, die deswegen auch wie die dunkle Seite der aufgeklärten Demokratie wirkt. Die Masse hat sich in der Geschichte angedeutet, sie hat im 19. Jahrhundert langsam Gestalt angenommen, aber sie wird erst im 20. Jahrhundert sichtbar. Immer wieder kommt Canetti auf die Schlüsselerfahrungen aus den 1920er Jahren zurück, nicht nur mit *Masse und Macht*, dem Werk, dem er sein Leben widmete, auch in den vielen Aufzeichnungen, die sein Leben zu geformter Erfahrung, zu gültiger Zeitgenossenschaft machten. Canetti fand seine Erlebnisse nicht durch seine Teilnahme an wichtigen Vorgängen oder durch Bekanntschaft mit wichtigen Persönlichkeiten bedeutsam, er fand sie bedeutsam, indem sie etwas Gebildetes, Durchdachtes, Gültiges und Geklärtes bekamen.

So war es auch mit seinem Schlüsselerlebnis. Wahrscheinlich bestand dieses Erlebnis nicht nur in der Erfahrung der Masse, wahrscheinlich erlebte sich Canetti im Bild der Masse auch selbst. In der Masse konnte er sich bei aller Bildung und Zivilisation als animalisches Wesen erfahren, er wurde sich fremd. Er wurde zum Menschen in der Masse und verharrte in einem eigentümlichen Zustand zwischen Fremdheit und Intensität, er konnte die Frage »Was ist der Mensch?« auf die ihm eigene, neue Weise stellen und durcharbeiten. Es ging Canetti dabei auch um eine allgemeine Anthropologie, um die Antwort auf das Menschsein in einer Zeit mit Erfahrungen, die den Glauben an den Menschen unmöglich machten.

Dabei war er nicht frei von Zweifeln. Für diese Zweifel stand der Schriftsteller Hermann Broch, mit dem Canetti das Thema in Wien mehrfach diskutierte. Canetti gestand Freud später zu, dass die allgemeine psychoanalytische Atmosphäre in Wien ihm am Anfang geholfen hatte. Er sagte auch, dass er sich durch Freuds Werk über die Masse herausgefordert gefühlt hatte. Zu Broch aber sagte er damals, es war schon in den 1930er Jahren: »Mir scheint eben diese Psychologie völlig unzulänglich. Sie befasst sich mit dem einzelnen, da ist sie wohl auf einiges gekommen, womit sie aber nichts anfangen kann, ist die Masse, und das ist das Wichtigste, worüber man etwas wissen müsste, denn alle neue

Macht, die heute entsteht, speist sich bewusst aus der Masse. Praktisch weiß jeder, der auf politische Macht aus ist, wie er mit der Masse operieren muss. Nur die, die sehen, daß diese Operationen stracks in den neuen Weltkrieg führen, wissen nicht, wie sie auf die Masse einwirken sollen, damit sie nicht zu unser aller Unglück missbraucht wird. Diese Gesetze des Massenverhaltens wären zu finden. Darauf kommt es an, das ist die wichtigste Aufgabe, die es heute gibt, zu dieser Wissenschaft gibt es noch nicht einmal Ansätze.«[37] Broch antwortete ihm, daß das ein aussichtsloses Unterfangen sei, dass man keine Gesetze für die Masse finden könne.

Mehr als dreißig Jahre beschäftigte Elias Canetti sich nun intensiv mit der Masse. Er wird verschiedene Formen »vieler Menschen«, die er dabei alle im Begriff »Masse« verbunden sieht, durchleben und durchdenken. Die Nazis kamen und gingen, explizit kommen sie nicht vor. Masse wird ihm, als Ausdruck für die Vielen, das Elementarwort. Masse sind sozusagen die Vielen ohne Gestalt. Wobei, und das ist das Mysterium, die Masse eben mehr ist als eine bloße Anhäufung. Das ist es, was ihn faszinierte, das Eigenleben der Masse.

Bei Canetti wurde die Masse konkret, sein Bemühen, dem Gestaltlosen eine Form zu geben, seine Arbeit am Vorsprachlichen, Biologischen, sind eine Reaktion auf das Erscheinen der Masse. Horváth reagierte ebenfalls darauf. Aber er beschrieb nicht die Masse selbst, er beschrieb Figuren, die dadurch bestimmt waren, dass sie Teile genau dieser Masse waren.

Hamburg, 6. Oktober 1927

»Unsere Absicht ungefähr eine halbe Stunde vor Beginn der Versammlung Hitler und Heß mit dem Wagen nach Sagebiel zu bringen, fand keine Zustimmung. Heß erklärte, daß Hitler erst nach Füllung des Saales bzw. nach Aufhören des Besucherstroms einzutreffen wünsche. Längeres Warten am Vorstandstisch während der geräuschvollen Versammlung störe ihn in seiner Konzentration. Auch jede längere Einleitungsrede mit Begrüßung der Gäste und lokalpolitischen Ausführungen müsse unterbleiben. Am besten wäre es, wenn zwischen Hitlers Eintreffen an der Saaltür und seinen ersten Worten nicht mehr als fünf bis höchstens zehn Minuten verstrichen.«[38]

Hitler wusste inzwischen genau, wie er sich inszenieren musste, um bei der Masse der Zuhörer möglichst gut anzukommen. Die grundlegenden Gesetze, die es braucht, um ein Publikum für sich zu gewinnen, wollte er unbedingt befolgen:

»Für seine Rede hatte Hitler sich sorgfältig vorbereitet, wie mehrere mit Stichworten gefüllte Seiten eines Manuskripts zeigten. Da ich neben ihm saß, konnte ich an dem Umwenden der einzelnen Blätter feststellen, daß er sich auch an seinen Entwurf hielt. Selbst ganze Redewendungen und Sätze, die beim Vortrag spontan und improvisiert wirkten, waren schriftlich festgelegt. Hitler war kein Gefühlsredner, wie viele Leute, besonders unter seinen Gegnern, glaubten; er baute seine Reden systematisch auf und wußte genau, was er sagte und welche Wirkung er mit dem Gesagten erzielen wollte. Auch wenn er auf die Behandlung von Tagesfragen verzichtete und anscheinend abseits der politischen Realitäten seine Lehre von den »Grundwerten« entwickelte, entsprang das nicht irgendwelcher Schwarmgeisterei. Vielmehr war er sich klar darüber, daß er die Aufmerksamkeit der Masse nur gewinnen konnte, wenn er die übliche Terminologie vermied und mit neuen Worten und mit neuen Begriffen arbeitete. Die von ihm auf diese Weisen entwickelten Gedankengänge waren dann so allgemeinverbindlicher Art, daß Menschen der verschiedensten politischen Richtungen ihnen zustimmen konnten. – So gelang ihm bei seinem ersten Auftreten in Hamburg nach ungefähr einstündiger Rededauer die zunächst sehr mißtrauische und zurückhaltende Zuhörerschaft zu langsam einsetzenden Beifallskundgebungen zu bewegen, die sich gegen Schluß zu großen Akklamationen steigerten. Selbst die nüchternsten, dem Redner und seiner Partei nach wie vor ablehnend gegenüberstehenden Besucher meinten in anschließenden Gesprächen, daß Hitler doch offenbar weit vernünftiger sei, als man angenommen habe.« So berichtete der Ortsgruppenleiter Albert Krebs, der die Versammlung leitete.

Die Rede, die Hitler damals in Hamburg hielt, ist nicht überliefert. Laut Bericht der Hamburger Polizei ging es um einen neuen Staat, der notwendig sei, weil der alte versagt habe. Seit 1919 sei die Gesetzgebung nur auf Erfüllung der Bedingungen des Feindes eingestellt. Die Ursachen seien darin zu suchen, daß die Parteien sich vergeblich bemüht hätten, die Tagesprobleme zu lösen. »Man muss Kritik an Systemen, nicht an Einzelpersonen üben, denn das Schicksal der Einzelnen sei nur die Auswirkung des Schicksals eines großen Volkes.«[39]

Sladek

Die beiden *Sladek*-Dramen, besser *Sladek oder Die Schwarze Armee* und die Überarbeitung *Sladek, der schwarze Reichswehrmann*, sind nie besonders geschätzt worden. Die erste Fassung wurde 1927 geschrieben, die Uraufführung der zweiten Fassung fand 1929 statt. Horváth war hier, was er selten war, explizit politisch.

Die Kritiken der Uraufführung vom 13. Oktober 1929, es war eine Matinée im Berliner Lessingtheater (immerhin mit Heinrich Gretler, dem bekannten Schauspieler), waren einhellig negativ. Unter den Kritikern waren die Größen des Gewerbes, Julius Bab, Alfred Kerr, Paul Fechter, Herbert Ihering, Monty Jacobs, Kurt Pinthus, Franz Servaes und Erich Kästner. Richtig positiv hat sich niemand von ihnen geäußert. Seit den Wiederaufführungen 1967 und 1972 werden beide Fassungen selten gespielt. 1967 beschäftigte sich Botho Strauß eingehend mit dem Stück.

Horváth schwebte, soviel kann man sagen, wohl ein genau recherchiertes, politisches Drama vor, das eine eindeutige Richtung hatte: Es deckte verborgene und verbotene Machenschaften vaterländischer Verbände auf. Die zweite Fassung konzentrierte sich, wie auch der Titel nahelegt, stärker auf die Figur des Sladek.

Sladek, nach *Revolte auf Côte 3018 / Die Bergbahn* das zweite politische Drama Horváths, beginnt in einem Saal, in dem eine »rechtsradikale Versammlung« abgehalten wird. Es ist Nacht, es ist die Zeit der Inflation, 1922 oder 1923 (Walther Rathenau ist noch nicht ermordet, der Soldat Albert Leo Schlageter noch nicht verhaftet), die Szene findet auf der Straße vor dem Versammlungslokal statt. Wir sehen und hören vier »Hakenkreuzler«, ihren Gesinnungsbruder Knorke und eine sogenannte Bundesschwester. Sie rufen, grölen, brüllen. Man hört, wie im Saal das Kampflied der Brigade Ehrhardt gesungen wird. Es ist das Gären und Kochen der rechten »Volksseele«, wie man so sagt, was Horváth sehr prägnant einfängt, es sind die Elemente der Ideologie des sowohl 1923 als auch 1927 erstarkenden Nationalsozialismus.

»Raus mit dem roten Hund!« »Du Judenknecht!« »Am Rhein schänden syphilitische Neger deutsche Frauen …« »Zerreißt ihm das Maul! Zerreißt es der bezahlten Kreatur!« »Juden aller Länder vereinigt Euch!« »Leitartikel! Tinte!« »Blut bleibt Blut!« »Krieg ist Krieg! Der passive Widerstand ist die Ausgeburt jüdischer Niedertracht! Eine rote Feigheit! In Berlin feiern internationale Halunken den jüdisch-jesuitischen Fetzen von Weimar! Bundesbrüder! Bald marschiert die nationale Armee und rottet das pazifistische Gesindel aus! Rache für Straßburg! Rache für Schlesien! Für Schleswig! Für Schlageter!«

Das sind alles Zitate aus den beiden Dramen, man meint die »Volksseele«, die Masse, zu hören. Rote Hunde, Judenknechte, schändende Neger, Blut statt Tinte, Rache statt Feigheit, Kampf statt Pazifismus, damit war das Wesentliche gesagt.

Hinter jedem Satz steht ein Ausrufezeichen. Das Ausrufezeichen ist, genauso wie die Stille zeigenden Gedankenstriche, ein typisches Zeichen der Horváthschen Mikrodramaturgie. Wie die Stille in den Dialogen eine Zäsur schafft, die das Unausgesprochene spürbar werden lässt, so zeigt das Ausrufezeichen den lauten Kampfcharakter der Rede, die Worte werden Schlagworte. Die Stille ist der Sprach-Pol der Sprachlosigkeit, das Ausrufezeichen der Pol des besinnungslosen Bellens der Masse. Zwischen Stille und Ausrufezeichen, könnte man sagen, schlägt das Pendel bei Horváth hin und her, ohne sich lange in der Mitte aufzuhalten.

Hier braust und rauscht das Volk. Hier, in dieser enormen Affinität zum Volk, ist übrigens die wichtigste Verbindung Horváths zu Büchner zu sehen, die es auch in *Zur schönen Aussicht* schon gibt. Bei den Sladek-Dramen wurde sie bisher über die Nähe des Sladek zu Woyzeck hergestellt, was auch Horváth selbst so gesehen hat.

Gegenspieler im *Sladek* ist der linke, pazifistische, republikanische Journalist Franz, der von den Rechten verprügelt und aus dem Saal geworfen wird. In der zweiten Fassung heißt er Schminke. »Der Friedenswille der Massen ist stärker als die Bajonette der internationalen Reaktion!« ist ein Satz von ihm.[40] Franz/Schminke fragt den Vierten Hakenkreuzler: »Wer bist du?« Der antwortet ganz einfach: »Ich heiße Sladek.«[41] Damit erscheint aus der Masse ein benanntes und benamtes Individuum – und die Nazis respektive Hakenkreuzler verschwinden aus dem Drama. Sie haben ihre Rolle als Mob gespielt, nun hat die Masse ein Gesicht bekommen. »Man muss nur selbständig denken«, lautet Sladeks zweiter Satz.

Alles weitere steht im Drama, könnte man sagen. Schminke sagt über die Masse: »Es dreht sich doch zu guter Letzt alles um den einzelnen Menschen, darum predige ich den radikalsten Fortschritt, das

Recht der unpersönlichen Masse. Es gibt nämlich keinen Fortschritt, solange es die Einzelnen gibt.«[42] Damit erinnert der linke Schminke sehr an Hitler.

Bleibt eine Frage. Warum heißt dieser Sladek »Sladek«? Warum ist es ein so deutlich slawischer Name? Sladek, Slawe, Sladek, Schwejk? Sladek, Nicht-Bayer und Nicht-Berliner? Es ist wirklich bemerkenswert, gerade in einer Zeit, wo Horváth doch ausgiebig über bayerische Figuren mit ebensolchen Namen schreibt, und wo die ersten prägnanten Berliner Namen, Knorke in den Sladek-Dramen, Babuschke in zeitgleichen Prosatexten, bei ihm auftauchen.

Und es bleibt die Frage nach den Nazis. Gehören sie ins Horváthsche Kreaturenkabinett, das sich mit Fräuleins, Prostituierten, Strizzis, tierischen Bergbahnarbeitern, langsam abzuzeichnen beginnt? Waren Nazis für Horváth am Anfang vor allem kuriose Viecher? Botho Strauß hat dazu geschrieben: »Gleichwohl ist dieser Horváthsche Sladek kein simpler Bösewicht und keine bloße ›Kreatur‹, wenn auch seine politische und moralische Vorstellungswelt im Wesentlichen von Verhaltensweisen aus dem Tierreich sich belehren lässt.«[43]

In seiner Antwort auf die Frage »Wer ist Sladek?« sagte Horváth selbst, dass er nur aus der Zeit (1929) heraus erklärt werden könne. Er rückte ihn in die Nähe zu Woyzeck und Schwejk, er habe die »Generation 1902«, zu der Sladek (und er selbst) gehörten, Krieg und Inflation in der Pubertät erlebt. Er sei traditionslos, entwurzelt, ohne Fundament, ein Mitläufer, der mordet, ohne eigentlich ein Mörder zu sein.

Typ 1902 heißt der Text, in dem Horváth sich so äußert. Typ 1902, das ist fast der Typ 1901: es war der 1901 geborene Horváth. Der Text entstand nach einem Gespräch, das Horváth zur Uraufführung von *Sladek, der schwarze Reichswehrmann* der Ullstein-Zeitschrift *Tempo* gegeben hat. Ödön Horváth, deutschsprachiger Ungar, so begann *Tempo* die Vorstellung des Autors.

In einem Brief, den Horváth zuvor an P.A. Otte geschrieben hatte, hatte er es noch einfacher gesagt: Das Wesentliche an dem Stück sei »… die Tragikomödie des proletarisierten Mittelstandes, des Menschen, der nicht weiß, wo seine Front liegt«[44].

1928–1929

Skizzen

Horváth wollte mit seinen kurzen Texten, zu denen *Tod aus Tradition* und *Die Versuchung* gehören, eine Art Atlas seiner Zeit herstellen. Ihm schwebte zunächst ein Novellenband vor, in dem er kurze Prosaskizzen und damit die Menschen seiner Zeit versammelte. Entsprechend hatte er die Vorstellung von sich selbst als einem Chronisten. Man könnte ihn in dieser Zeit einen coolen Chronisten nennen, so illusionslos waren seine Menschenbilder. Passender als die Vorstellung von Novellen wäre deswegen die Idee eines Skizzenbuches gewesen, eine Sammlung kleiner Figurenzeichnungen und Sittenbilder. Denn das war es, worum es ihm zunächst ging, ein Skizzenbuch der Menschen, die ihn umgaben, ein Bild seines Murnauer und Münchner, später dann auch Berliner Kosmos.

Natürlich waren diese bayerischen Miniaturen nicht gerade weltumspannend. Der Grat war schmal. In Berlin musste das provinziell wirken. Auch wenn sich hier das Provinzielle leicht in etwas Exotisches oder Skurriles verwandeln ließ.

Als der Berliner Ullstein Verlag, eines der großen Medienhäuser des Landes, Horváth ansprach, ob er Autor des Konzerns werden wolle, es war im Jahr 1928, wollte er unbedingt. Aber was hatte er zu bieten? Neben der Theaterarbeit waren es die Skizzen aus der Provinz, die er als Pfeile im Köcher hatte. Das konnte man eventuell auch zu einem Roman umbauen. Ein Roman als Bild der Gesellschaft: dazu hatte er, könnte man sagen, die Vorarbeit geleistet. Seit Ende 1927 hatte er an einem ersten Entwurf *Roman einer Kellnerin* gearbeitet.

Fragen wir uns, welche Gesellschaft es war, die Horváth schildern wollte. 1926 und die beiden folgenden Jahre waren eine Zeit der Erholung nach der katastrophalen Inflationszeit 1923. Man begann sich wieder mit anderen Dingen als den unmittelbaren Zwängen der Ökonomie und Politik zu beschäftigen. Berlin wurde jetzt, genau jetzt, die weltweite

Hauptstadt der Ausschweifung, der Kultur, des schnellen Lebens, die wirbelnde Inkarnation der Roaring Twenties und Goldenen Zwanziger. Rausch und Sucht, Tanz und Tempo, Vergnügen und Verlangen, Ekstase und Exzess, Exotik, Erotik und Kokain versprachen ein neues Sein. Die Lichter wurden heller, das Leben leichter. Horváth war nur einer von vielen Künstlern, dessen Werk damals aufblühte.

Genauso gab es weiterhin das offensichtliche soziale Elend, das sich durch die Weimarer Jahre zog. Arbeitslose Arbeiter, hungernde und verwahrloste Kinder, weitverbreitete Prostitution – auch für den perversesten Geschmack. Armut und Glamour waren wie ein Paar. Die NSDAP konnte von der Entwicklung nicht profitieren. Bei der Reichstagswahl 1928 kam sie auf 2,6 Prozent, die SPD erhielt 29,8 Prozent der Stimmen. Hitler berief in München bei gedrückter Stimmung eine Führertagung ein.

Da trübte sich, im Winter 1928, die Konjunktur wieder ein und die Arbeitslosigkeit stieg.

Neben einer Lehrerin mit Phantasien, die etwas über sich lernt und darüber zur Hexe wird, neben einem dumpf-dampfenden Bierdimpfl, der an seinem Traditionalismus erstickt, fand und beschrieb Horváth viele, viele weitere Figuren. Manche, ebenfalls noch am Anfang dieser Periode in Horváths Schaffen stehende Texte, spielen nicht mehr im bayerischen Milieu, sondern in Berlin, das nun zur zweiten Bühne von Horváths Menschenzoo wurde. Auch hier ging es ihm nicht um die Leute im Vordergrund, um das Publikum der leuchtenden Tanzpaläste. Er wollte auch hier die Einfachen, die Vielen, die Gesichtslosen hervorheben.

Der Lachkrampf etwa spielt in einem einfachen Tanzlokal, Horváth nannte diesen Text tatsächlich »Skizze«. Die beiden Personen, die hier sitzen, heißen Charlotte Mager und Ulrich Stein. Die Stenotypistin Mager ist arbeitslos und hat bei ihrer Schwester, einem knochigen langen Elend, gewohnt. Stein studiert Musik und behauptet, nur Mädchen aus dem Volke zu lieben. Zum zweiten Stelldichein aber, so seine Eigenart, erscheint er nie.

Horváths Talent, eine meist triste Stimmung mit wenigen Worten einzufangen, war enorm. »Er hatte mit der Mager eben zum dritten Male getanzt. Musikpause. Die beiden Lichtenberger Broadway-Boys samt Stimmungskanone Walterchen setzen sich an den Tisch neben den Toiletten und der Ober mit dem Chaplin-Gang brachte ihnen den kontraktlich vereinbarten Tee mit Kuchen.«

Das ist trist. Die Mager und der Stein sitzen so beisammen, und es ergibt sich tatsächlich ein Gespräch. Sie spricht von einem Bett Rosen, in dem sie liegen möchte. Er erregt sich maßlos über den Kitsch dieser ihrer Worte. »Hören Sie, von was für einem Bette reden Sie da?«, herrscht er sie an. Und nach einer Pause: »Das Bett ist ein Symbol. Ein Symbol für das Bett. Verstehen Sie das?« Er bellt sie an, haut ihr die Worte »Libido« und »Unterbewusstsein« um die Ohren, als hätte er den »ganzen Freud in den Fingerspitzen«.

Sie denkt sich ihren Teil, und bricht in einen Lachkrampf aus ob des lächerlichen Kerls, mit dem sie da unterwegs ist. »Sie warf sich zu Boden und wieherte, dass man das Zahnfleisch sah.« Das erinnert an das Lachen am Ende von *Dósa*, an das Lachen von Christine in *Zur schönen Aussicht*, und klar, damit war das Rendezvous vorbei, und das war's dann auch. Die Zuneigung des Autors zum weiblichen Teil der Geschichte ist wieder deutlich.

Horváths zentrales schriftstellerisches Verfahren besteht darin, dass er Massemenschen zu Figuren werden lässt. Er kehrt die Entwicklung der Gesellschaft damit sozusagen um. Aus gewöhnlichen, gesichts- und geschichtslosen Figuren, einer Welt, wo ein Leben dem anderen gleicht, werden wieder Menschen.

Die Tendenz, dass Menschen zu Masse werden, hat bis heute nicht nachgelassen. Mehr als drei Viertel der Menschen in Deutschland leben inzwischen in Städten, mehr als die Hälfte der Menschen weltweit. Wir haben neue Möglichkeiten der Individualisierung geschaffen, aber die Tendenz zum gleichen Leben in gleichen Wohnungen mit gleichen Möbeln und den gleichen Speisen auf dem Essenstisch, ist ungebrochen. In dem Film *Metropolis* ist das zum ersten Mal Bild geworden.

Horváth hat ein sprachliches Verfahren gefunden, um das abzubilden, um aus den Gesichtslosen, den Massemenschen, neue Charaktere werden zu lassen. Er ist Dramatiker, und so läuft es über die Sprechweise, die Sprache, die diesen Figuren zur Verfügung steht.

Hoppes Spiel (Masse VI)

1926 hatte Hitler seine zweite politische Karriere begonnen. Der Mann sah sich als Dompteur der Masse: ein Volk, ein Führer, ein Wille für alle. Ein Wille, der sich in ihm bildete, den er als Bild der Masse imaginierte und den er den Massen, eben wie ein Dompteur, aufzwingen wollte.

Seit 1927 schrieb Horváth Skizzen, in denen er Porträts der damaligen Gesellschaft zeichnete, aus denen bald ein Roman herauswachsen sollte. Den Roman nannte er zunächst *36 Stunden*, in ihm wurde die Gesellschaft als ein Netz von Personen gedacht und dargestellt. Das Netz kann man als eine mögliche Antwort der Kunst auf die Massengesellschaft verstehen, eine Prosadramaturgie für die unübersehbare Gesellschaft.

1928 begann Marianne Hoppe ihre Schauspielkarriere. Schauspieler sind Verführer, man glaubt ihnen wider besseres Wissen, man lässt sich von ihnen täuschen und ist von dieser Täuschung wiederum fasziniert.

Bei Frauen (denn das Theater wie die Bühne werden lange aus Sicht der Männer gesehen – es ist nicht nur eine Guckkastenbühne, es ist ein Guckkasten, in den männliche Augen hineinschauen und -starren) gab es auch noch die erotische Komponente. Der Mann genoss die stille Erregung – als krabbelten Ameisen über seine Haut. So wurde aus der Frau eine Versuchung gemacht, die man ihr dann zuschrieb. Gleichzeitig ergab sich daraus die Rolle der Dompteuse, sie musste die Männer in Schach halten, deren Schauer und Schauder dadurch umso wohliger wurde. Sie verführte und sie sorgte für Distanz. Die Frau dirigierte die Masse der Männer, alle in dem einen Willen geeint. Sie bugsierte die zuschauenden Männer durch ihr Begehren hindurch, sie weckte es und sie zähmte es.

Einen solchen Traumtypus verkörperte Marianne Hoppe perfekt. Sie hatte die richtige Mischung aus einer nördlichen Landadligen mit burschikoser Bubihaftigkeit. Sie war vom Dorf, aber man sah in ihr die moderne Großstadt, etwas Mondänes. Sie war die große Blonde, die man kühl nennt, obwohl man ihr heißes Blut zutraute. Dass sie eine erotische Ausstrahlung hatte, bezweifelte niemand. Sie konnte männlich und selbstständig wirken, und sie konnte die traditionelle Hausfrau geben, alles gleichermaßen überzeugend. Marianne Hoppe erschien auf der Bildfläche als eine Figur, die auf und mit den Frauenbildern ihrer Zeit spielen konnte. Die Gesichter der Masse waren ihr eine Klaviatur, auf der sie mit vielfältigen Bildern tat, was sie wollte. Marianne Hoppe erschien, in der beginnenden Nazizeit, dann auch als das perfekte Gegenbild der männlich verstandenen Masse, das Prickeln, das sie erzeugte, war der Spiegel des damaligen Begehrens. Möchte man in die Masse hineinblicken, kann man Marianne Hoppe in ihren Erscheinungen betrachten.

Canetti, Horváth, Hitler, sie alle waren fasziniert von einer als archaisch empfundenen Masse. Canetti begriff sie, Horváth zerlegte sie und stellte sie dar. Hitler, der die Masse wie eine Frau sah, die er verachtete, wollte sie beherrschen. Marianne Hoppe aber spielte mit ihr.

Bild der Frau (III)

Sehr jung, sehr frisch, sehr kurze Haare. Und sehr verändert. Berlin. Es muss wunderbar gewesen sein, damals in Berlin zu leben, wenn man so weit war, wie Marianne Hoppe auf diesem Bild. Ein neuer Typ. Hier wird sie deutlich. Sie posiert nicht. Sie ist. Fast wirkt das Bild, als sei es ein Schnappschuss.

Wie frech, wie herausfordernd, wie ungeschminkt sie jetzt wirkt. Marianne Hoppe ist auf diesem Bild, aufgenommen wahrscheinlich 1927 oder 1928, wohl 19 Jahre alt. Mitte September 1927 war sie in Berlin angekommen. Bei Gildemeister & Co, einer Art Bankhaus, sollte sie Fremdsprachenkorrespondentin werden. Aber sie wollte Schauspielerin sein und ging am Deutschen Theater vorsprechen.

Sie, die aus einer behüteten, ländlichen Welt kam, war jetzt wirklich ganz allein in der großen Stadt. Sie war in Berlin, sie hatte ihre Vorstellungen, aber niemand war bei ihr, um ihr zur Seite zu stehen.

Wenn man schreibt, wenn man liest, wenn man an einen anderen denkt, wenn man sich erinnert, dann blickt man zurück, dann ist der Blick in die Vergangenheit gerichtet, und man versucht im besten Fall, die Vergangenheit als Gegenwart zu denken. Aber wenn man den Moment selbst erlebt, zumal wenn man 19 Jahre alt ist, dann geht der Blick nach vorn. Da gibt es, so möchte man sagen, nur Zukunft.

Sie wurde in der Schauspielschule am Deutschen Theater aufgenommen, bald spielte sie erste Rollen. Monty Jacobs schrieb damals in der *Vossischen Zeitung*: »Endlich die Tochter mit der idealen Forderung: ein neues Gesicht, Marianne Hoppe. Schlanke Jugend und ein Blick aus dem tiefen Brunnen kindlicher Illusionen heraus. Dieses unbekannte Fräulein weiß ihren Körper noch nicht zu halten. Aber sie scheint zu den Berufenen zu gehören, die gefördert werden müssen.«[1]

Man begreift nicht ganz, schrieb Jacobs über die Rolle oder die Schauspielerin. Schrieb er über die etwas verschwiemelten Phantasien eines älteren Herren, der von einer jungen Frau fasziniert war, oder schrieb er in genauer Wahrnehmung des Erlebens einer neuen Erscheinung?

Hoppe sprang für Erika Mann ein, die lieber nach Amerika fuhr, als ihre Rolle in *Liebe Feindin* weiterzuspielen. Regisseur der Aufführung war Gustaf Gründgens. Bald danach war Marianne Hoppe am Deutschen Theater in Berlin engagiert. Zur gleichen Zeit kam dieser Gründgens in Theodor Taggers (das ist Ferdinand Bruckner) *Verbrecher* am Deutschen Theater zum Einsatz. Dann spielten Hoppe und Gründgens von Februar bis April 1929 in *Die lustigen Weiber von Windsor* zusammen. Dass sie sich erst später kennenlernten, wie Marianne Hoppe manchmal behauptete, war also ein Märchen.

Sie spielte, auch als Statistin beim Film, um ihr spärliches Gehalt aufzubessern, sie lernte das Stadtleben kennen. Auch mit Marlene Dietrich scheint sie in dieser Zeit gut bekannt gewesen zu sein. Die Dietrich spielte im Mai 1928 am Deutschen Theater in der Revue *Es liegt in der Luft* von Marcellus Schiffer und Mischa Spoliansky eine größere Rolle und sang darin das Lied »Meine beste Freundin«. Marianne Hoppe lief mit ihr in dieser Zeit Arm in Arm die Friedrichstraße auf und ab.

Marlene Dietrich, das war die neue, selbstbewusste, Frauen liebende Frau. Für einen Moment verstanden sie und Marianne Hoppe sich prächtig.[2] Ein Jahr später drehte die Dietrich *Der blaue Engel.* Sie erfand in diesem Film eine perfekte Stilisierung dieser neuen Figur. Marianne Hoppe lernte lesbische Frauen kennen, sie probierte dieses Leben wohl aus, sicheres weiß man nicht, sie war im Nachtleben unterwegs. Die Bilder aber, die bald von Marianne Hoppe entstehen werden, waren ganz anders als die der Dietrich.

Generation 1901

Im Jahr 1928 erschienen Ernst Glaesers Roman *Generation 1902* und der Aufsatz *Das Problem der Generation* des Soziologen Karl Mannheim (1893 als Károly Manheim in Budapest geboren). Anders als heute war es damals durchaus originell, von einer Generation zu sprechen. Die Generation wurde zu einer Kategorie, die die Prägung durch gemeinsame Erfahrungen als soziologisches Merkmal begriff. Das war neu. Nicht umsonst war die erste Generation, die sich im Zeichen solcher Erfahrung wiederfand, die der im neuen Jahrhundert Geborenen. Das hatte nichts mit Zahlenmystik zu tun, sondern, wie schon dargelegt, mit der Erfahrung des Krieges.

Zu jung, um an ihm teilzunehmen, alt genug um alles, was in seinem Zeichen geschah, bewusst zu erleben, sahen die von 1900 bis vielleicht 1910 Geborenen sich bewusst als Kinder dieses Krieges. Dem gab Glaeser mit seinem Roman Ausdruck, das machte den enormen Erfolg seines Buches aus. Eine Auflage von 200.000 Exemplaren hatte *Generation 1902* nach zwei Jahren erreicht.

Interessant am Generationenmodell ist, so hat auch Karl Mannheim das verstanden, dass es sich scharf von biologischen und damit rassischen Erklärungsmodellen unterscheidet. Die Gegenwart wurde angesichts schnellen Wandels als hochgradig erklärungsbedürftig empfunden, von »beschleunigten Umwälzungserscheinungen der unmittelbaren Gegenwart« sprach Mannheim. Er legte Wert darauf, dass eine Generation nicht eine feste Gruppe war, sondern eine Gemeinschaft von Personen, die sich verbunden fühlten. Das sei – wie die Klasse, zu der man gehöre – unumstößlich. Man könne seine Generation nicht verlassen. Mannheim sprach also nicht nur von Erfahrungen, sondern er verstand sie als gemeinsames Schicksal.

Im Gegensatz zur Biographie verwandte Horváth den Begriff der Generation selbstverständlich, affirmativ und offensiv. In den *Geschichten aus dem Wiener Wald* sagt Valerie zu Erich, dem Nazi aus Kassel: »Du – du Neunzehnhundertelfer –«. Das Wort steht, dadurch exponiert, ganz am Ende der dritten Szene. Erich ist Zugehöriger einer neuen Generation, zehn Jahre jünger als Horváth, es ist der Moment des ersten Kusses des 20-Jährigen (1931) mit der viel älteren Valerie, in dem dieses Wort fällt. Sie sagt es nicht nur in einer Art Übersprunghandlung nach dem Kuss, sie sagt es auch, um ihn als ziellosen Menschen zu kennzeichnen: »Ein Mensch ohne Ziel ist kein Mensch. Du – du Neunzehnhundertelfer –«.

Auch als Horváth begann, sich als Schriftsteller in der Öffentlichkeit zu positionieren, benutzte er dafür den Generationenbegriff. »Meine Generation«, schrieb er, »ist bekanntlich sehr misstrauisch und bildet sich ein, keine Illusionen zu haben. Auf alle Fälle hat sie bedeutend weniger als diejenige, die uns herrlichen Zeiten entgegengeführt hat. Wir sind in der glücklichen Lage, glauben zu dürfen, illusionslos leben zu können. Und das dürfte vielleicht unsere einzige Illusion sein.«[3] So zu lesen im Frühjahr 1929 in der Zeitschrift *Der Querschnitt*. Die Zeitschrift gehörte zum Ullstein Verlag, bei dem Horváth unter Vertrag genommen worden war. Es handelte sich bei seiner Äußerung also um eine bewusste Setzung, um Veröffentlichungspolitik.

Als dann im Herbst des gleichen Jahres sein Stück *Sladek* in Berlin Premiere hatte, erschien zuvor ein Artikel in der ebenfalls zu Ullstein gehörenden Zeitschrift *Tempo* (die auch das Vorbild für die Zeitschrift in der Serie *Babylon Berlin* war) über Horváths Stück.[4] Der Artikel trug den Titel »Generation 1902« und verband so für die Öffentlichkeit ganz bewusst Horváths *Sladek* mit Glaesers Roman.

In dem Artikel wird Horváth zitiert: Sladek sei »ein ausgesprochener

Vertreter jener Jugend, jenes »Jahrgangs 1902«, der in seiner Pubertät die »große Zeit«, Krieg und Inflation, mitgemacht habe, er sei der Typus des Traditionslosen, Entwurzelten, dem jedes feste Fundament fehlt und der so zum Prototyp des Mitläufers wird.« Entscheidend ist: Horváth begreift einen Typus (das Wort »Typ« kommt zweimal vor!) als Ergebnis bestimmter Zeitströmungen. Da auch er genau diesen Strömungen unterlag, bedeutet das: Er zeichnete hier eine Art Selbstporträt.

In Horváths Texten findet sich die Vorstellung von der Generation immer wieder. Trifft der Herr Kobler in Horváths entstehendem Roman den Herrn Kabuschke (in der Schellingstraße), heißt es: »Um die Jahrhundertwende hatte er eine pikante Französin aus Metz geheiratet, die aber nach dem Weltkrieg so bedenklich in die Breite zu gehen begann, daß er anfing sich vor der romanischen Rasse zu ekeln.«[5]

Was also hat ein Mensch in Europa und besonders in Deutschland erlebt, der 1900 oder 1902 – oder 1901, wie Ödön von Horváth – geboren worden war? Mit vierzehn den Beginn des Ersten Weltkriegs mit allgemeiner Kriegsbegeisterung, vier Jahre, wo auch immer, Schützengräben, Massensterben, Giftgas, ab 1918 die Spanische Grippe mit mehr Toten als der Krieg. Die Inflation 1923, der Schwarze Freitag in den USA und die folgende schwere Wirtschaftskrise, sechs Millionen Arbeitslose in Deutschland. Der Niedergang der Nation, der moralische Verfall der Eltern und Eliten, die verbrauchten politischen Auseinandersetzungen der Weimarer Republik, lauter Krisen und Konflikte.

Das sind die großen politischen und gesellschaftlichen Bewegungen. Das entscheidende Erlebnis waren weniger Hunger und Not als die Auflösung der Moral, die die Eltern repräsentierten. Das historische Drama wurde ein ödipales Drama. Der Zusammenbruch der Gesellschafts- und Werteordnung wurde zu einem Thema, das zwischen Eltern und Kindern ausgetragen wurde und sie scharf voneinander schied. Die Welt der Eltern musste als Welt leerer Phrasen und Verheißungen erscheinen. »La guerre – ce sont nos parents ...« (»Der Krieg, das sind unsere Eltern«) setzte Glaeser seinem Buch auf Französisch als länderübergreifendes Motto voran. Meist positiv besetzt waren dagegen die Begriffe Volk und Gemeinschaft, woraus sich die Volksgemeinschaft fast notwendig ergab.[6]

Ödön von Horváth ist 1938 durch Zufall gestorben. Marianne Hoppe, geboren 1909, starb 2002 hochbetagt im oberbayerischen Siegsdorf, wohin sie sich 1946 zurückgezogen hatte. Der 1889 geborene Adolf Hitler hat sich 1945 im Führerbunker das Leben genommen, nachdem er die Welt in den Jahren zuvor in den Abgrund geführt hatte.

Hitler wusste nicht, wer Horváth war – Horváth wusste sehr wohl, wer Hitler war. Vor 1933 kamen in Horváths Stücken und Büchern Hitler und zahlreiche Nazis vor. Nach 1933 drohte Horváth unter dem Druck der Veränderung zerdrückt zu werden. Marianne Hoppe, acht Jahre jünger als Horváth, blühte in dieser Zeit auf, sie spielte sich nach oben, sie war einige Male in der Gesellschaft von Hitler und anderen Nazigrößen, sie war eine jener Frauen, die Hitler gern in seiner Umgebung hatte.

Die Zeit, die diese drei sehr unterschiedlichen Figuren gemeinsam erlebten, vor allem in Berlin und Bayern, die Jahre von circa 1926 bis 1935, waren Nach- und Vorkriegszeit, es war aber auch eine Zeit gewaltiger Bewegungen, mit schnellen Veränderungen, wie es sie nie zuvor gegeben hatte, mit dem Auftauchen des Volkes und der Masse, jener unübersehbaren Menge von Menschen, an der niemand mehr vorbeikam.

Das ist vielleicht die gewaltigste Bewegung jener Zeit, der Mensch erschien als Masse, in einer Vielzahl und Unübersichtlichkeit, einer Macht und Dynamik, einer Wucht und Gewalt, die heute im Internet und den Sozialen Medien noch nicht ihren Abschluss gefunden hat. Hitlers gesamte Volksideologie ist geprägt von der Angst vor dem Verschwinden des Lebensraums, dem Raum für eben dieses massenhafte Volk.

Horváth, Hoppe, Hitler, das sind drei Perspektiven auf eine gärende, unübersichtliche Zeit und Gesellschaft. Nicht, worin sie sich gleichen, nicht, wie sie sich trafen, steht dabei im Zentrum des Interesses, sondern wie wir ihre Zeit mit ihnen und durch ihre Unterschiedlichkeit erleben und verstehen können. Sie hängen zusammen, wenn auch lose, das Netz, das sie spannen, ist weitmaschig – aber es existiert.

Nicht die meisten Deutschen haben sich für Hitler entschieden, aber als er an der Macht war, sind die meisten ihm hinterhergelaufen, und zwar lange und mit großer Begeisterung. Für mehrere Jahre war er der beliebteste Politiker überhaupt. In den Jahrzehnten nach dem Krieg wurde oft gesagt: Wenn er nur den Krieg nicht begonnen hätte, wenn er nur die Judenvernichtung nicht betrieben hätte, vieles war gut …

Hitler ist nicht der Teufel oder die Witzfigur, als die er heute gerne gezeichnet wird. Er ist ein Teil des 20. Jahrhunderts. Die heutigen dystopischen Entwürfe, in denen ein nationalsozialistischer Staat nach 1945 weiter existiert, von TV-Serien wie *The Man in the High Castle* bis zu literarischen Romanen wie Philip Roths *The Plot Against America* sind so abwegig nicht, wie es scheint.

Die Demokratie, die einzige Gesellschaftsform, in der Individualismus und Kollektivismus einigermaßen austariert sein können, ist nicht so stabil, wie wir angenommen hatten. Demokratien sind grundsätzlich gefährdet. Vieles verbindet uns mit den Zwischenkriegsjahren des vergangenen Jahrhunderts. Man zieht diesen Vergleich immer wieder, man scheut, aus naheliegenden Gründen, wir wissen ja, wie es aus- und weiterging, vor zu direkten Vergleichen zurück. Aber es ist wahr: Wir leben in verwandten Zeiten, und es ist an uns, heute für einen anderen Ausgang zu sorgen.

Wo der Mensch als Masse auftaucht, wo die amorphe Masse sozusagen das Ruder übernimmt, stellt sich die Frage nach den Möglichkeiten von Herrschaft, Macht, Regierung, Lenkung, Staatsform, Eliten und politischer Partizipation noch einmal grundsätzlich neu. Das Problem ist heute alles andere als gelöst. Es gibt keine Regierungsform, die auf die großen Herausforderungen der Gegenwart angemessen antwortet. Der jüdisch-bulgarisch-spanisch-österreichisch-deutsch-schweizerisch-englische Schriftsteller Elias Canetti hatte mit seinem Buch *Masse und Macht* angefangen, darüber nachzudenken.

»Wir sind die Generation ohne Bindung und ohne Tiefe. Unsere Tiefe ist der Abgrund. Wir sind die Generation ohne Glück, ohne Heimat und ohne Abschied«, schrieb der junge Kriegsheimkehrer und Dramatiker Wolfgang Borchert direkt nach dem Zweiten Weltkrieg.

Eine Generation ist durch gemeinsame Erfahrungen verbunden. Es stellt sich ein ganz anders gearteter Zusammenhang her, als in einem Volk, zumal wenn das »Volk« bei den Nazis dann zur »Rasse« umgedeutet wird. Generation ist ein soziologischer Alternativbegriff zu Volk und Nation um Gemeinsamkeiten und Zusammengehörigkeit beschreiben und erleben zu können. Der Begriff ist machtvoller als man im ersten Moment denken mag: Hitler interpretierte den Ersten Weltkrieg als wesentliche gemeinsame Erfahrung der Deutschen, als Generationserfahrung mithin.

Bild der Frau (IV)

Schon wieder eine neue Person. Eher verwegen, in Pose, cool. Wieder klare Gesichtszüge. Geöffneter, stark geschminkter Mund, zerzaustes Haar, das in die Stirn hängt. In einer Situation, die man nicht übersieht. Der Mund verspricht, dass sie aktiv und interessiert ist. Ein Anflug Laszivität. Braver Kragen, wie auf dem ersten Bild. Aber jetzt ist diese Frau verführerisch.

Sie hat so viele Gesichter. Sie kann, wie gesagt, kühl sein, nordisch oder modern, cool und erotisch, sie kann sich burschenhaft-frisch und traumhaft-versonnen geben. Marianne Hoppe ist immer ein Gesicht. Sie ist ihr Gesicht. Das mag abwertend klingen, klar ist sie auch Spiel, Stimme, Bewegung. Aber es ist vor allem das Gesicht, das fasziniert. Hoppes Biographin Petra Kohse geht in ihrem Buch mehrfach auf dieses Gesicht ein. Auch die Geschichte von Horváth spiegelt sich in seinem Gesicht, wie wir noch sehen werden, und über »Hitlers Gesicht« ist ein ganzes Buch geschrieben worden. Aber am weitaus interessantesten ist das von Marianne Hoppe.

Die Theaterwissenschaftlerin Birgit Pargner hat versucht, dieses faszinierende Gesicht in Worte zu fassen: »Ihr Gesicht war bis ins reifere Alter hinein ausgesprochen schön – allerdings nicht im landläufigen Sinne … Sie hatte viele Gesichter – privat, auf der Bühne und vor der Kamera. Und doch war es immer das unverwechselbare Hoppe-Gesicht. Eine schmale ebenmäßige Gesichtsform, eine Nase wie gemeißelt, von der Seite betrachtet fast ein bißchen zu groß, gleichmäßig gebogene Augenbrauen über graublauen, leicht mandelförmigen Augen, die in jungen Jahren so entrückt und verwundert – manchmal mit leichtem Silberblick – schauen konnten. Auffallend war ihr besonders schöner und schwungvoll geformter Mund – mit vollen Lippen und ebenmäßig, strahlend weißen Zähnen. … Marianne Hoppe war eine Frau mit großer erotischer Ausstrahlung, dabei kein Typ, sondern eine Individualität.«[7]

Pargner sucht das Beschreibungsglück neben der Beschwörung der Schönheit in einem Sowohl-als-auch, schön aber nicht landläufig schön, erotisch aber nicht als Typ, viele Gesichter – aber alle unverwechselbar.

Nun, Marianne Hoppe hatte nicht nur viele Gesichter, sie schien ihre Persönlichkeit wechseln zu können. Sie konnte wie selbstverständlich mit der Kamera umgehen, auch das wurde jetzt deutlich. Die Foto-Kamera, das sollte man nicht vergessen, war das erste Demokratisierungs-, aber auch Massenmedium der Kunst.

Marianne nahm Gesichter an. Während Marlene Dietrich ein Typ wurde, der nicht nur Deutschland, sondern auch Hollywood faszinierte, bildete Marianne in den Fotografien die nervösen Zeiten direkt ab, ihr Gesicht hatte etwas Experimentelles, Offenes.

Sie erfand sich, genauso wie die Dietrich, aber sie erfand sich als ein Wesen, das die Erscheinung wechseln konnte. Sie erfand sich als eine Frau, die in dieser Welt, der Männerwelt, als Frau einen eigenen Platz haben konnte, den sie selbst bestimmte. Dafür bietet sich der Beruf der Schauspielerin selbstverständlich an. Man ist professionell und ständig damit beschäftigt, sich als eine neue Figur zu erfinden.

Der Fotograf August Sander hatte bereits 1910 erste Aufnahmen gemacht, die sich seiner berühmt gewordenen Fotoserie *Der Mensch des 20. Jahrhunderts* zurechnen lassen. 1925 hat er dann angefangen, die Serie zu konzipieren.[8] Bereits 1929 erschien *Antlitz der Zeit*, eine erste Gesamtschau. Sander wollte sozusagen einen Bildkatalog des damaligen Menschen erstellen, einen Atlas, der die Menschen, die er durch Klasse, Beruf, Alter, Geschlecht bestimmt sah, in einem Werk versammelte.

In der Zeitschrift *Das elegante Köln* (wo Sander lebte) findet sich 1930 dazu: »Sanders Ehrgeiz ist weniger der des Fotografen, als des seherischen Menschen (im doppelten Sinne), der den Wissenschaftlern wertvolles Material bietet: sieh hier, so sind die Menschen: Klassentiere, jedem kannst du am Gesicht den Beruf ablesen!«[9]

Eine Mappe von *Der Mensch des 20. Jahrhunderts* ist der »Frau« gewidmet. Lange muss man hier blättern, bis man auf eine Frau trifft, die Ähnlichkeit mit Marianne Hoppe hat. Es ist das vorletzte Bild (das letzte ist ein Mannequin), es ist eine Kölner Rundfunksekretärin, aufgenommen im Jahr 1931. Ebenfalls ein schmales, modernes Gesicht, der Blick genau ins Auge des Betrachters gerichtet, allerdings nicht so frontal wie bei Hoppe. Die Kölnerin sitzt auf einem Stuhl, hält eine Zigarette in ihren schlanken Fingern, sie hat einen Kurzhaarschnitt, der dem von Hoppe gleicht, ein geschminkter Mund, aus dem sie vielleicht gerade ein ganz klein wenig Rauch ausbläst.

Berlin, Sportpalast, 16. November 1928

»Ein Volk, das sich der Verbastardisierung seines Geistes und Blutes widersetzt, kann gerettet werden. Das deutsche Volk hat seinen spezifischen Wert und kann nicht 70 Millionen Negern gleichgesetzt werden. (…) Negermusik herrscht, aber setzen wir einem Jimmy eine Symphonie Beethovens entgegen, so ist der Sieg entschieden. (…)«[10]

Irgendwie schnappte da jetzt einer über. Die *Frankfurter Zeitung* schrieb 1928 dazu. »Wenn man sich aber fragt, wie der Sohn eines kleinen oberösterreichischen Zollbeamten zu seinem Spleen kommt, dann kann man nur eins sagen: er hat die Kriegsideologie vollkommen wörtlich genommen und sie fast so primitiv aufgefaßt, als ob man in der Völkerwanderungszeit lebte.«[11]

Diese treffende Bemerkung der *Frankfurter Zeitung* wirft auch ein Licht auf Hitlers Beherrschung der Massen, sein Primitivismus war hier eine Stärke.

Mädchenhandel

Horváths 1928 geschriebene und weitgehend unbekannte Posse *Rund um den Kongreß* hängt eng mit der 1926/7 geschriebenen Komödie *Zur schönen Aussicht* zusammen. Die Komödie ist das wichtigste der frühen Stücke. Auch die späteren Volksstücke, die Verstoßung von Marianne im *Wiener Wald*, die Selbstopferung von Elisabeth in *Glaube Liebe Hoffnung*, dazu weitere Entwürfe wie *Der Mädchenhandel*, *Die Schönheit aus Thüringen*, *Die Schönheit aus der Schellingstraße*, auch der *36-Stunden-*Roman, hängen durch die Thematik des brutalen Umgangs mit der Frau und durch das Thema Prostitution eng mit *Rund um den Kongreß* zusammen.[12]

Horváths Posse *Rund um den Kongreß* ist damit Teil des zentralen Werkkomplexes, der meist mit dem Titel *Das Fräulein* benannt wird. In *Zur schönen Aussicht* tritt mit Christine ein spezielles Fräulein auf, diese weibliche Protagonistin hat in der vorausgehenden Posse *Rund um den Kongreß* keinen eigenen Namen, sondern wird – im Gegensatz zur zweiten Protagonistin Luise Gift – nur als »das Fräulein« geführt. Das deutet auf den programmatischen Charakter der Figur.

Gleichwohl wird auch *Rund um den Kongreß* so gut wie nie gespielt (obwohl seit 1928 als Bühnenmanuskript im Umlauf) und von der Wissenschaft nur am Rande behandelt. Thematisch ist das Stück ausgesprochen pointiert: es geht um Mädchenhandel, nicht nur um die übliche Prostitution, sondern deren Steigerung in Form der Zwangsprostitution – mit der weiteren Verschärfung einer Verschickung in eine fremde Welt, vorzugsweise Südamerika, wo die Frau herrschender Willkür absolut schutzlos ausgeliefert ist.

Das Fräulein ist neben Luise die zweite weibliche Person des Stücks. Sie wird von Alfred zugerichtet und soll eben nach Südamerika verschifft werden. Gleichzeitig tagt ein »internationaler Kongress zur internationalen Bekämpfung des internationalen Mädchenhandels« in der Stadt (wahrscheinlich Hamburg, das Horváth durch die Uraufführung von *Revolte auf Côte 3018* im November 1927 kennengelernt hatte). Der Kongress interessiert sich für das Schicksal der jungen Frau überhaupt nicht, sondern befragt sie lieber nach ihren Motiven und ist ansonsten mit sich selbst und einem opulenten Bankett beschäftigt. Schlimm ist auch die

Rolle des früheren Ehemanns des Fräuleins, der letztendlich nichts gegen ihren Verkauf nach Südamerika einzuwenden hat.

Alle Figuren tragen also ihren Teil zur Existenz des Mädchenhandels bei. Nirgendwo scheint Horváth so tief in den verborgenen, realen Abgrund der Verschwörung gegen die Frau geblickt zu haben. Eine Verschwörung von Männern, die sich alle an einer Frau bereichern, ohne Gewissen, gefühllos, skrupellos. Grausame, grausige Welt.

Horváth hatte sich seit 1921, als er sich an der Universität München für eine Vorlesung über Mädchenhandel eingeschrieben hatte, mit dem Thema beschäftigt. Diese Auseinandersetzung ist dem *Kongreß* vielfach anzumerken. Eine Studie, die den Spuren im Einzelnen nachgeht, steht allerdings aus. Kongresse, wie sie Horváth karikierte, fanden tatsächlich statt. Über Jahrzehnte war »Das deutsche Nationalkomitee zur Bekämpfung des internationalen Mädchenhandels« ausgesprochen einflussreich. Südamerika (insbesondere Argentinien) wurde damals als Hauptumschlagplatz des Mädchenhandels angesehen. Hitler verdächtigte die Juden des Mädchenhandels.

Solche an der Wirklichkeit gebildeten Details tauchen in dem Stück Horváths vielfach auf. Selbst die auffällige Insistenz, mit der Luise Gift von Alfred geschlagen werden möchte, »Bitte schlag mir ins Gesicht. Mit der Faust.«[13], war Teil des Mädchenhandelsdiskurses.[14] Horváths *Kongreß* ist, darin seinen beiden Sladek-Dramen und den Revolte-Bergbahn-Dramen verwandt, in diesem Aspekt von *Zur schönen Aussicht, Italienische Nacht* und *Kasimir und Karoline* deutlich unterschieden, direkt auf eine existierende Realität, eine gesellschaftliche Diskussion, einen politischen Inhalt hingeschrieben.

Mädchenhandel war, seit dem ausgehenden 19. Jahrhundert, eines der großen Themen der Zeit. Selbst der Völkerbund engagierte sich nachdrücklich. »White slavery« war die englische Bezeichnung. Es war Skandal und Aufreger. Die Zeitungen und das aufkommende Kino hatten ein starkes Faible für das Sujet. Die Mischung aus investigativer aufklärerischer Recherche und schaudernder Imagination, aus Moral und pornografischer Phantasie, war zu verführerisch. Mädchenhandelsgeschichten waren fester Bestandteil der entstehenden Populärkultur. Dabei aber war nicht nur Aufklärung im Spiel, sondern viel Heuchelei und viel Sensationslust, wie Karl Kraus als erster deutlich machte.

Allerdings gab es, das ist inzwischen erforscht, den massenhaften internationalen Mädchenhandel überhaupt nicht. Damit ist keine Aussage über einzelne Fälle gemacht, aber das massenhafte, quasi endemische Auftreten, von dem man in der Öffentlichkeit damals ausging, war eine Fiktion der Zeit von etwa 1890 bis 1930.[15] Es war eine klassische Verschwörungstheorie einer medial aufgeheizten Gesellschaft, genährt durch die schönen Schauder der schrecklichen Vorstellungen vom Schicksal der armen Mädchen.

Das vor allem war es, was Horváth begriffen hatte. Das vor allem erklärt, warum er für sein Mädchenhandelsdrama die für ihn sehr ungewöhnliche Form der Posse gewählt hat. Das erklärt, wenigstens teilweise, den Misserfolg des Stückes. Was soll man mit einem Stück, das zeigt, dass das, worum es geht, nicht existiert? Was soll die Gesellschaft mit einem Stück, das ihr einen kollektiven Wahn vorhält? Parallelen zu heutigen Verschwörungstheorien mit Kinderblut trinkenden Geheimbündlern und Pandemieleugnung sind dagegen alles andere als zufällig. Was Horváth in der Posse bearbeitet, ist nicht der real existierende Mädchenhandel, es ist das bigotte Reden darüber, das um sich selbst kreist. Es ist eine Vorstellung, die sich gegen Realitätswahrnehmung resistent gemacht hat. Es ist der Umgang der Gesellschaft mit ihren Phantasmen.

Deutlich wird das vor allem an einem schimärischen Herrn, ein Journalist, »Schminke« mit sprechendem Namen. (Schminke war auch eine Figur in der zweiten Fassung von *Sladek*.) Er besteht durch das gesamte Stück hindurch und über seinen halb realen, halb symbolischen Tod hinaus stereotyp darauf, dass Prostitution und Mädchenhandel allein durch die ökonomischen Verhältnisse zu erklären sind. Ihn interessiert nicht das Schicksal des Fräuleins, sondern allein seine marxistische Herleitung, nicht die Praxis, sondern die Theorie, nicht das Leben, sondern eine fixe Idee.

Skizzen mit Fräulein

In Horváths Panorama tauchen zwei Figuren auf, die ihn nachhaltiger beschäftigen würden, eine Frau, ein Mann. Die Frau hatte etwas mit der wiehernden Charlotte Mager und – wie man später bemerkte – auch mit der träumenden Seraphine zu tun. Horváth trug sich ernsthaft mit dem

Gedanken, einen Roman zu schreiben, und machte Entwürfe zu dem Titel *Roman einer Kellnerin.* Die Frau sollte dort zunächst Charlotte heißen, dann wurde es Agnes.

Diese Agnes heißt auch Anna und ist eine wichtige Verkörperung des Fräuleins. *Ein Fräulein wird bekehrt, Das Märchen vom Fräulein Pollinger* heißen zwei Skizzen, die nun entstanden. Wir befinden uns inzwischen im Jahr 1929, die sogenannten Goldenen Zwanziger gehen zu Ende, der Vertrag mit dem Ullstein Verlag ist unterzeichnet. Die gesellschaftliche Situation hat sich wieder verschärft: Weltwirtschaftskrise, die Arbeitslosigkeit wächst weiter, überall Armut. Horváth aber geht es gut.

Das erste, was wir im Märchen über Anna Pollinger erfahren, ist: Sie fällt nicht auf. Sie hat ein Durchschnittsgesicht, eine Durchschnittsfigur und ein Unterdurchschnittsgehalt. Manchmal darf sie hinten auf dem Motorrad mitfahren, wofür man etwas von ihr erwartet. »Sie war trotz allem sehr gutmütig und verschloß sich den Herren nicht.« Es folgen zwei erschütternde, nüchterne Feststellungen. »Sie wollte sich nicht sehnen.« und »Es war ihr fast alles in ihrem Leben einerlei, denn das mußte es ja sein.«[16]

Das Märchen ist nur zwei Seiten lang, *Ein Fräulein wird bekehrt* schon deutlich länger. Ihr Leben beginnt hier mit der sozialen Gesetzgebung der Weimarer Republik. Sie hat sechs bezahlte Urlaubstage. Aber sie verdient so unterdurchschnittlich, dass ihr das nichts nutzt. Sie kann es sich nicht leisten, in ihrem Urlaub in die Berge zu fahren, was sie gern täte. Sie ist Kontoristin in einer Eisenwarenhandlung in der Schellingstraße, »mit einem monatlichen Verdienst von hundertundzehn Mark.« Das ist wenig. »Aber das Fräulein zählte nicht zum Proletariat, weil ihre Eltern mal zugrunde gegangen sind. Sie war überzeugt, dass die Masse nach Schweiß riecht, sie leugnete jede Solidarität und beteiligte sich an keiner Betriebsratswahl. Sie tat sehr stolz, weil sie sich nach einem Sechszylinder sehnte.«

Es tauchten weitere Figuren auf, dann begegnete dieses Fräulein der zweiten Hauptfigur, einem Herrn mit Namen Reithofer, wieder Schellingstraße. Reithofer ist Kommunist, schämte sich zuweilen seiner Sozialromantik und liebte ebenfalls die Berge. Sie dachte, dass er ein anständiger Mensch sein könnte, und die beiden gehen in die Anlagen, wo der Erzähler sie eine Zeit lang allein lässt.

Dann kommt das Fräulein nach Hause und geht zu Bett: »Ihr gegenüber an der Wand hing ein heiliges Bild: ein großer weißer Engel (...) verkündete der knienden Madonna: ›Bei Gott ist kein Ding unmöglich!‹ Und das Fräulein dachte, der Herr Reithofer hätte wirklich schön achtgegeben und sei überhaupt ein anständiger Mensch, aber leider kein solch weißer Engel, dass man unbefleckt empfangen könnte.«[17]

Gehörten Agnes und Reithofer zu einer Klasse, waren sie Spießer, Mittelstand, Kleinbürger, Proletariat? War es das, wonach Horváth suchte? Vielleicht passt Agnes am ehesten in die neue Kategorie der Angestellten, unterbezahlt und stolz, etwas Besseres zu sein. Horváth selbst hat immer wieder Versuche unternommen, sein Personal soziologisch zu fassen – und ist damit regelmäßig gescheitert. Er behauptete etwas Analytisches, das er nicht einlöste. Dabei war es ziemlich einfach: Es ging bei ihm um die Gestrandeten, die Überflüssigen, die Nutzlosen. Die, die niemand brauchte. Die Gesellschaft produzierte Menschen, die sie nicht teilhaben ließ oder die sie sogar ausspuckte.

Berlin (Marlene und Alice)

Zu dieser Zeit hatte Marianne Hoppe, die nach eigener Aussage nicht so empfänglich für Freundschaften war, mehrere Freundinnen. Es waren tatsächlich eher Frauen als Männer, zu denen sie sich hingezogen fühlte. Neben Marlene Dietrich gab es da eine Alice. Alice Kühn mit vollem Namen. »Man war mit verwandten Seelen zusammen. Mit jungen, lustigen, übermütigen, leichtfertigen und auch arbeitsamen, fleißigen, wenn man wollte.«[18]

Auch hierzu wieder ein Faschingsfoto. Auch hier wieder deutlich geschminkt, ein Tuch bedeckt die Haare und dient gleichzeitig als Krawatte. Beide tragen Hosen, lehnen sich aneinander, beide kess. Marianne und Alice hatten sich als Statistinnen beim Film kennengelernt. Beim Warten saßen sie beieinander. »Was machen Sie denn, Sie sind ja ganz lila«, fragte Marianne. »Ach, Asta Nielsen ist doch auch so geschminkt«, antwortete Alice.

Sie haben zusammen gefeiert und gekocht, es ging wohl ziemlich drunter und drüber. Wenn Marianne Hoppe eine wilde Zeit erlebte, dann war das jetzt.

»Aber ich habe mich mit keinem Mann abgegeben. Ich bin nicht so fürs Rummachen. Die Alice hat schon ein Kind. Herrgottnochmal, jetzt will das Kind rudern gehen. Mami sagt das Kind, wann gehen wir wieder Geld kaufen. Und dann wird Alices Trauring versetzt. Für fünf Mark. Und wir gehen rudern. Das glauben Sie gar nicht, wie schön das war … Das war alles Zuckerguss.«[19]

Marianne Hoppe hatte Spaß in dieser Zeit, sie hat ihre Erfahrungen gemacht. Aber oft hat sie später betont, wie arbeitsam sie war. Sie war diszipliniert, strebsam, sie wollte Erfolg. Sie musste lernen, sich zu behaupten, und genau das war es, was sie wollte. Schnell wurde sie selbstständig und erwachsen.

Alice wurde eine der wenigen langjährigen Freundinnen, die Marianne Hoppe hatte. Sie war Mariannes erste Anlaufstation, als sie 1946 mit Kind und ohne Mann Berlin wieder verlassen hat. Alice lebte da in der Nähe von Dinkelsbühl.

Wer geht nach Berchtesgaden?

Wenn der Eindruck nicht trügt, änderte sich der Stil von Hitlers Reden 1929. Sie waren etwas weniger schematisch, er schien etwas freier mit seinen Redemanuskripten umzugehen, er schien sich sicherer zu fühlen und einem Gedanken manchmal seinen Lauf zu lassen. Er ließ sich mehr auf seine merkwürdigen Obsessionen ein.

Eine dieser Obsessionen wurde Max Reinhardt. Reinhardt war nicht nur Berliner Intendant und Regisseur, er war auch der bedeutendste Theaterunternehmer seiner Zeit, und er war Jude. Und nun war er zu den Münchner Festspielen eingeladen worden. Hitler fand das unerträglich. Ausgerechnet Reinhardt sollte nach München, in sein München kommen. Es beschäftigte Hitler das gesamte Jahr hindurch.

Hitler stilisierte München zu einer Metropole des wahren Deutschtums, zu einem wahren Ort der Kunst. Es war seine Stadt. »Glauben Sie nur nicht, daß wir jemals an der Mission dieser Stadt irre geworden wären. Umsonst haben wir nicht die Zentrale dieser Bewegung hier nach München hereingelegt. Wir taten es, weil uns München noch immer als deutscheste der deutschen Städte erschienen ist.«[20] Nicht einem »herumzigeunernden Theaterjuden« wie Reinhardt, sondern »einer wirklichen guten deutschen Kunst« wolle man hier eine Heimstätte schaffen. Hitler spielte Berlin gegen München aus, regte sich über Reinhardt und die Münchner Kulturpolitik auf. Das, womit Horváth arbeitete, reproduzierte Hitler als dumpfes Ressentiment: Bayern bzw. München als geistigen Gegenraum. Er sah München, das nun in Wirklichkeit ebenfalls eine Großstadt war, als Gegenstadt, als Ort, wo die Welt im Gegensatz zu Berlin ihre Ordnung hatte.

Das Merkwürdige an der Rede, die er am 3. April 1929 im Hofbräu-Festsaal bei einer NSDAP-Festversammlung hielt, war aber, dass der Fremdenverkehr offenbar eine noch größere Obsession Hitlers darstellte als Max Reinhardt. Der Fremdenverkehr animierte ihn zu ungehemmter, fast beängstigender Wortproduktion. In der ersten Rede zu diesem Themenkomplex konnte und konnte er keinen Abschluss finden. Die Rede, die er hielt, hatte dadurch etwas Komisches. Man kann sich die Rede Hitlers, etwas anders betont, durchaus im Programm eines Komikers oder Kabarettisten vorstellen. Der Wahnsinn, würde man dann denken, treibt seltsame – aber lustige – Blüten.

Ein Teil der Rede drehte sich um den Fremdenverkehr in Berchtesgaden. »Wir haben heute in Deutschland kaum einen Ort, und wenn es der kleinste ist, der nicht seinen Fremdenverkehrsverein hat. Also überall nur Fremdenverkehr! Und es ist ganz klar: Wenn auf der einen Seite die Zahl der Fremden, nämlich der kaufkräftigen Menschen abnimmt, weil man eine ganze Lebensschicht einfach vernichtet, während auf der anderen Seite die Orte, die um sie buhlen, ununterbrochen zunehmen, dann muss langsam die Not eine immer größere werden. Es kommt allmählich nicht mehr viel auf diese Orte. Zum mindesten aber kommt wenig wirklich zahlungskräftiges Publikum auf diese Orte; und da beginnt jeder nach dem reichen Juden zu suchen und mit was für Mitteln man ihn zu sich ködern könnte. Berchtesgaden ist da ein typisches Beispiel für die Gedankenlosigkeit, mit der unsere bürgerlichen Parteien dieses Problem behandeln. Wer geht nach Berchtesgaden? Nur der Mensch, der in erster Linie eine innere Sehnsucht nach der Natur hat. Kein Mensch geht nach Berchtesgaden, weil er dort schöne Hotels findet, kein Mensch geht nach Berchtesgaden, weil er dort etwa eine Kurhalle finden würde, kein Mensch geht nach Berchtesgaden, weil er dort etwa eine Kurmusik hören kann; sondern wer dorthin geht, gehört zu denen, die sich an der einzig, herrlich schönen Natur ergötzen wollen, und mancher geht auch hin, weil ihn die Menschen freuen, weil er sich wohlfühlt, wenn er unter diese primitive Menschheit herauskommt und aus diesem ganzen Großstadtpowel wieder etwas hinausgelangt. Deshalb geht man nach Berchtesgaden. Nun klagt man auch dort über die Schwierigkeiten der Fremdenverkehrsindustrie, des Fremdenverkehrsgewerbes. Zunächst liegen die Schwierigkeiten in der wahnsinnigen Besteuerung, die zum Teil 60 % des ganzen Einkommens ausmacht. Aber man klagt auch sonst, und nun sagt man: Wir müssen ein Kurhaus bauen, dann kommen mehr Fremde. Glauben Sie, wenn Berchtesgaden ein Kurhaus baut, daß damit in Deutschland die Menschen mehr werden, die als Fremde irgendwohin reisen können? Es könnten nur Menschen kommen, die bisher woanders hingegangen sind. Nur diese könnten jetzt nach Berchtesgaden gehen. Das heißt: Ein Ort zieht die Fremden dem anderen Ort weg, das heißt, jeder Ort erhöht seine Ausgaben, das heißt, er belastet die Leute mit immer drückenderen Steuern, Kurtaxen, Kurumlagen usw. Indem er das seinen Besuchern auflastet, verteuert er ununterbrochen das Hotelwesen. Das Kurhaus beginnt mit der Kurmusik, die Hotels müssen nachkommen, alles wird teurer und teurer, und das Endergebnis ist, daß die Menschen immer mehr in die billigeren Quartiere abwandern müssen. In Wirklichkeit bleibt alles beim alten. Das Wesentliche ist, daß man nicht die Zahl der möglichen Fremden an sich erhöhen kann. Diese bleibt in Deutschland gleich. Wer in Deutschland überhaupt im Sommer aus den Großstadtkasernen fort kann, der geht ohnehin fort, ob nun irgendwo ein Kurhaus ist oder nicht. Es kann sich nur darum handeln, daß ein Ort versucht, dem anderen die paar Fremden abzujagen. Wie hypnotisiert sieht man da immer auf die reichen Juden; und dabei rechnet man mit jemand, der am allerwenigsten als wirklicher Kurgast anzusprechen ist. Berchtesgaden – ich nehme das Beispiel, weil es klassisch ist – will jetzt ein Kurhaus bauen. Es kostet so und so viele Hunderttausende. Die Hotels sind gezwungen ebenfalls nachzukommen usw. Der Zweck soll sein, Gäste zu bekommen, insbesondere ein paar Juden. Aber glauben Sie, daß deswegen die wirklich reichen Juden nach Berchtesgaden gehen? Die sind international, die gehen nach St. Moritz, nach Davos, an die französische Riviera, sie gehen nach Ostende, überall hin, was momentan in Mode ist oder wo momentan valutarisch die Verhältnisse günstig sind. Die haben kein inneres Verhältnis zu Berchtesgaden. Was interessiert so einen Juden der Watzmann oder der Königssee? Gott, wenn er zum Königssee hinkommt, sagt er höchstens: Gott, wie haaßt? Wo fließt das Wasser rein, wo fließt das Wasser raus? Kann man da nicht ein Elektrizitätswerk hinbauen? Und wenn er zum Watzmann kommt, denkt er sich: Wie wäre es mit einer Bahn hinauf, mit einer Zahnradbahn oder einer Drahtseilbahn? Er denkt immer irgendwie ans Geschäft. Er geht nicht hin, damit er sich an der Natur labt. Man braucht bloß, wenn man einmal nach Reichenhall kommt, in das Gradierhaus hineinzugehen, dann hört man die Juden vor sich reden und hört nur von Geschäft. Es ist sehr angenehm dort. Sie haben dort die Gebirgsluft und nebenan die Spucknäpfe. Da können sie hineinspucken. Da wird vom Geschäft geredet die ganze Zeit. Da können Sie in die Telefonzellen hineinlaufen, und ständig dreht sich die Unterhaltung um Dividenden und Prozente, Dividenden und Geschäft. Die Leute, glauben Sie, machen unseren Fremdenverkehr gesund? Sie gehen nach Berchtesgaden, schauen vielleicht einmal hinein, Gott, sie schauen sich die Sache an, weil das Mode geworden ist, aber wenn sie Berchtesgaden einmal gesehen haben, gehen sie woanders hin. Sie sind ein fluktuierendes Element. Davon werden die bayerischen Fremdenverkehrsorte nicht glücklich. Besonders unsere bayerische Fremdenverkehrsindustrie dürfte eigentlich nur rechnen mit unserem langeingesessenen Mittelstand und jenem deutschen Mittelstand, der auch noch einen offenen Sinn für die Natur und für ein gesundes Volkstum hat. Alles andere ist ein Trugschluß. – Denn endlich, Sie können sich noch so entäußern, Sie können sich alle den Dialekt abtrainieren lassen, aber Sie sind doch Bayern, und die andern sind Menschen, die fühlen sich in

Bayern nie wohl, sie gehen lieber dahin, wo alles international geworden ist, wo die Luft international duftet. Glauben Sie doch nicht, daß diese wirklich reichen Juden vielleicht an den Starnberger See kommen, weil dort vielleicht ein großes Kurhaus hingestellt wird. Glauben Sie nicht, daß diese Juden deshalb von Ostende weggehen.«[21]

Die gesamte Rede Hitlers war etwa 15 bis 20 Mal so lang. Immer weiter und weiter, ohne müde zu werden, ritt er auf Berchtesgaden, Bayern, dem Fremdenverkehr und dem entstehenden Tourismus herum. Es war für ihn offenbar eine persönliche Angelegenheit. Fremdenverkehr und noch mehr beginnender Massentourismus, die Kommerzialisierung der für ihn geheiligten Orte, waren für Hitler eine unmittelbare Bedrohung.

Hitler lebte seine Obsessionen auf einem Feld aus, das fast deckungsgleich mit dem Horváths war. Beide beschäftigte Bayern und das Bayerische, beide begriffen, dass es damals als ein geistiger Gegenraum fungierte, beide zogen ganz unterschiedliche Folgerungen daraus. Horváth erkundete einen eigenartigen Kosmos, Hitler meinte, wenn er aus der Stadt in die Berge fuhr, dem Natürlichen und Wahren nahe zu sein.

Andere Besucher sind für ihn Fremde, Kapitalisten und Juden. Er ist nicht in der Lage, die Zweideutigkeit der eigenen Position zu sehen, er, der, wenn er nach Berchtesgaden fuhr, nichts anderes als ein Tourist war.

Marianne Hoppes merkwürdige bayerische Tracht, Horváths merkwürdige bayerische Figuren, Hitlers merkwürdige bayerische Obsessionen, das bindet sich im Bild der Alpen zusammen. Murnau und Berchtesgaden waren dafür ideale Orte.

An das Refugium auf dem Obersalzberg, das Hitler sich bald schaffen würde, war zu diesem Zeitpunkt noch nicht zu denken. Berchtesgaden war von Hitler sozusagen noch unberührt.

36 Stunden

Dank der großen Wiener Neuedition von Horváths Werken, der vollständigen Publikation seiner Arbeit, wird deutlich, wie sehr die verschiedenen Werke dieses Schriftstellers miteinander verbunden sind, wie eines aus dem anderen hervorwächst, wie eine Figur in einem Stück als Nebengestalt beginnt, um in einem anderen eine bedeutendere Rolle zu spielen, wie die Figuren die Namen ändern, den Charakter, aber immer Teil dieses großen Netzes bleiben, das Horváths Werk insgesamt darstellt.

In diesem Netz spielt die Prosa eine zentrale Rolle. Das Textkorpus, das Horváth sich mit seinen Prosa-Skizzen erarbeitet hatte, wurde Grundlage seines großen, kurzen Erfolgs zwischen 1930 und 1932. Die Prosatexte flossen auch in seine Arbeit als Dramatiker ein. Horváth wurde professioneller, wie es sich dann in der Zusammenarbeit mit Ullstein und den Erfolgen als Dramatiker niederschlug.

Aus den Skizzen und Vorarbeiten zu *Roman einer Kellnerin* ging zunächst *36 Stunden* hervor, der erste abgeschlossene größere Text Horváths, ein Text, der Anspruch auf die Gattungsbezeichnung Roman hat. Ende 1927 dürfte Horváth mit Vorarbeiten begonnen haben, im Frühjahr des Jahres 1929 war *36 Stunden*, ein Kurzroman, zunächst fertig. Der Ullstein Verlag hat das Manuskript im April angenommen, um es im (zum Konzern gehörenden) Propyläen Verlag zu drucken. Horváth suchte nach dem »Roman«, zahlreiche seiner Entwürfe nannte er so. Die Handlung von *36 Stunden* besteht im Wesentlichen darin, dass sich die bekannte Frau Pollinger und der ebenfalls bekannte Herr Reithofer begegnen und dann wieder auseinander gehen.

Die Frage, die darüber schwebt, ist sehr einfach, und kann in jedem Kitsch-Roman ebenso behandelt werden: Werden sie sich wieder treffen, werden sie zueinander finden? Sie, die schon gern würde, meint, dass er eh nicht kommen wird, und streicht ihn aus ihrem Inneren. Er, der kein weitergehendes Interesse hat, kommt doch und wartet vergebens.

Von Anfang an klar ist der Ort der Handlung. Es ist im Wesentlichen die Münchner Schellingstraße, nicht der untere Teil bei der Ludwig- und Amalienstraße, sondern deren oberes Ende, hin zur Schleißheimer Straße und zum Oberwiesenfeld. Auf ihrem Weg zueinander und voneinander weg begegnen Pollinger und Reithofer zahlreichen Figuren. Diese Begegnungen sind das Fleisch des Buches, hier klingt die Vorstellung des Novellenbandes nach, das Panorama der Gesellschaft, der Chronist der Zeit, der Skizzenautor. Hierin ist der Roman, der vollständig überliefert ist, aber bis heute nicht zu Horváths Werken gerechnet wird, auch modern. (Man denke etwa an die narrative Grundstruktur von Joyces *Ulysses*: Leopold Bloom trifft Stephen Daedalus und viele andere Figuren Dublins.)

Auch mit einigen der wichtigsten Gemälde seiner Zeit, von Otto Dix, Christian Schad, George Grosz, die ein Sittenbild der Zeit entwarfen, traf sich Horváths kurzer Roman stilistisch. An diesem Punkt war Horváth eindeutig ein Schriftsteller der Neuen Sachlichkeit. Damit kam der Münchner auch in Berlin an. Damit schrieb er, wie in München niemand schrieb, hart, objektiv, forschend, mit weit geöffneten Augen. Hier traf er sich mit dem Kölner Fotografen August Sander und dessen Idee von einem Atlas der Menschen des 20. Jahrhunderts.

Frau Pollinger sagt in *36 Stunden*: »Wenn der Mensch im Leben erreicht, dass er in einem Auto fahren kann, da hat er schon sehr viel erreicht.«[22] Der Roman ist durchzogen von Horváths Ernüchterung über die Liebe. Außerdem ist es ein Buch im Passiv: die Figuren erleiden, was mit ihnen geschieht. Ein Fräulein wird bekehrt, wahlweise wird Fräulein Pollinger praktisch, Herr Reithofer wird selbstlos. »Herr Reithofer wird selbstlos« legte Horváth im April 1929 zunächst auch als neuen Titel fest, bevor es dann *Der ewige Spießer* wurde.[23]

München, Löwenbräukeller, 29. November 1929

Ende des Jahres, am 29. November, fasste Hitler im Löwenbräukeller seine Auffassung zur Kunst zusammen: »Daher werden wir in allen Fragen der Kunst von Vorneherein klare Stellung nehmen. Was wir nicht verstehen können, weil es uns fremd ist, das brauchen wir nicht zu verstehen, das wollen wir auch nicht verstehen. Wenn mir der kubistische oder dadaistische Maler sagt: Versenken Sie sich in das Bild, es stellt die Unordnung und den Uräther dar – dann sage ich dem Maler: Willst du malen, dann will ich mit den Augen sehen, willst du philosophieren, dann will ich mit dem Gehirn dir folgen, willst du aber, daß ich Unverständliches durch unverständliches Denken begreifen soll, dann gehe zum Teufel, deine Kunst brauchen wir nicht und wollen wir nicht. Wir wollen unserem Volk keine Kunst geben, die dem gesunden Menschenverstand einfach unverständlich ist. Wir haben die Verwegenheit zu sagen, daß wir einmal diesen Augiasstall ausmisten werden, so oder so. Und wendet man ein: dann kann auch Gutes mitgehen, so sagen wir: Im Krieg sind stets auch Gute erschossen worden! Es ist keine Frage für uns, ob man Reinhardt-Festspiele bewilligen soll oder nicht. Nein, fremdes Gift bleibe von unserem Volke fern.«[24]

Tempo (Bild der Frau V)

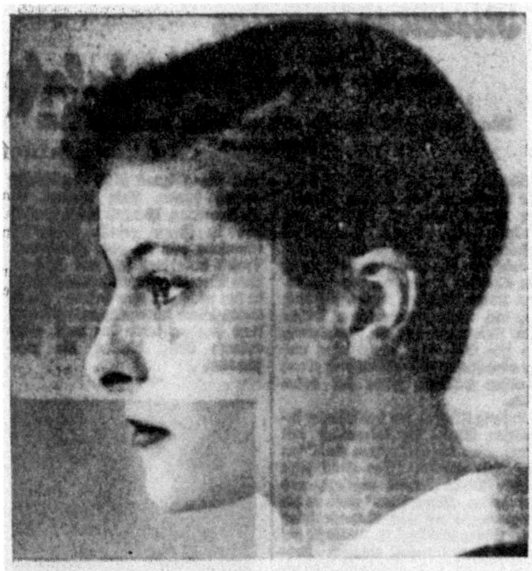

Das Gesicht der kommenden Generation
Marianne Hoppe von den Reinhardt-Bühnen

Marianne Hoppe fiel immer mehr auf, man sprach über sie. *Tempo* veröffentlichte am 19. 10. 1929 als winziges, aber eigenständiges Bildelement und ohne weiteren Anlass diese Profilaufnahme. Die Bildunterschrift lautete: »Das Gesicht der kommenden Generation. Marianne Hoppe von den Reinhardt-Bühnen.«

Fünf Monate später veröffentlichte *Tempo* das gleiche Bild (25. April 1930) und schrieb dazu, Marianne Hoppe verkörpere das modernste Mädchentum: »Anmutig – und so sicher: die neue Sachlichkeit auf dem Kulminationspunkt«. *Tempo* hatte damit den Nagel auf den Kopf getroffen: Kein Gesicht der Zeit verkörperte das, was mit Neue Sachlichkeit gemeint war, so deutlich wie das von Marianne Hoppe.

Sie war selbstständig geworden. Sie verkörperte die Zeit und sie war, eigenartiger Antagonismus, sie selbst geworden. Man meint es selbst auf diesem winzigen Bild in schlechter Qualität zu erkennen.

Im Schauspielerberuf hatten Frauen eine unzweifelhafte Legitimation. Die Nähe zur Prostitution, der männliche Blick, der sich Frauen (und noch mehr Tänzerinnen) auf der Bühne ungestört als Sexualobjekt zurechtlegen konnte, das war zu dieser Zeit, wenigstens partiell, vorbei. Hier in Berlin wurden neue Bilder von Männern und Frauen »geschrieben«, und Marianne Hoppe war dabei.

Berlin

In den frühen Arbeiten Horváths ist Murnau überall präsent. Er fühlte sich hier wohl, aber – es war ihm wohl auch von Anfang an zu eng und zu klein. Im Murnau des *Wochenendspiels* (und der *Italienischen Nacht*), unterhalten sich Anna und Martin. Weißt du, was die Genossen sagen, fragt sie ihn. – Darauf er: Was? – Dass du eine Zukunft hast. – Er zuckt die Schulter: Sie kennen mich halt. Ich müsst aber fort. In irgendeine Metropole. Anna: Ich hab auch das Gefühl, dass man auf dich wartet.[25]

Der kleine Dialog stammt wohl aus dem Jahr 1929. Da wurde aus Horváths Gefühl ein Entschluss. Ebenfalls aus diesem Jahr stammt das zu Lebzeiten unveröffentlichte Manuskript *Flucht aus der Stille oder das Werden eines neuen gesellschaftlichen Bewusstseins*. Er schrieb: »Wenn ich die Frage beantworten soll, warum ich dem Lande den Rücken gekehrt habe und in die Stadt gezogen bin, so muss ich gestehen, daß ich diese Antwort sogleich nur oberflächlich formulieren kann, ungefähr so: In der Großstadt habe ich mehr Eindrücke, sehe ich mehr und wichtigeres für unsere Zeit als auf dem Lande.«[26]

Die Zeit der Neuorientierung hatte begonnen, auch Horváth richtete sich nun an Berlin aus. Er begann, eine Kategorie größer zu denken. Er wollte nicht nur das Dorf und die oberbayerischen Menschen, er wollte auch seine Zeit und ihre Wandlungen erfassen. »Du lebst auf dem Lande in der sozialen Schicht, die untergeht.«[27]

Wobei man deutlich sagen muss, bis einschließlich 1933 hat Horváth Murnau überhaupt nicht aufgegeben, er verbrachte hier die meiste Zeit. Murnau blieb der eine, wahrscheinlich auch wichtigste Ort seines Lebens. Hier konnte er günstig leben, hier konnte er gut und konzentriert arbeiten, hier waren ihm die Menschen und die Umgebung vertraut, hier konnte er sich entspannen. Aber die Musik, wenn man so sagen darf, spielte für ihn nun anderswo.

Gleich nach *Der Flucht aus der Stille* schrieb er einen anderen, verwandten Text, in dem ist die Perspektive bereits umgedreht. Man spaziert durch Berlin, ein Bekannter fragt jetzt: »Warum haben Sie eigentlich ihrem herrlich idyllischen Dorfleben den Rücken gekehrt und sind hierher nach Berlin gezogen?«

Es war die Zeit von Horváths Vertrag mit dem Berliner Ullstein Verlag, der ihm ein monatliches Fixum von 300,– Mark (fast dreimal so viel wie Frau Pollinger verdiente) und dann 500,– Mark garantierte, es war die Zeit, als die Metropole ihm eine ökonomische Perspektive bot, es war die Zeit, als man in Berlin sein musste, um die Kontakte zu knüpfen, die man brauchte. Horváth wurde nun ein Schriftsteller zwischen Bayern und Berlin.

1930–1932

Bild der Frau (VI)

Auf diesem Bild wirkt sie sehr jungenhaft, durch die Frisur und den Blick. Im Hintergrund hängt eine Europa-Karte, im Vordergrund befindet sich ein Globus. Auf dem Tisch liegen eine weitere Karte und ein Zirkel. Ohne Zweifel ist das überinszeniert. Will da jemand zeigen, dass Marianne Hoppe gerade die Welt erobert?

Am 26. Mai 1930 ist Marianne Hoppes erste Berlin-Phase vorbei, sie spielte ihre vorerst letzte Berliner Rolle. In den Kammerspielen lief sehr erfolgreich das Boulevardstück *Die liebe Feindin.* Hoppe war für diese Aufführung, inszeniert von Gustaf Gründgens, ursprünglich in der Rolle einer Tochter vorgesehen gewesen. Aber Gründgens setzte schließlich Erika Mann statt Hoppe ein, sie waren verheiratet gewesen, und Erika

Mann wollte gerade Schauspielerin werden. Etwa drei Wochen nach der Premiere aber wollte sie lieber mit ihrem Bruder Klaus in Afrika eine Autotour machen. Und so kam Marianne Hoppe doch noch zu der Rolle.

Die Übernahmeproben machte nicht Gründgens, er nahm die Rolle nur mit einem trockenen »Danke, ist gut, was Sie da machen.« ab.[1]

Das war's. Marianne Hoppe hatte sich entschieden, nach Frankfurt zu gehen. Sie hatte dort ein Engagement am Neuen Theater bekommen.

Gas

Kobler, der Held aus dem Roman *Der ewige Spießer*, trifft in der Münchner Schellingstraße auf einen Bekannten mit dem schönen Namen Kakuschke. Gemeinsam haben die beiden schon eine mittlere Betrugsgeschichte durchgezogen. Nebenbei ist Kakuschke ein erfolgloser Architekt. »Um die Jahrhundertwende«, schrieb Horváth, »hatte er eine pikante Französin aus Metz geheiratet, die aber nach dem Weltkrieg so bedenklich in die Breite zu gehen begann, daß er anfing sich vor der romanischen Rasse zu ekeln.«[2]

Jetzt, als sie sich in der Schellingstraße treffen, hat Kobler sein Auto für 600 Mark verkauft und Kakuschke riecht eine Gelegenheit. Er rät dem Kobler, sein neu gewonnenes Geld gleich zu investieren. Es handele sich nicht nur um eine bahnbrechende Erfindung, sondern auch noch um eine vaterländische Tat. Kobler ist misstrauisch, er will sich von Kakuschke nicht übers Ohr hauen lassen.

»Kobler dachte: ›Hier dreht es sich um einen großen Haufen Dreck, du blödes Luder!‹ Kakuschke aber fuhr fort: ›Der Erfinder hat nämlich ein neues Gas erfunden, ein Giftgas. Man muss nur gewissermaßen auf einen Knopf drücken und schon ist alles ringsum vergast, daß auf dreihundert Jahre ringsum nichts mehr wächst. Das ist doch eine fabelhafte Erfindung, besonders für uns Deutsche!‹

›Besonders für dich!‹, dachte Kobler. ›Das tät dir so passen, wenn ich jetzt plötzlich verrückt werden tät und dir meine sechshundert nachwerfen tät und mich dann selber vergasen tät mit deinem Gas, Saukopf miserabler!‹ Kakuschke aber fuhr fort: ›Der Erfinder ist ein mir persönlich bekannter junger Mann, ein genialer Schachspieler. Und dabei erst fünfzehn Jahre alt, also eigentlich ein Wunderkind. Und sehr altklug. So denkt er den ganzen Tag nur an Gas. Er hat nichts im Kopf als wie Gas und Gas und wieder Gas. Er ist mit der Seele bei seinem Gas – es dreht sich nur noch um eine Kleinigkeit an dem Knopfsystem, damit die Vergasung total zufriedenstellend funktioniert.‹ Kobler dachte: ›Das ist zuviel! So dumm bin ich gar nicht, du arrogantes Schwein!‹ – Kakuschke aber fuhr nicht fort, sondern hielt plötzlich mit einem Ruck.

›Oder glauben Sie denn, daß das so weitergeht?‹, rief er aus. (›Geh halt weiter!‹ dachte Kobler.) ›Ja glauben Sie denn nicht, daß wir einem neuen Weltenbrand entgegentaumeln?!‹«

So selbstendzündet redet Kakuschke sich dann in einen Rausch (der an Hitler erinnert). Er zählt Krisenherde der damaligen Welt auf, wirft ganz erregt fremde Worte wie Brandbomben um sich, Afghanistan, Amanullah und Habibullah, Sinojew und Angora, und so weiter, bis er wieder bei den Franzosen anlangt:

»›Jeder Franzose und jede Französin gehören vergast. Ich mach auch vor den Weibern nicht halt, ich nicht! Oder glauben Sie gar an Paneuropa?!‹

›Ich hab jetzt keine Zeit für Ihre Blödheiten‹, sagte der Kobler höflich und ließ den Kakuschke stehen. –

Er ging nun wieder allein die Schellingstraße hinab und beschäftigte sich bis zur übernächsten Ecke mit weltpolitischen Problemen.

›Mein lieber Kobler‹, sagte er sich, ›dieser aufgestellte Mausdreck Kakuschke, dieses heruntergekommene Subjekt, ist ein nationaler Idealist, ein Idiot, ein Hitler, ein Gefühlspolitiker, ein Fanatiker, und das hat alles keinen Sinn. …‹«

Diese Passage, während der Arbeit als Entwurf auf einige Blätter geworfen und so überliefert, taucht dann in Druckform am Ende des ersten Teils von *Herr Kobler wird Paneuropäer* aus dem Roman *Der ewige Spießer* wieder auf. Nur dass es jetzt keinen Kakuschke mehr gibt und jetzt nicht mehr vom Gas die Rede ist, sondern nur mehr von Paneuropa und dem kommenden Weltenbrand, dem der europäische Kontinent entgegentaumle.[3]

Horváth hatte also, im Drauflosschreiben, ebenso entsetzliche wie visionäre Gedanken, die später – aus welchen Gründen auch immer – nicht in seinen ersten Roman übernommen wurden. Er hat diesen Text wahrscheinlich 1930 geschrieben, etwa ein Jahrzehnt vor den ersten Tötungen in den Gaskammern der Nationalsozialisten. Man muss sich aber deswegen nicht über Horváths visionäre Phantasie wundern. Giftgas war ja bereits im Ersten Weltkrieg als Kampfstoff verwendet worden. Der sich durch den Text drängende Zusammenhang mit Hitler ist dagegen erstaunlich. Hier treffen sich der Fanatismus des »Gefühlspolitikers« und das unterdrückte Ressentiment von Kakuschke, eine Paarung, die tatsächlich lange zusammenpasste und zusammengehalten hat.

Berlin, Sportpalast, 10. September 1930

Hitler hatte im Wahlkampf in vielen deutschen Städten Reden gehalten. Er war ziemlich erschöpft, als er am 10. September, vier Tage vor der Wahl, im Berliner Sportpalast sprechen sollte. 16.000 Zuhörer waren hier auf einer NSDAP-Versammlung versammelt. Die Veranstaltung begann um 21.30 Uhr, Goebbels sprach vor Hitler eine Stunde lang. Hitlers Rede war vergleichsweise kurz. »Was wir versprechen, ist nicht materielle Besserung für einen einzelnen Stand, sondern die Mehrung der Kraft der Nation, weil nur diese den Weg zur Macht und damit zur Befreiung des ganzen Volkes weist.«[4] Er endete: »Andere Parteien kämpfen für ihre Mandate, wir kämpfen für unser Volk.«[5] Eine zweite Rede, die für den Abend geplant war, musste Hitler aus Erschöpfung absagen.

Die folgende Wahl kam einem Erdbeben gleich. Die NSDAP verbesserte sich von 2,6 auf 18,3 Prozent, die SPD verlor 5,3 auf 24,5 Prozent. Damit war sie zwar immer noch stärkste Partei, aber die NSDAP war nun die zweitstärkste parlamentarische Kraft in Deutschland. Bei der Eröffnungssitzung des neuen Parlaments im Reichstag am 13. Oktober erschienen die Abgeordneten der NSDAP in Braunhemd und mit Hakenkreuzbinde.

Harry Graf Kessler, einer der genauesten Beobachter der Politik der Zwischenkriegszeit, notierte damals: »Den ganzen Nachmittag u Abend grosse Nazi Massen, die demonstrierten u am Nachmittag in der Leipziger Strasse die Fensterscheiben der Warenhäuser Wertheim, Grünfeld usw. einschlugen. Abends auf dem Potsdamer Platz Ansammlungen, die »Deutschland erwache«, »Juda verrecke« und »Heil, Heil« riefen u fortwährend von Schupo, die auf Lastwagen u zu Pferde patrouillierte, auseinander getrieben wurden.«[6]

Bild der Frau (VII)

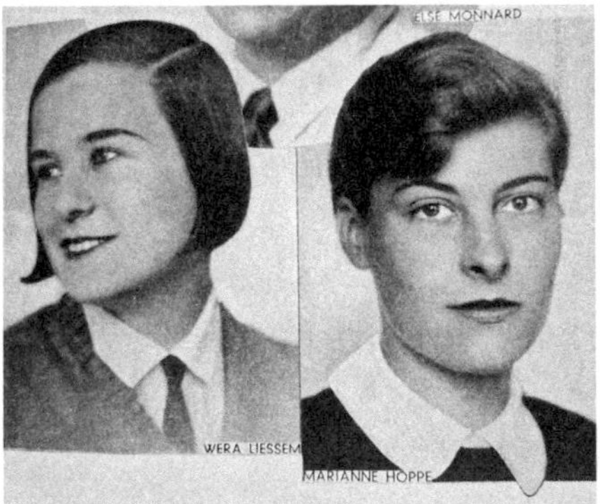

Marianne Hoppe ist tatsächlich in Frankfurt. Das erste offizielle Bild von ihr als Schauspielerin findet sich im *Frankfurter Theateralmanach* 1930/31.[7]

Wieder ist sie mit einem weißen Kragen abgebildet. Wieder wirkt sie sehr aufgeräumt, das kurze Haar sauber gekämmt, die Ohren frei, kein Lächeln kommt über ihre Lippen, der Blick ist klar, direkt und offen.

Neben ihrem Foto findet sich das der Schauspielerin Wera Liessem. Mit Hemd, schmaler Krawatte und Herren-Woll-Pullunder hat auch sie etwas Androgynes. Trotzdem wirkt sie vollkommen anders als Hoppe. Mit sehr glatten, kinnlangen Haaren, einem freundlichen Lächeln und schmalen Lippen, einem nicht ausdrucksstarken, eher zufälligen Blick fällt bei ihr vor allem das ziemlich runde Gesicht auf. Das wird durch die eng an den Kopf frisierten Haare unterstrichen.

Horváth wird beiden begegnen: Hoppe Anfang 1933 und Ende 1934 Wera Liessem.

Auf einer anderen Seite des *Frankfurter Theateralmanachs* findet sich ein Bild der Schauspielerin und Regisseurin Lydia Busch, auch sie leise lächelnd. Sie trägt, im Stil der Zeit, einen Hut, der wie ein um den Kopf gewickeltes Tuch wirkt, eine kleine Haarsträhne schaut hervor. Auch sie ist modern, aber ebenfalls vollkommen anders als Marianne Hoppe. Hält man die beiden Bilder von Liessem und Busch neben Hoppes schmales Gesicht, wirken sie ein wenig gewöhnlich, traditionell weiblich und weich. Süßlich könnte man sogar sagen.

Liessem wird 1935 Ödön von Horváths Freundin werden und wird es bis zu dessen Tod 1938 bleiben. Als sie für den Theateralmanach fotografiert wurden, hatten wahrscheinlich weder Liessem noch Hoppe etwas von Horváth gehört. Auch mit Lydia Busch wird Horváth ein Verhältnis haben, als er sie Anfang 1938 in Teplitz besucht. So waren damals am Neuen Theater in Frankfurt am Main drei Frauen, drei Schauspielerinnen versammelt, die in Ödön von Horváths Leben eine wichtige Rolle spielen werden.

Sogar in einer Inszenierung von Lydia Busch am Neuen Theater trat Marianne Hoppe auf, 1930 inszenierte sie mit ihr die Komödie *Der Fratz*, mit großem Erfolg. »Sie hatte Gelegenheit, in der nettesten Weise eine Menge dummes Zeug zu reden, Perlen aus einer Aphorismensammlung, die sie bei den unpassendsten Gelegenheiten mit starrem Ernst von sich gibt. Sehr hübsch, wie sie allmählich lernt zu kokettieren, …«[8]

Marianne Hoppe war nicht ohne Grund von Berlin nach Frankfurt ans Neue Theater gegangen. Hier würde sie, was für junge Schauspieler wichtig ist: spielen, spielen, spielen. Es waren gut dreißig Rollen in zwei Spielzeiten. Das Neue Theater war ein wichtiges Privattheater im Frankfurter Bahnhofsviertel, 1911 von Arthur Hellmer gegründet und überwiegend von ihm geleitet. Es stand in permanenter und herausfordernder Konkurrenz zum Stadttheater. Zwei Spielstätten gab es im Neuen Theater, das 1911 eröffnete, repräsentative Haupthaus in der Mainzer Landstraße und das kleinere Orpheum in der Nähe der Konstabler Wache.

In der Frankfurter Theatergeschichte wird die Zeit, als Marianne Hoppe am Neuen Theater war, als Zeit des Unterhaltungstheaters betrachtet.[9] Eine Entwicklung, die nicht nur hier, sondern wegen der finanziellen Krise der Theater fast überall in Deutschland stattgefunden hatte. Aber das Neue Theater hatte zuvor, nach Hellmers Rückkehr aus Berlin, nach der Verpflichtung von Max Ophüls (vom Burgtheater) als Oberspielleiter und mit Theo Lingen als Schauspieler einen Qualitätsschub erlebt und für neue Aufmerksamkeit gesorgt. Die Zweitaufführung von Brechts *Dreigroschenoper* war zwei Wochen nach dem Schiffbauerdamm hier herausgekommen. Das Neue Theater war eines der führenden Privattheater Deutschlands, diese Kraft hatte sich weitgehend verbraucht, gleichzeitig erlebte es ein kleines Zwischenhoch. Aber gerade ging hier, wie anderswo, eine letzte Blüte der neuen Dramatik zu Ende.

1933, soviel Vorausblick muss sein, als der Jude Arthur Hellmer sehr schnell ins Visier der Nazis geriet, hatte Marianne Hoppe das Theater bereits verlassen.

Ortega y Gasset 1930 (Masse VII)

Der Spanier José Ortega y Gasset veröffentlichte nach mehreren Deutschlandreisen 1930 *Der Aufstand der Massen*. Er beschrieb darin große Veränderungen und Umwälzungen. Platz etwa, bisher kein Thema, sei in überfüllten Städten nun für jeden Einzelnen zum Problem geworden. Gleichzeitig gebe es in der Gegenwart Lebensmöglichkeiten, die früher ausschließlich den Wenigen vorbehalten waren, die jetzt den Massen offen stünden. Diese Massen aber lehnten sich gegen die Eliten auf und verweigerten ihnen »Gehorsam, Gefolgschaft, Respekt«.

Ortega y Gasset ging davon aus, dass in einem geordneten Gemeinwesen die Masse nicht von sich aus handelt. Das genau habe sich geändert. Nun drohe der Aufstand der Massen, von dem er nichts Gutes erwartete. »Wenn die Masse auf eine Art selbständig handelt, tut sie es nur auf eine Art: sie lyncht.«[10] Da wird, zumindest in der Wahrnehmung des Autors, die Masse endgültig ein eigenständiger Akteur mit eigenem Willen. Dass dieser Willen immer negativ ist, hier ein Lynchmob, ist eine andere Geschichte.

Ortega erwartete etwas Neues, das er fürchtete. »Und Barbarei ist es, geben wir uns keinen Täuschungen hin, die dank der zunehmenden Aufsässigkeit der Massen in Europa anzubrechen droht.«[11] Der Massemensch war für Ortega ein neuer Typus, ein Mensch, der sich zum ersten Mal darin gefiel, nicht besser zu sein als sein Nachbar. Der Mensch in der Masse wollte nichts Besonderes sein. »Unter den Marken des Syndikalismus und Faschismus erscheint zum ersten Mal in Europa ein Menschentypus, der darauf verzichtet, Gründe anzugeben und Recht zu haben, der sich schlechtweg entschlossen zeigt, seine Meinung durchzusetzen. Das ist neu: das Recht darauf, nicht Recht zu haben, Grundlosigkeit als Grund.«[12]

So schwankte Ortega zwischen der Betrachtung der Masse, die ihm wie eine neue Person erschien, und der Anschauung einzelner Personen, die sich zur Masse formierten.

Elias Canetti hatte damals begonnen, sich ausgedehnte Notizen zu machen. Canetti näherte sich weiter der Masse an, aber noch lag das Massebuch, das er sich vorgenommen hatte, in weiter Ferne. Er war hartnäckig. »Ich brauche ein tägliches Quantum an Gesichtern, die mir unbekannt sind«, stellte er fest. Er fragte sich, ob die Herrschaft der Masse ein Zeichen der Neuzeit sei. Oder er fragte sich, ob Massen Mitleid empfinden können.[13]

Canetti schien die Masse noch direkter wahrnehmen zu können als Ortega, wie wenn sie für ihn ein lebendiges Gegenüber wäre. Er sah die Masse auch nicht so negativ wie Ortega. Canetti war in seinen Überlegungen durchaus subtil.

Die Masse wurde eine überlebensgroße Figur mit eigenem Leben, darin erinnerte sie an Hobbes' *Leviathan*. Horváth beschrieb immer wieder Bilder von überlebensgroßen phantasmatischen Figuren. Sie hatten etwas Expressionistisches. Er sah einen Gott, der aus der Ferne auf Europa und seinen Untergang blickte, er sah die gewaltigen Figuren, die hinter den sexuellen Versuchungen etwa von Seraphine Hinterteil standen, er sah das Gas, das überall sein konnte, und das alles bedrohte.

Murnauer Saalschlacht, 1. Februar 1931

Die SPD hatte zu einer öffentlichen Veranstaltung in die Gaststätte Kirchmeir geladen, in der auch der Landtags-Vizepräsident Erhard Auer sprechen sollte. Thema: Demokratie und Diktatur. Zwei Tage zuvor verabredeten einige Nazis die Versammlung zu sprengen, was auch geschah. Es gab eine ordentliche Schlägerei, 26 Personen wurden verletzt. Im Juli kam es deswegen zu einer Gerichtsverhandlung vor dem Amtsgericht Weilheim gegen 33 Personen, davon 26 Nationalsozialisten. Darunter waren einige Murnauer, die Horváth kannte. Er war bei der Veranstaltung dabei gewesen.

Am dritten Verhandlungstag, 22. Juli, machte Horváth seine Aussage als Zeuge. Darüber berichtete die Münchner Post: »Ich war, führte der Zeuge aus, um 1 Uhr 14 am Bahnhof, wohin ich Bekannte begleitet hatte. Vom Bahnhof ging ich direkt zur Versammlung. Ich gehöre keiner Partei an. Auf dem Bahnhof sah ich, daß 60–70 Leute zusammen ausstiegen und gemeinsam ins Versammlungslokal gingen. Am Bahnhof sah ich im Wartesaal den Engelbrecht stehen, der hinter einer Glastür die Ankommenden beobachtete. Ich wunderte mich, daß er bei dem schönen Wetter nicht heraußen stand. Bei Kirchmeir war der hintere Teil des Saales ganz gefüllt mit den jungen Leuten, die am Bahnhof angekommen waren. Ich wußte aber damals noch nicht, daß es Nationalsozialisten sind. An meinem Tisch saßen Reichsbannerleute. Ich hielt die uns umgebenden zahlreichen jungen Leute für Sozialdemokraten und sagte zu den Reichsbannerleuten, ihre Genossen sollten doch den Platz für die Murnauer freimachen. Darauf wurde mir erwidert, daß das lauter Nationalsozialisten sind und daß beabsichtigt sei, die Versammlung zu sprengen. Unterdessen kam Engelbrecht herein. Nach Auers Rede folgte eine Pause und dann sprach Engelbrecht. In meiner Umgebung war bis dahin eine ganz gemütliche Stimmung. Die Bemerkung des Engelbrecht über die Sklarek-Joppen empfand ich als provozierend. Es folgte dann das Heil auf Hitler und gleich darauf wurde ein Lied gesungen, wobei eine große Anzahl der im Saale Anwesenden die Hände erhob. Ich war ganz umringt von Leuten, die die Hand erhoben, und erkannte jetzt erst, daß das lauter Nationalsozialisten waren. Die Nationalsozialisten waren absolut in der Überzahl. An der Klavier- und Fensterseite hatten die meisten die Hand hochgehalten. Gleich darauf folgte der erste Wurf. Dieser war abgezielt auf einen Tisch, an dem Reichsbannerleute saßen. Der Krug flog unmittelbar an meinem Kopf vorbei. Er war aus nächster Nähe geworfen. Als die Nationalsozialisten die Hände erhoben, wurde uns von sechs bis sieben Seiten gleichzeitig zugerufen: ›Hände hoch!‹ Jetzt war mir klar, daß die Versammlung gesprengt werden sollte. Ich wunderte mich, daß die Reichsbannerleute auf die Provokationen so ruhig blieben. Auf mich ging ein Nationalsozialist, den ich wegen seiner Bemerkungen zu den Reden unbedingt als solchen erkannte, zu, und bedrohte mich mit einem erhobenen Stuhlbein. Als ich ihn zur Rede stellte, drehte er sich um, und schlug das Stuhlbein einem anderen hinauf. Das Werfen des Bierglases war der erste Teil der Schlägerei. Ich hatte den Eindruck, daß eine verabredete Versammlungssprengung vorlag. Das Reichsbanner hielt bis zum Schluß Disziplin. Bei den Reichsbannerleuten habe ich Gummiknüppel oder andere Waffen nirgends gesehen. Die Reichsbannerleute an meinem Tisch haben nur die angreifenden Nationalsozialisten abgewehrt. Besonders der Saalschutz wurde aus der Ecke von einer geschlossen vorgehenden Truppe von Nationalsozialisten angegriffen. Oberwasser hatten im ersten Moment die in der Überzahl befindlichen Nationalsozialisten, schließlich aber das Reichsbanner. Die ganze Schlägerei hat nur wenige Minuten gedauert.«

Der Prozess endete mit dem Freispruch fast aller Nazis, die anderen gingen – erfolgreich – in Berufung.[14]

7. April 1931, München

Bei der NSDAP-Versammlung um 20 Uhr im vollkommen überfüllten Circus Krone hielt Hitler eine Rede, über die der *Völkische Beobachter* unter dem Titel »Unsere Nerven sind stärker als Stahl« berichtete.

Der Redner begann: »Das Requisit, mit dem die Sozialdemokratie die Massen bezwang, ist geistiger und körperlicher Terror und heißt Gewalt. Man schlage dieser Partei die Gewalt aus der Faust, und sie bricht in sich zusammen.«[15]

Später führte er aus: »Wenn Deutschland sich heute in einer so traurigen Lage befindet, dann nur deshalb, weil dieses Regiment der Mitte jede endgültige Kraftentscheidung verhindert hat, sowohl im einen als auch im anderen Sinn. Der Kampf zwischen Bolschewismus und Nationalsozialismus wäre sonst schon lange entschieden. Glauben Sie aber, daß, wenn wir Nationalsozialisten in diesem Kampfe einst Sieger sein werden, unsere Regierung dann um eine nationale Unterstützung ihrer Politik nach außen wird betteln gehen müssen? Nein! 3 Jahre nationalsozialistisches Regiment, und hinter unsere nationale Politik tritt dann wieder eine deutsche Nation. Man kann weder auf dem Wege von Verordnungen die natürliche Entwicklung, die zur Entscheidung drängt, verhindern, noch kann man durch sie die Folgen der augenblicklichen Lähmung der deutschen Kraft beseitigen. Auch außenpolitische Scheinerfolge können auf Dauer kein Regiment stützen, das innerlich geistig mit diesen Erfolgen nicht verbunden ist. So haben wir heute in uns alle ein Gefühl: Es drängt in Deutschland alles zur Entscheidung hin! Es kann so nicht ewig weitergehen! Jeder einzelne fühlt es: In unserem Volke ballen sich heute die Kräfte zum entscheidenden Ringen zusammen, und nach irgendeiner Seite hin fällt der Sieg. Dann erst wird die Fahne hochgezogen, die Deutschland heißt und in sich die deutsche Zukunft birgt, entweder im schlimmen oder im guten Sinne des Wortes. Wir Nationalsozialisten aber haben die Überzeugung, daß in dem großen Ringen, das kommt, wir die Sieger bleiben werden. … Unser Weg zum Sieg für die Führung einer großen Millionenbewegung, die in schärfstem Marsche ihrem Ziele zugeht, erwächst damit aber die Pflicht zu überlegen und Einsicht alle Möglichkeiten abzuwägen. Die Verantwortung, die wir tragen nach einem zwölfjährigen Kampf, ist ungeheuer, und wir werden dieser Verantwortung gerecht. Es wird uns nichts zu erschüttern vermögen. Wir werden in eisiger Kühle die Millionenbewegung dem Tag entgegenführen, der sie mit Notwendigkeit, ja mit zwangsläufiger Sicherheit zum endgültigen Siege bringt. Der Gegner will, daß wir die Nerven verlieren. Wir aber zeigen ihm, daß unsere Nerven stärker sind als Stahl!«[16]

Nicht der Stahl, der bis heute sprichwörtlich ist, sondern die Identifikation mit der Masse, die Hitler »Millionenbewegung« nennt und die er mit »eisiger Kühle« führen will, anders würde es nicht gehen, sind das Interessante an dieser Rede.

Der Biberpelz

Frankfurt, April 1931: Nun, zum ersten Mal, ein Rollenfoto. Das Stück ist *Der Biberpelz* von Gerhart Hauptmann. Sie kann also auch proletarisch, wie man sieht, sie kann naiv, sie kann ostentativ nach oben schauen. *Der Biberpelz* war eine der wichtigsten Aufführungen von Marianne Hoppe in der ersten Frankfurter Spielzeit, neben *Die Fee* von Ferenc Molnár und *Minna von Barnhelm*. Lessings Komödie spielte sie mit einer anderen großen Schauspielerin: Neben Käthe Dorsch als Minna war Hoppe die Franziska.

Und wer sitzt da eigentlich auf diesem Foto neben ihr? Nein, das ist nicht Therese Giehse! Das ist Anny Reiter.

Vor *Der Biberpelz* hatte Marianne Hoppe schon etliche Rollen in Frankfurt gespielt. *Das Konto X, Freudiges Ereignis, Gott, Krieg und Vaterland, Der Fratz* – eine Rolle nach der anderen. Bernhard Diebold, ein Bekannter Ödön von Horváths, Theaterkritiker bei der *Frankfurter Zeitung*, wo er zusammen mit Siegfried Kracauer arbeitete, hatte nach der allerersten Premiere, *Die Prinzessin und der Eintänzer* im August 1930, von der »hübschen Marianne Hoppe« geschrieben, die eine etwas zu »laute und überspielte Naivität« habe.[17] Davon glaubt man auf dem Foto etwas zu sehen.

In dieser Premiere saß nicht nur Bernhard Diebold, sondern auch Carl Dreyfuss, der Marianne Hoppes erste feste Beziehung und – wie sie einmal sagte – wichtigster Partner wurde. Dreyfuss emigrierte 1936, die letzte Zeit lebte er bei Hoppe in Berlin. Wie sie sich kennenlernten, hat sie mehrfach erzählt: »Dreyfuss sitzt in der Premiere. Und wie der die Stimme hört, da hat der schon die Ohren gespitzt. Er war Soziologe, Jude, Erbe einer Lackfabrik, ein richtiger homme à femme, sehr erfahren. Er hat so seine Fabrik geleitet und war so eine Art Privatgelehrter, schrieb auch Prosa. Er hatte einen großen Reiz, das lässt sich nicht leugnen. Jedenfalls, ich kannte ihn ja noch nicht. Und nach der Premiere gehe ich mit ein, zwei Leuten in die Bar, na, da unten, bei Jonny, im Hessischen Hof. Und da sitzt er in der Ecke und hat wunderschöne blaue Augen. Und ich bin damals, wie gesagt, auch recht reizvoll. Und da ist man dann ja auch ganz unternehmungslustig. Ich gehe also auf ihn zu und sage, sind Sie nicht der und der … Ich habe ihn für einen Dramaturgen gehalten. Nein, sagt er. Und so lerne ich ihn dann kennen.«[18]

Durch Dreyfuss machte sie die Bekanntschaft von Theodor W. Adorno und Max Horkheimer, die sie beeindruckt haben. »Die Jungs waren ja ganz fix und witzig. Da habe ich zum ersten Mal verstanden, was Intellektuelle sind und daß sie wirklich große Geister einfach sind, ohne jede Prätention.«[19] Sie habe ihnen vor allem zugehört, wie sie mit Gedanken spielten, sie habe hier denken gelernt.[20] In Frankfurt habe sie lesen gelernt, hier habe sie auch das gefunden, was sie später »Imprägnierung« nannte. Sie meinte damit Widerstandskraft gegenüber den Nationalsozialisten.

Wie bereits gesagt, sie spielte in mehr als dreißig Aufführungen in zwei Spielzeiten, eine enorme Kraftanstrengung. Sie selbst sagte über die Frankfurter Zeit: »Ich bin meinem Schicksal dankbar, kann ich fast sagen, dass ich dies wirklich durchexerziert habe. Das ist alles, was junge Schauspieler sich wünschen und was heute fast gar nicht mehr so drin ist: dass man nämlich wirklich einfach nur eingesetzt wird. Hellmer brauchte jemanden, der das irgendwie verkraftet, und ich war Gott sei Dank in der Lage, es irgendwie zu können. Und da konnte ich auch schon in sehr frühen Jahren die Art meiner Begabung ausprobieren. Das klingt jetzt sehr unbescheiden, aber das muss ich loswerden. Denn dieses Gefühl von Grenzen habe ich da überhaupt nicht gehabt – musste ich nicht haben, weil es so aussah, dass ich mich nach jeder Ecke entwickeln konnte.«[21]

Das aber war nicht alles. Zusätzlich spielte sie noch in einem Kabarett, es hieß Porza und war in einem Hinterhof in der Nähe des Römer. Die Vorstellungen waren nachts, die Schauspieler vom Schauspielhaus und Neuen Theater kamen nach ihren Abendvorstellungen, um hier ein zweites Mal für 25 Mark zu spielen. Es war klein, nicht sehr fein, die Tische waren mit Papier gedeckt.

Der Theaterkritiker Siegfried Melchinger hat Marianne Hoppe dort mehrfach erlebt, wie sie zwischen den Tischen Chansons sang. »Es war, als ritte sie der Teufel. Nie hatten wir sie so ausgelassen gesehen. Sie war frech und scharf, sie fegte den letzten Rest von Zimperlichkeit aus dem Saal. Sie zeigte ein Temperament, das unsere Meinung von ihr Lügen strafte. Wo war da noch Kühle? Was ist überhaupt Kühle, wenn sie sich um Mitternacht derart anheizen lässt? … Sie verhöhnte das Schwüle, die Prüderie und den Spießbürger mit blitzenden Augen und strahlendem Lachen.«[22]

Marianne Hoppe wollte keinen Typus verkörpern. Sie wollte nicht eine Figur werden, mit der sie sich präsentierte. Sie wollte sich ausprobieren und sie tat es. »Schon damals in Frankfurt. Da fragte man sich nicht, was für ein Typ bist du. Dazu hatte man gar keine Zeit. Vorbilder hatte ich sowieso keine. Ich war hübsch, jung, modern so mit 'm kurzen Kopp, war auch sonst ganz handlich und sehr, sehr begabt, damals. Da hat man gearbeitet. Herrlich …«[23] Das, kann man sagen, ist Marianne Hoppe.

Italienische Nacht in Wien 1931

Am 20. März 1931 war Horváths *Italienische Nacht* in Berlin uraufgeführt worden. Das Stück spielte in Murnau, mit Nazis und Wirtshausatmosphäre, eine Gesellschaftssatire aus dem Dampf der Zeit herausgeschrieben. Gerade mal knappe zwei Monate waren seit der Saalschlacht im Februar vergangen.

Am 4. Juli folgte in Wien die Österreichische Erstaufführung des Stücks. In der *Wiener Allgemeinen Zeitung* vom 7. Juli 1931 schrieb Redakteur Johannes Ilg darüber:

»Der Held dieser Zeitsatire von Ödön Horváth ist nicht ein Mensch, sondern die Masse; es ist nicht ein Drama, sondern eine Zustandsschilderung. Aus diesen beiden Einschränkungen kommen die Schwächen der *Italienischen Nacht*, die im übrigen vergleichbar ist einer ausgezeichneten Photographie, aufgenommen aus einem besonderen Winkel, mit merkwürdigen Verzerrungen und Verzeichnungen, die aber durchaus geeignet sind, die Charakteristika in der Übertreibung zu betonen. Derbe Kämpfe zwischen den Parteien einer kleinen süddeutschen Stadt, Kämpfe innerhalb einer Partei zwischen den arrivierten Lässiggewordenen und den kämpfenden Oppositionellen; aus dem Allgemeinen ins Besondere übersetzt: der Kampf um die Veranstaltung einer *Italienischen Nacht* ist der Inhalt der Satire. Dabei kommt einer so schlecht weg wie der andere.«

Der *Wiener Wald* im Deutschen Theater

Kurz vor der Uraufführung der *Geschichten aus dem Wiener Wald*, ein Stück, an dem er zwei Jahre gearbeitet hatte (länger als an jedem anderen), fuhr Horváth öfter zwischen Berlin und München hin und her. In München war der Prozess um die Murnauer Saalschlacht zwischen SPD-Anhängern und Nazis noch einmal neu aufgerollt worden, Horváth musste wieder als Zeuge aussagen. In Berlin bekam er den Kleist-Preis verliehen, den wichtigsten Literaturpreis Deutschlands.

Unterdessen liefen am Berliner Deutschen Theater die Proben zu seinen *Geschichten aus dem Wiener Wald.* Es war klar, Horváth hatte den Kleist-Preis vor allem für dieses Stück bekommen, und wenn es nun am Deutschen Theater Premiere hatte, würde jeder, wirklich jeder, schauen wollen, ob er diesen Preis verdient hatte. Jetzt ging's ums Ganze.

Es ist nichts dazu überliefert, aber man muss sich die Situation in etwa so vorstellen. Horváth hat, in einer aufgeheizten Atmosphäre, in der auch die Dramatik Teil des politischen Kampfes geworden war, den Kleist-Preis von Carl Zuckmayer bekommen, der ihn seinerseits 1925 bekommen hatte, der wie kein anderer Autor für das Volksstück stand und der Horváth seit einer Begegnung in der Volksbühne kannte.

Zuckmayer muss das Stück einige Zeit vor der Premiere gelesen haben, um Horváth den Preis geben zu können. Der Verdacht, dass hier ein abgekartetes Spiel stattfand, war naheliegend. Horváth aber beteuerte, dass er vom Kleist-Preis aus der Zeitung erfahren habe. Das ist auffällig, da er doch mit Zuckmayer persönlich bekannt war. Oder achteten die beiden tatsächlich darauf, dass hier keinerlei Vermischung von Würdigung und persönlicher Beziehung stattfand?

Unter den Zuschauern, die am 2. November 1931 zur Uraufführung kamen, waren Freunde und Bekannte Horváths, sehr viele Theaterkritiker, die prominentesten Schriftsteller-Kollegen. Wahrscheinlich dachten die meisten, die über die Schumannstraße zum Theater gingen, nicht daran, aber es war so, und eigentlich wusste es auch jeder: Sie bewegten sich hier und jetzt im Zentrum des Theaters. Hier, am Deutschen Theater, wurden die größten Bühnenschlachten geschlagen. Berlin war die Theatermetropole jener Zeit, Max Reinhardt war der wichtigste Theatermacher der Stadt und das Deutsche Theater war die wichtigste Bühne von Max Reinhardts Theaterimperium. Es ging wirklich ums Ganze.

Auf dem Platz vor dem Haus standen, trotz des Wetters, einige redende, wartende oder schauende Besucher. Zwei kleine Treppen hoch und schon stand man im hell erleuchteten Foyer. Es war, eingeklemmt zwischen DT und den Kammerspielen, viel zu klein und meistens überfüllt. In das Parkett und die Ränge passten über 1000 Zuschauer – 400 mehr als heute.

Horváth kam mit drei Kollegen, dem Schriftsteller Joseph Breitbach und den Lektoren Walter Landauer und Hermann Kesten.[24] Sowohl Landauer als auch Kesten waren nicht bei Horváths Verlag Ullstein beschäftigt, sondern arbeiteten beim Berliner Gustav Kiepenheuer Verlag.

Horváth nutzte die Premiere also, um weitere Verbindungen aufzubauen oder zu festigen.

Als sie den Zuschauerraum betraten, sahen sie Alfred Kerr, den wichtigsten unter den großen Berliner Kritikern, mit dem Rücken zur Bühne stehend, den Blick hoch erhobenen Hauptes ins Publikum gerichtet. Kerr sah aus, als wäre er es, um den es heute Abend ging. Horváth bekam schreckliche Angst. Dieser Mann mit dem kleinen, kecken Schnurrbart war bekannt für seine theaterkritischen Hinrichtungen. Bisher war er mit Horváth nicht sehr freundlich umgesprungen, und so hatte dieser wenig Grund zu der Annahme, dass sich das heute ändern würde.

Die Berliner Zuschauer waren von Kerr weniger beeindruckt, sie kannten das.

Manche unter ihnen wussten, was auf sie zukam, andere nicht. Dieser Horváth schrieb also Volksstücke, die aber anders waren als das, was man sich gemeinhin unter einem Volksstück vorstellte. Im Frühjahr hatte seine *Italienische Nacht* unter allgemeinem Beifall im Theater am Schiffbauerdamm Premiere gehabt, ein Volksstück aus einer süddeutschen Stadt, aber auch eine böse Satire auf den bayerischen Menschen.

Das Programmheft, nicht anders als der Titel des Stückes, ließ keinen Zweifel daran, dass es heute um einen anderen Ort gehen würde. Im Programm gab es Texte über den Heurigen, die Kaffeehäuser, eine Trafikantin und auch den Wiener Wald. Wo also sollte das spielen, wenn nicht in Wien? Dazu kam ein Text an eine Dame von Stande (man gab sich ja da unten immer noch aristokratisch!). Außerdem ein Stück Horváths und eines des gerade verstorbenen Wiener Großschriftstellers Arthur Schnitzler. Das Stück hieß ja auch *Geschichten aus dem Wiener Wald.* Max Reinhardt dachte angeblich schon darüber nach, die *Geschichten aus dem Wiener Wald* auch an der Josefstadt zu bringen, dem Theater im 8. Wiener Gemeindebezirk, wo er ebenfalls Direktor war – und wo Horváths Stück spielt. Wo er gewohnt hatte, als er in Wien die Matura abgelegt hatte, und auch, als er jetzt im Frühjahr und Sommer in Wien gewesen war. Aber das wusste hier und heute natürlich kaum jemand.

Als es im Deutschen Theater losging, wurde man zunächst in die Wachau entführt – Donauidyll, Burgruine, Walzerseligkeit. Schau an, der Herr Horváth! Aber es ging gleich anders weiter: ein flegeliger Enkel und eine vital-böse Großmutter beeindruckten das Publikum mit Grobheiten. Bääáh, bääáh, blökten sie sich an, als ihnen die verbalen Boshaftigkeiten ausgingen. Dann aber kam tatsächlich die Gasse im 8. Bezirk mit Tabak-Trafik, Zauberladen und Fleischhauerei. Eine Wiener Ecke, aber definitiv kein Idyll, wie sich schnell zeigen würde, sondern ein Horrorwinkel, eine Foltergasse für junge Frauen und Hochburg des bösartigen Geschlechterkrieges.

Das Stück ist heute bekannt: Ein süßes (Wiener) Mädel wird von drei Männern fertiggemacht, Ehemann in spe, Liebhaber, Vater. Diese drei Männer (es gibt noch ein paar mehr) bilden tatsächlich ein Gruselkabinett der Obszönität und Brutalität. Höhepunkt ist der Nackttanz des sich entwürdigenden süßen Mädels. Das mag schlimm sein in Wien, aber was ist in Berlin schon eine nackte Tochter auf der Bühne, fragte Alfred Kerr dann in seiner Kritik die Berliner. Bei Horváth dagegen stolpert der besoffene Vater des Mädels in das Etablissement, in dem sich seine Tochter den Gästen präsentiert, und vergeht vor Selbstmitleid.

Peter Lorre, der den Enkel bzw. Liebhaber spielte, wurde gerade berühmt, mit seinen tranigen Augen, seinem müden Blick, seinem unbeteiligten Spiel. Manche Zuschauer vermissten bei ihm das Wienerische. Das gab es dafür an anderer Stelle reichlich: Hans Moser (der auch gerade berühmt wurde) gefiel als herzloser Vater, er war weichlich und böse, damit sehr komisch, vor allem aber sehr wienerisch. »Zauberkönig« war sein Name. »Er«, gemeint ist der Wiener, »verehrt in Moser und dessen Genie der Menschenzeichnung die Renitenz eines verarmten Volkes«, hatte der österreichische Journalist Anton Kuh geschrieben.[25] Auch Paul Hörbiger als österreichischer Rittmeister, als authentische k. u. k.-Karikatur sozusagen, gewann genau mit dieser Mischung die Zuschauer. Moser und Hörbiger wurden bejubelt.

»So mies kann man gar nicht sein, dass der schmierige Wiener Charme nicht doch irgendwie charmant wär!«, sagte ein Berliner Zuschauer in der Pause.

Lucie Höflich, die Schauspielerin, war schon ein Star, war die zum Laden gehörende Trafikantin, eine verblühende, selbstständige Frau, auch hier wieder bewundert für ihre große Schauspielkunst. Geliebt aber wurde an diesem Abend vor allem Carola Neher. Für ihre zarte Zurückhaltung, die Bescheidenheit im Auftritt, die Entschiedenheit, als sie schon keine Chance mehr hatte, die Tapferkeit im Leid. Neher, alias Marianne und Tochter des Zauberkönigs, die Entehrte und Zerstörte, verzauberte das Publikum: ein wenig bubenhaft, sogar spröde, ziemlich natürlich. So sah und so liebte man sie. Auch sie war gerade dabei berühmt zu werden. Ein Bilderbuch-Fräulein.

Am Schluss gab es starken Applaus, viele Vorhänge, aber auch Buhs (die wohl nicht nur von den paar anwesenden Nazis kamen), es wurde von einem gewissen Unbehagen berichtet. Etliche Kritiken waren negativ. Klar war, das Unbehagen bezog sich nicht auf die umjubelten Schauspieler. Kerr sprach gar von »beängstigender Gipfelung im Spiel« (ob der Ausdruck seiner würdig war?). Aber Kerr feierte auch Horváth, Horváth male Österreich, Horváth entlarve Kitschlügen um Österreich.

Das war nicht die Meinung der Mehrheit. Deren Unbehagen bezog sich auf Horváth. Wenn es aus der völkischen Ecke kam, klar, dann stieß man sich an Horváths Sicht aufs Volk. Was, das soll ein Volksstück sein, schrieben sie und stürzten sich folglich auf das »von« in seinem Namen, auf den Ungarn, der Wien verunglimpfe etc. Das Volk war umkämpft, jeder reklamierte es für sich. Wenn negative Stimmen eher aus bürgerlicher oder linker Richtung kamen, fand man die Brutalität überzogen, mit der Horváth Wien zeichnete. Mancher dachte gar, Horváth würde Wien richtig hassen. Man war sich weitgehend einig: Unbedingt hätte man ihm dafür nicht den Kleist-Preis geben müssen.

Das aber war alles absehbar. Interessanter und subtiler war, was viele der namhaften Kritiker ebenfalls bemerkten. Diese *Geschichten aus dem Wiener Wald* waren irgendwie dazwischen. Das war Wien-Kitsch und zugleich seine Entzauberung, ein Volksstück gegen Volksstücke, meinte Erich Kästner, ein Volksstück und die Parodie dazu, sagte der Kritiker Alfred Polgar. »Kitsch ist da – und ist entkitschter Kitsch«, schrieb Bernard Diebold, das sei »die literarische Reaktion auf die Legende Wien«, meinte Herbert Ihering, beide bekannte Kritiker.[26] Horváth verzauberte mit Wien, und er schockierte gleichzeitig.

Wien, Kitsch, Volkstück, und nochmal Wien: Wien, kein Zweifel, fremd und vertraut, das war das Faszinosum dieses Abends, das war der Dreh- und Angelpunkt der Aufführung.

Und genau da, im Verhältnis zu Wien, war das Stück ambivalent. Horváth bediente den Kitsch und entlarvte ihn, er zeichnete die Wiener und er karikierte sie. Manchem gefiel das. Wem es nicht gefiel, dem war es zu böse und zu perfide.

Die Aufführung verstärkte das. Sie pointierte es, indem sie das Stück bebilderte. Sie hatte ihre Stärke, da war man sich einig, im Atmosphärischen. Der Regisseur Heinz Hilpert hielt sich, wie das erhaltene Regiebuch zeigt, eng an Horváths Vorgaben und Horváths Intentionen. So mischten sich in der Aufführung widerstreitende Gefühle, Mitleid, Sentimentalität, Erschrecken, Abscheu. Und darüber lag die Walzermusik[27] und dazwischen die vielen Stillen: Momente, die Horváth eingebaut hatte und an die Hilpert sich ebenfalls hielt.

Heinz Hilpert, der von dem Stück »so fasziniert« war, war politisch weder links noch rechts. Es gab keine politische Tendenz in der Aufführung. Hilpert ging es um das Theater, das Faszinosum. Bald würde er unter den Nazis genauso oder ähnlich Theater machen und Intendant des Deutschen Theaters werden.

Zunächst einmal, und das wurde an diesem Abend deutlich, war das Deutsche Theater als Autorentheater wieder ernstzunehmen. Ferdinand Bruckner arbeitete jetzt hier, Zuckmayers *Hauptmann von Köpenick* hatte im Frühjahr hier Premiere gehabt. Und jetzt war Horváth dazugekommen. Er wurde vom Theater und der Kulturwelt nun ganz für voll genommen. Am Tag nach der Premiere erfuhr er, dass die *Geschichten aus dem Wiener Wald* bei Propyläen gedruckt werden würden. Von Brecht, um nur ein Beispiel zu nennen, war hier die *Hauspostille* erschienen.

Horváth zog jetzt für ein paar Tage in die noble Villa von Erich von Mendelssohn im Grunewald ein. Man weiß das, weil ein Brief seines Verlages hierher adressiert wurde. Etablierter ging nicht. Mendelssohn war als Bankerbe ein endlos reicher, faszinierender Kulturbürger und hatte schon Regie bei der Uraufführung der *Italienischen Nacht* geführt. Horváth und er wurden zu dieser Zeit ziemlich dicke Freunde.[28]

Bald würde Mendelssohn wieder bei einem seiner Stücke, bei *Kasimir und Karoline*, Regie führen. Mit seiner schönen und faszinierenden Schwester soll Horváth in diesen Tagen ein Verhältnis gehabt haben.

Nur mit der Wiener Josefstadt, da wurde es nix, das schien Max Reinhardt dann doch keine so gute Idee. Vielleicht war dieses Stück doch etwas zu heftig. Das Faszinosum des *Wiener Walds* war Wien, aber um diese Wienentlarvung, die man auch als boshafte Bloßstellung sehen konnte, würde es in Wien vermutlich richtigen Ärger geben.

Schwindel

Frankfurt, 1932: Neues Theater. *Alles Schwindel* heißt das Stück von Marcellus Schiffer und Mischa Spoliansky. Das ist schon typisch für das Neue Theater in dieser Zeit. Schiffer und Spoliansky, das sind die, bei denen Marlene Dietrich am Deutschen Theater aufgetreten ist. »Klug, technisch und artistisch enorm befähigt«, nannte Bernhard Diebold die Hoppe nun nach der Aufführung.[29] Gustaf Gründgens sah sie ebenfalls, er wollte eigentlich eine Freundin sehen, Anny Reiter (mit der Hoppe im *Biberpelz* aufgetreten war), sagte dann aber zu Marianne Hoppe: »Es gefällt mir, was Sie da machen.«[30] Das war fast der gleiche Satz wie nach *Die liebe Feindin.*

Marianne Hoppe musste sich in *Alles Schwindel* Handschuhe ausziehen, eine Aufgabe, die sie sehr elegant erledigte. Man kann sich die Szene sehr gut vorstellen, wie sie vor der Pose, die auf dem Bild abgebildet ist, sich der Handschuhe entledigt. Wie wenig glamourös das in Wirklichkeit immer noch war, machen ebenfalls Kleid und Handschuhe deutlich: Das Kleid, das man auf dem Bild sieht, und die Handschuhe, die man nicht sieht, entstammten ihrer eigenen Garderobe.

Kurz nach dieser schon ziemlich beschwipsten Aufführung war Fasching. »Wußten sie, dass Adorno und Horkheimer 1932 noch in SA-

Uniform Fasching gefeiert haben und wir alle das furchtbar lustig fanden.« Diesen Satz hat Marianne Hoppe sehr oft gesagt, er kommt in vielen Porträts vor. Ob das tatsächlich wahr ist, steht auf einem anderen Blatt. Im Gespräch mit Andres Müry für die Zeitschrift *Theater Heute* war Hoppe auf Nachfrage zurückhaltender. Im Gespräch 1968, mit Harald von Troschke, für den RIAS Berlin, hatte sie nur gesagt, dass Kurt Riezler, Rektor der Frankfurter Universität, eine Windjacke und Armbinde der SA getragen habe und dass Horkheimer und Adorno das lustig fanden.[31]

Frankfurt, die zweite Großstadt für Marianne Hoppe, war das, was man unter Bühnenmenschen manchmal »Ochsentour« nennt. Man arbeitet hart, kurze Probenzeiten für immer neue Stücke, man hat an einem Tag manchmal mehrere Aufführungen, man spielt vor einem Publikum, das sich nicht immer brennend für einen interessiert. Starke Naturen, die das durchstehen, bezeichnen es später als gute Schule. Es ist oft die entscheidende Zeit. Man lernt das Publikum kennen, man lernt, wie man mit ihm umgeht, wie man es bekommt. Man lernt, im Doppelsinn des Wortes, mit ihm zu spielen. Man lernt, was Unterhaltung ausmacht. Genau das war die Phase, in der Marianne Hoppe nun war. Dabei zeigte sich, dass sie eine dieser starken Naturen war, die die Zeit für sich zu nutzen wussten.

Im Mai 1932 hatte *Mädchen in Uniform* von Christa Winsloe Premiere. Es wurde Marianne Hoppes größter Erfolg in Frankfurt, und es war ihre letzte Premiere hier. Das Stück spielte in einem Ambiente, das dem Königin-Luise-Stift nicht unähnlich war. Schon ein Jahr zuvor hatte es den gleichnamigen Film gegeben, heute noch kennt man die Neuverfilmung mit Romy Schneider und Lili Palmer aus dem Jahr 1958. Es geht in Film und Stück auch um Erotik zwischen Frauen. Es war das erste Mal, dass das so offen thematisiert wurde.

Kreaturenkabinett

Machen wir an dieser Stelle, kurz vor dem Beginn des »Dritten Reichs«, einen kleinen Ausflug in die Kulturgeschichte.

Das Kabinett, eine intime Kammer an den Höfen der Spätrenaissance und des Barock, gilt als ein Vorläufer des Museums. Sprachlich überlebt haben vom Kabinett nur das Kuriositäten-, das Naturalienkabinett und das Kabinettstückchen. Daneben gibt es noch die Wunderkammer, das deutsche Wort für das ursprünglich italienische *gabbia* (Käfig) bzw. das kleine *gabinetto*, von dem sich das Kabinett herleitet. Außerdem existiert, etwas irritierend und irrlichternd, als weiterer Ahne des Museums, das Panoptikum.

In diesem Wort, Panoptikum, ist der stiere Blick auf das Fremde, auf das Befremdliche, das Überraschende, das Sensationelle, auf das Wunder, noch spürbar. Das Panoptikum transportiert einen Anflug jenes Schreckens, der einen noch heute in Museen befällt, wenn man sich ausgestopfte und präparierte Wesen ansieht oder die eingelegten und konservierten Körperteile, Föten und Tiere. Dieser Blick aber steckt bis heute in jedem Museum, diesen Schatz- und Schaukammern, sie mögen so viel moderne und postmoderne Reflexionsschleifen durchlaufen haben, wie sie wollen. Das Museum ist ein Ort des Voyeurismus, und es tötet, was es zeigt.

Ödön von Horváth hat, ohne dass er sich auf das Kabinett oder das Panoptikum bezogen hätte, vor allem in seinen Volksstücken ebenfalls eine Sammlung des stillen Schreckens geschaffen. Es ist eine Sammlung von Menschen, und man könnte sie, wenn es nicht rassistisch und nazistisch wäre, einen Menschenzoo nennen. Es wäre ein Zoo aller Arten von Menschen: von überall her, in allen Größen und Farben, mit allen Berufen und Geschlechtern, allen Klassen und Herkünften, mit Perversionen und Bestialitäten, allen Eigenarten und Einschränkungen. Horváths Theater ist voller solcher Figuren, es ist, vielleicht ist das ein passender Ausdruck, ein Kabinett der Kreaturen. Und es passte in die Zeit. Horváths Werk erinnert an die Sammlung »Menschen des 20. Jahrhunderts« von August Sander, der die Figuren seiner Zeit im Stil der Neuen Sachlichkeit fotografierte. Er erinnert an die Figuren, die George Grosz vor allem im Berliner Milieu fand. Überhaupt erinnert Horváth an eine Art neusachlicher Typenlehre, die damals mehrere Bildende und schreibende Künstler verfolgten.

Nebenbei stellte Horváth mit seinem »Kreaturenkabinett« das Theater in die Tradition des Karnevals, eine Tradition, die seit Rabelais existiert, die damals mit Michail Bachtins Schriften neue Bedeutung bekommen hatte und die bis heute lebendig ist. Das aber, zunächst, wirklich nur nebenbei.

Die Menschheit als ein Kabinett der Kreaturen: vom Bild humaner Großartigkeit bleibt da nicht viel übrig. Jene Bigotterie, die sich bis heute gern im Begriff »Würde« versteckt, der zentrale Begriff in Artikel 1 des heutigen deutschen Grundgesetzes, aber auch ein Begriff, der zu oft der Kaschierung eigener Überlegenheitsvorstellungen gedient hatte, löste sich dabei wie von selbst auf. Horváth, der Entlarver, zeigte den Menschen nackt, von seinen großen Augen und seinem durchdringenden Blick bloßgelegt. Er war damals schon so klug, dabei nicht ins Gegenteil zu verfallen, er heroisierte nicht die Unterdrückten, die Behinderten, die Ausgegrenzten. Er zeigte lieber, immer und überall, wie nah der Mensch dem Tier ist. So wurde der Mensch ein anderer. Dadurch, dass er nicht mehr dieses hohe Bild des Humanen vor sich hertrug, haben in seinen Stücken alle Menschen den gleichen Platz.

Ödön von Horváth ist damit ein früher und bis heute führender Autor der Diversität. Er ist dies in einem erstaunlich umfassenden Sinn. In seinen Arbeiten steckt nicht nur ein elementares Gefühl für die Gleichberechtigung der Geschlechter, der Farben, der Unterschiedlichen, alles Lebendigen, sein Werk transportiert auch eine Liebe, ein Art Hingezogenheit, zu den A-Normalen. Die A-Normalen haben bei ihm nicht ein Defizit, sondern etwas Nicht-Normiertes, sie erleben das Leben direkter, ungeschützter. Sie sind bei Horváth – durch den Zwang ihrer Erscheinung und Körperlichkeit – ein Stück näher an der kreatürlichen Wahrheit.

Horváth neigte auch dabei keineswegs zu Stilisierung oder Sentimentalität: Der herrische und unmenschliche Direktor eines Figurenkabinetts lebender Menschen in *Kasimir und Karoline* ist ein Liliputaner, aber deswegen beileibe kein besserer Mensch. Niemand, das schimmert bei Horváth immer durch, ist vor seiner eigenen Bosheit, seiner eigenen Gemeinheit und Beschränktheit gefeit.

Was in Horváths Stücken und Prosaarbeiten auftritt, kann man als Figuren, Typen oder Subjekte sehen, vor allem aber sind es Kreaturen. 1932 erreichte das seinen Höhepunkt. Das Wort »Kreaturen« hat dabei etwas Doppeldeutiges. Auf der einen Seite gibt es die »merkwürdigen Kreaturen«, der Mensch als »Kuriosität«, das sind fremde, befremdliche Personen (oder auch Tiere), die man anstarrt, neugierig, schaudernd, gruselnd, eben im Kabinett oder im Panoptikum. Auf der anderen Seite erscheint der Mensch in diesem Wort in seiner Naturwüchsigkeit, seiner Kreatürlichkeit eben, er ist echter und wahrer. Horváth hatte beides im Blick.

Intuitiv erkannte der große serbische Schriftsteller Danilo Kiš, der in den siebziger Jahren eine Erzählung über Horváth schreiben wollte und einen Entwurf dazu hinterlassen hat, diesen Zug. Kiš' Horváth ist ein Menschensammler, ein Kreaturenliebhaber. »Wenn er eilig und ohne ein bestimmtes, klares Ziel all diese menschlichen Missbildungen, dieses ganze Monsterkabinett auf dem Papier festhielt …«, schrieb er an einer Stelle.[32] An anderer Stelle heißt es: »In Eile hielt er einige Beobachtungen, einige Bilder fest.« Das Wort »Bilder« verwendete er dabei auf Deutsch. »Physische Mißbildung und jederlei Abnormität fesselten ihn als Kehrseite des ›Normalen‹. Riesen, Zwerge, Boxchampions und Zirkusmonster lösten in ihm eine Kette metaphysischer Assoziationen aus. Taub vom Lärm der Fans betrachtete er ihre wahnsinnigen Gesichter.«

Das Drama, das dabei eine herausragende Rolle spielt und an das Kiš dachte, ist das 1932 geschriebene und dann im November des Jahres uraufgeführte Volksstück *Kasimir und Karoline.* Horváth versammelte in *Kasimir und Karoline* die Elenden und die besser Situierten, wir erleben Kleinbürger, Angestellte, die Mittelschicht, den abgebauten (d. h. arbeitslosen) Chauffeur und den ebenso geilen wie herzschwachen Kommerzienrat. Er versammelte Frauen, die Wiesenbräute sind, vor allem Karoline, eine Untergruppe des Fräuleins, und eine selbstbewusste, überall behaarte Juanita.

Kasimir und Karoline ist Horváths Karnevalsstück, das Stück enthemmter, vergnügungssuchender Figuren, die eine Zeitlang die üblichen gesellschaftlichen Normen und Gesetze außer Kraft setzen. Es zeigt einen Abend auf dem Münchner Oktoberfest. Ein Kabinett menschlicher Kreaturen erscheint, vom Liliputaner über den Mann mit dem Bulldoggenkopf bis hin zu den zusammengewachsenen Zwillingen und zu Juanita. Dieses Kreaturenkabinett ist dabei keine Erfindung Horváths, sondern ein Abbild dessen, was während des Oktoberfestes wirklich gezeigt wurde (wie auch in Zoos und bei anderen Jahrmarktsgelegenheiten, die damals tatsächlich zu Menschenparks wurden). Horváth kommentiert diese Entwicklung schon am Anfang. Da sagt der Liliputaner: »Wenn man bedenkt, wie weit wir Menschen es schon gebracht haben –«.

Kasimir und Karoline, Figurenskizze von Horváth, Tusche

Bleibt die Frage, wer bei Horváth zu den Kreaturen gehört? Juanita könnte als Transperson durchgehen. Sicher gehören Liliputaner, Engel, Zigeuner, Schwarze, Behinderte, Missgebildete, Unterprivilegierte (besser vielleicht: Arme), Arbeitslose (wie Kasimir), Kellner, Polizisten, Militär, Prostituierte (»Oder Nutte, wie der Berliner sagt.«) und sogenannte Perverse dazu. Daneben verschiedene Berufsgruppen, Funktionäre, Ehemalige, Versehrte, Sterbende (etwa Elisabeth).

Es gehören einfache Frauen und Fräulein, höchst normale Männer und Herren – Kleinbürger, Angestellte, Mittelständler, Spießer – dazu. Die sozialen Kategorien machten für Horváth keinen bedeutsamen Unterschied, nachdem er ohnehin behauptet hatte, dass in Deutschland 90 Prozent Kleinbürger leben, nachdem er in seinem ersten Roman den Spießer als allgemeinen Typus ausgemacht hatte, nachdem er ein Drama über den »Mittelstand« geplant hatte. Kleinbürger, Angestellte, Mittelständler, Spießer – das war für Horváth eins –, durchschnittliche Figuren, Mitglieder der Masse.

Fast alle Randexistenzen kommen bei Horváth irgendwo und irgendwie vor, aber das Entscheidende ist: Die Mittelschicht, das Herz der Gesellschaft, die kompakte Majorität, wie Ibsen gesagt hatte, schaut in den Männern ihrer randständigen Monstrosität direkt ins Auge. Christoph Marthaler, der bisher größte Horváth-Regisseur, hat das immer wieder und wieder gezeigt, sanfte Monster sind es, die leicht und innig die kitschigen Melodien der Vorstadtlieder singen, in denen sich ihre gesamte Brutalität verbirgt.

Welt ist gleich Kreaturenkabinett, so könnte man Horváths Gleichung nennen. Dieses Kreaturenkabinett findet sich in *Kasimir und Karoline* so deutlich wie sonst nirgendwo. Szene 102 besteht aus einer einzigen Bühnenanweisung: »Nun intoniert das Orchester piano den Walzer ›Bist Dus lachendes Glück?‹ und aus der Sanitätsbaracke treten Oktoberfestbesucher mit verbundenen Köpfen und Gliedmaßen, benommen und humpelnd – auch der LILIPUTANER und der AUSRUFER befinden sich unter ihnen.« Eine Parade von Versehrten. Das, kann man sagen, ist der ganze Horváth.

Die Verletzten und Benommenen erinnern an Kriegsopfer, an die Welt der Kriegs- und Nachkriegszeit. Karoline hatte den herzschwachen Rauch in die Invalidenbaracke gebracht. Dabei hatte sie vom Sanitäter den Grund erfahren für die vielen verbundenen und humpelnden Verletzten. Es war eine Massenschlägerei. »Das Resultat war halt, dass in null Komma null hundert Personen gerauft haben, keiner hat mehr gewusst, was los ist, aber ein jeder hat nur um sich geschlagen.«[33]

Die Massenschlägerei: durchschnittliche, raufende Figuren, gesichtslose Mitglieder der Masse, hunderte Menschen ohne individuelle oder spezifische Eigenart oder Tiefe, deren urwüchsige, rohe Gewalttätigkeit ihre Normalität ist.

Die Wiesenbraut

Im Zusammenhang mit seinem Oktoberfeststück *Kasimir und Karoline* schrieb Horváth den kleinen Text *Die Wiesenbraut*:

»Unter einer Wiesenbraut versteht man in München ein Fräulein, das man an einem Oktoberfestbesuch kennenlernt, und zu dem die Bande der Sympathie je nach Veranlagung und Umständen mehr oder weniger intimer geschlungen werden.

Meistens wird die Wiesenbraut vom Standpunkt des Herrn aus gesehen, aber die Gefühle samt der Sehnsucht, die in der Wiesenbraut toben, werden selten respektiert.

Oft will die Wiesenbraut nur lustig sein und sonst nichts; häufig will sie sonst auch noch etwas; nie aber denkt sie momentan materiell. Aber in der Wiesenbraut wohnt häufig die Sehnsucht, daß es immer ein Oktoberfest geben soll; immer so einen Abend; immer eine Achterbahn; immer die Abnormitäten, immer Hippodrom im Kreise.

Seit es eine Oktoberfestwiese gibt, seit der Zeit gibt es eine Wiesenbraut.

Die Wiesenbraut verlässt die ihren, verlässt ihr Milljöh – geht mit Herren, die sie nicht kennt, interessiert sich wenig für den Charakter, mehr für die Vergnügungen.

Die Wiesenbraut denkt nicht an den Tod.

Die Wiesenbraut opfert ihren Bräutigam, sie denkt nicht, sie lebt. Sie verliert ihre Liebe wegen eines Amüsements.

Sie vergisst, wohin sie gehört. Und der Kreis um die Wiesenbraut empfindet diese Störung. Er gerät durcheinander aus Enttäuschung. Aber bald ordnet sich wieder alles – und die Wiesenbraut ist ausgeschaltet. Nur im Märchen bekommt die Wiesenbraut einen Prinzen oder Scheich. In Wahrheit versinkt sie in das Nichts, sobald die Wiese aufhört. Sie lebt auf der Wiese. Auch sie ist nur ein Produkt der Wiese. Ihrer Umgebung. Trotz Seele und Fleisch, Liebe und Sehnsucht.«

Es ist klar, auf welcher Seite Horváth steht. Die Wiesenbraut genießt seine Sympathie, sie reagiert auf die Umstände und die Umgebung lebendig. Man sieht an diesem kleinen Text, wie Horváth seine Figuren begriff, wie er sie zu verstehen suchte, wie er ihnen nachging und sie dann in sein Kabinett integrierte.[34]

Kleinbürger

Die Begriffe gehen durchaus durcheinander. Die Diskussion um den Kleinbürger (und alles, was damit in Zusammenhang gebracht wird: Mittelstand, Angestellte, Spießer, Typen, Soziologische Kategorien, Klassen) ist wahrscheinlich die umfangreichste Diskussion der Horváth-Literatur. Dabei wird davon ausgegangen, dass es Horváths Projekt gewesen sei, eine Klasse, Schicht oder einen Typus, eben Kleinbürger, darzustellen. Intuitiv scheint klar: Horváth wollte die normalen, vielleicht kleinen Leute in ihrer Existenz erfassen.

Zentral, irgendwie an wissenschaftliche Kategorien anschließbar, kann dabei nur der Begriff »Kleinbürger« sein. Es gibt einen Entwurf Horváths »Der Mittelstand«, daneben hat der Begriff bei ihm aber keine zentrale Funktion. Der »Spießer« gibt seinem ersten Roman den Titel, aber taucht dann kaum mehr auf. Zum Kleinbürger aber hat Horváth explizit gesagt, dass er es in Deutschland mit 90 Prozent »vollendeten oder verhinderten« Kleinbürgern zu tun habe.[35] »Kleinbürger« ist bei Horváth ein zentraler Begriff. Alle, die glauben, Horváth wolle die Gesellschaft beschreiben, kommen deswegen am Kleinbürger nur schwer vorbei.

Nun ist der Begriff »Kleinbürger« nicht nur unscharf, er verbindet auch eine soziologische Beschreibung mit einem abwertenden moralischen Urteil. Unscharf ist er, weil er alle und niemanden meint. 90 Prozent, das ist mehr oder minder die gesamte Gesellschaft. 90 Prozent, das klingt, als habe Horváth alle gemeint, aber es wäre offensichtlich falsch gewesen, von 100 Prozent zu sprechen. Also »auf alle Fälle aus Kleinbürgern«, so fuhr er fort, wolle er das Volk schildern, dann gehe es um die große Masse. Die soziologische Beschreibungskraft, die der Begriff suggeriert, verschwimmt.

Auch heute, könnte man sagen, besteht die Gesellschaft zu einem großen Prozentsatz aus Kleinbürgern. Nur dass heute die Kleinbürger nicht mehr klein sind, sondern mehr oder minder wohlhabend und selbst die Aristokratie kleinbürgerlich geworden ist. Der Kleinbürger ist verschwunden und gleichzeitig ist er die Norm geworden. Oder mit anderen, auch Horváths Worten, der Kleinbürger ist Mittelstand, der Mittelstand ist verkleinbürgert.

Aber darum geht es gar nicht. Worum es geht, ist die Masse. Horváth spürte dieses neue, schwer zu fassende Phänomen: der Mensch als Massentier. Der Mensch wird durchschnittlich und kreatürlich, alle sind gleich und erscheinen in ihrer Eigenart. Horváth stellte dazu keine soziologischen Überlegungen an, sondern er beschrieb diese Menschen, die Teil der Massengesellschaft geworden sind. Er schrieb Volksstücke, aber er stilisierte die Masse nicht zum Volk.

Er beschrieb in einzelnen Figuren die Masse, wie sie im 20. Jahrhundert auftauchte und bis heute präsent ist. Es scheint so, als würden wir sie, die Masse und diese Figuren, nicht mehr loswerden. Sie ist und sind allgegenwärtig und schwer regierbar. Horváth hat sie, die Masse und ihre Figuren, in seinem Kreaturenkabinett das erste Mal versammelt.

1976 ist ein Kursbuch erschienen, das den Übergang zur Allgegenwart des Kleinbürgers dargestellt hat. Es hieß dementsprechend *Wir Kleinbürger.*[36] »Von der Unaufhaltsamkeit des Kleinbürgertums« hat Hans Magnus Enzensberger seinen noch heute unwiderstehlichen Text in diesem Kursbuch genannt. Der springende Punkt in diesem Aufsatz ist: Jeglicher Versuch, sich durch den Begriff des Kleinbürgers und entsprechende Analysen wissenschaftlich oder reflektierend von ihm zu distanzieren, sich über die große Masse erheben zu wollen, ist zum Scheitern verurteilt. Auf Horváth (und uns) übertragen: Wer meint, mit Horváth der Gesellschaft ein falsches Bewusstsein aufzeigen zu können, lag und liegt von vornherein daneben und spricht eigentlich und immer nur von sich selbst.

Horváth hatte genau dafür ein feines Gespür. Vor dem Hintergrund der allgemeinen Missachtung des Kleinbürgers war sein Programm und seine Stärke die Zuneigung, die er dem Kleinbürger bzw. allem, was für ihn gelten mochte, entgegenbrachte. Horváths Stärke war nicht die Schärfe seiner soziologischen Kategorien, die waren schwammig, Horváths Stärke war auch nicht die Entlarvung seiner Figuren, ihre Eigenart war ja für jeden sichtbar, Horváths Stärke war die Kraft, die davon ausging, dass er sich selbst dazu rechnete. Horváth meinte nicht, klüger als andere zu sein.

Man sollte deswegen den Begriff »Kleinbürger« aufgeben, niemand verwendet heute diesen Begriff so, wie Horváth ihn verwendet hat. Er hat einfach keine Trennschärfe, keine Beschreibungskraft mehr. Helmut Lethen hat das mit schöner Klarheit ausgesprochen: »Horváths Biotop hat nichts mit »Kleinbürgern« zu tun.«[37] Man sollte den Begriff im Zusammenhang mit Horváth einfach beiseitelassen.

Nazis (I)

Nazis tauchen, zuerst als Hakenkreuzler, mit den beiden *Sladek*-Fassungen 1927 in Horváths Kreaturenkosmos auf. Auch Adolf Hitler wird hier bereits gewürdigt: »Hakenkreuz am Stahlhelm / Schwarzweißrotes Band, / Sturmabteilung Hitler / werden wir genannt!«, heißt es in einem Lied im Stück.

Im *Wochenendspiel*, der Frühfassung von *Italienische Nacht*, sind die Nazis draußen auf der Straße. »Jetzt zieht draußen eine Abteilung Faschisten mit Musik vorbei. Alle, außer Martin und Kranz, eilen an die Fenster und sehen sich stumm den Zug an – erst als er vorbei ist, rühren sie sich wieder.«[38]

Die Zeit des *Wochenendspiels* gibt Horváth vieldeutig mit »1930-?« an, genauso in *Italienische Nacht*. Im dritten Bild des Stückes warten zwei Prostituierte auf der Straße, Anna kommt dazu. Dann nähern sich drei Faschisten und grinsen Anna an, Martin kommt und spricht mit Anna. Die Faschisten verschwinden mit den Prostituierten. Die Selbstverständlichkeit, mit der sich die Nazis ins theatrale Tableau Horváths integrieren, legt einen Verdacht nahe: Er musste Nazis nicht politisch ins Visier nehmen, um dramatisches Interesse an ihnen zu entwickeln. Er brauchte kein besonderes politisches Bewusstsein, um auf Nazis als Gegenstand seiner Arbeit zu kommen. Sie passten einfach zu gut in sein Kabinett.

Im vierten Bild von *Italienische Nacht* spielen die Faschisten in der Ferne den »bayrischen Präsentiermarsch«. Sie sind nicht da, aber sie sind präsent. Da kommt wieder Anna – mit einem Faschisten! Sie unterhalten sich. Er lobt das Denkmal der Stadt, weist der Frau ihre Rolle am Herd zu, geht verbal auf die Juden los, macht die brünette Anna zu einem Blondmädel und sich an sie ran. Als sie ihn zurückhält, fährt er sie – nach einer Stille – an: »Und wissen Sie auch, wer uns zugrunde gerichtet hat?! Der Materialismus! … Wo man hinkam, hatte der Jude schon alles weggekauft. … Alles wurde so in den Strudel mit hineingerissen und so hat sich, nicht wahr, der materialistische Geist immer breiter gemacht. …« Dergestalt ermannt wirft er sich dann doch auf sie – und in der Ferne erklingt das Hakenkreuzlied: »Wir sind das Heer vom Hakenkreuz, hebt hoch die roten Fahnen!«[39]

Ein anderer Bilderbuch-Nazi ist der bereits erwähnte Kakuschke mit seiner Gas-Manie in den Skizzen zu *Der ewige Spießer*. Zwei Jahre später taucht Erich auf, der Kerl aus Kassel, der im *Wiener Wald* auftritt und dort seine deutsch-devot-unsympathische Rolle spielt. Er betont seine spezielle Stellung »zu unserem Rassenproblem«[40], und kommandiert sich, wenn besoffen, selbst.[41] Dieser Erich macht die Wiener aus dem *Wiener Wald* glatt wieder sympathisch.

Man wird einen Verdacht nicht los, wenn man durch Horváths Werke vor 1933 schaut: Wenn diese Nazis für ihn am Anfang bestimmt auch bösartige, politisch zu bekämpfende Figuren waren, noch mehr waren sie menschliche Viecher. So wie bei ihm die Menschen als Kreaturen auftauchten, passten die Nazis bestens dazu, verachtenswerte Figuren für sein Kabinett, dabei genauso Kuriosum wie katastrophale Gefahr. Es war nicht der politische Gesichtspunkt, der Horváth in erster Linie beschäftigte, zur Analyse des Faschismus trugen und tragen seine Dramen nicht viel bei. Es war der tierische, menschliche Aspekt, der seinen Blick bestimmte.

Auch hier zeigt sich: Horváth war nicht der Gesellschaftsanalyst, als der er gern gesehen wurde, sondern er war ein Menschenforscher, der die Typen wie Schmetterlinge in seine Sammlung einordnete und aufspießte. Die biederen, blöden, tölpelhaften, immer zu lauten Nazis waren darin Prachtexemplare fehlgeleiteten Lebens und menschlicher Entartung. Und genauso ordnete Horváth sie in seine Sammlung ein. Es ging nicht um die politische Bloßstellung und die Überführung einer falschen Gesinnung und eines fatalen Bewusstseins, sondern es ging um schlichte Menschenbetrachtung.

Was Horváth machte, ist viel interessanter als eine dramatische Sozialanalyse. Er bohrt sich in seine Figuren hinein. Sie mögen so tierisch, viehisch, dreckig, böse sein, wie sie wollen, Horváth will sie sehen. Da ist ein unbedingter Entdecker-Wille am Werk. Man sieht immer noch den kleinen Jungen, der erst nach einiger Zeit bemerkt wird, wie er stumm und mit weit aufgerissenen Augen die Abendgesellschaft seiner Eltern anstarrt. Horváth schaut auf alle gleich. Er spielt im soziologisch-politischen Feld, aber mit seinen eigenen Regeln. Deshalb sind die Stücke heute noch lebendig, deshalb werden sie heute noch gespielt.

Murnau war eine kleine Nazi-Hochburg. Bei den Wahlen wurde die NSDAP seit 1926 regelmäßig stärkste Partei, weit über dem Reichsdurchschnitt und auch weit vor den Ergebnissen, die die NSDAP in den nahe gelegenen, vergleichbaren Ortschaften Partenkirchen, Garmisch oder Weilheim erzielte.[42]

Nationalsozialistisches Anschauungsmaterial bot sich Horváth also ausreichend, ob und wenn ja wie er einzelne Murnauer porträtiert hat, ist dagegen nicht mehr zu sagen.

Nazis (II)

Die Nazis in den Dramen sind lächerliche und verachtenswerte Figuren, und es gibt wenig Zweifel, dass Horváth das so sah, aber an ihren Rede- und Denkweisen hat Horváth echtes Interesse. An Eindeutigkeit, an Bloßstellung, ist er dabei schwer zu überbieten.

Es lohnt ein weiterer Blick in die Prosaarbeiten. Dazu soll es zunächst um den bekannten Text *Wie der Tafelhuber Toni seinen Hitler verleugnet hat* gehen, der im Münchner *Simplicissimus* erschienen ist (16. 2. 1930), dann um den deutlich früheren Romanentwurf *Verrat am Vaterland oder: Hass.* von 1927 (er wurde oft in die Mitte der 1930er Jahre datiert, was aber falsch ist) mit der Hauptfigur Michael Babuschke, der auch in anderen Entwürfen dieser Zeit auftaucht und nicht explizit als Nazi bezeichnet wird.

Tafelhuber Toni wird mit dem Satz »Auch wenn man eingeschriebenes Mitglied der NSDAP ist, erliegt man halt leicht der Versuchung …« eingeführt. Mit der Versuchung ist der »Satan der Fleischeslust« gemeint. Beim Fasching wird Anton Tafelhuber von einer rassigen und üppigen Andalusierin verführt, die dann aber auch noch einen Juden kokett oder »orientalisch-lüstern«, so Tafelhubers Wahrnehmung, anschaut. Da streiten sich der Toni und die Andalusierin bis hin zu der Frage: »Oder bist du gar so a Hakenkreizler?«, die sie ihm entgegenwirft. Die entgegengesetzten Weltanschauungen aber stachelten das Verlangen Tafelhubers nach der sozialistischen Andalusierin weiter auf. Und er sagt: »Nein, ich bin kein Hitler nicht.«

Horváth kommentierte das, indem er es von einer bayerischen Stimme erzählen lässt, die ihrerseits direkt dem Volk bzw. der Masse entstammen könnte. Diese allgemeine Erzählstimme sagt: »Auch ein SA-Mann ist halt zu guter Letzt nur ein Mensch.« Womit die Stimme die Horváthsche Sichtweise, aber auch die so manchen Murnauers, in ihrer ironisch-lakonischen Art genau treffen dürfte.

Wenn ich ihn als Mensch betrachte, bekomme ich zu sehen, wer er ist, der Anton Tafelhuber, genannt Tafelhuber Toni, könnte Horváth sagen. Des Tafelhubers Fassungsvermögen aber, wie er dasig dasitzt, lallt und sich übergeben muss, wird von dem Vorfall deutlich überstiegen. Er selbst wankt, sein nazistisches Weltbild bleibt bestehen. Tierisch sind sie schon, die Nazis, aber dabei sind sie auch nur Menschen, könnte Horváths Kommentar dazu lauten.

Noch interessanter sind die Haltung und Arbeitsweise, die in »Verrat am Vaterland oder: Hass.« deutlich werden. Es geht hier um die drei Brüder Babuschke, eine Liebes- und Spionagegeschichte. Das ist unausgegoren, es stammt wohl aus dem Jahr 1927, in dem Horváth auch mit dem *Sladek* begann und das man auch als Beginn der Prosaarbeit betrachten kann, die in die Romane *36 Stunden* und *Der ewige Spießer* und etliche Erzählungen und Entwürfe mündete.

»Das Café, in dem Michael Babuschke saß«[43] wird ein weiterer Text in diesem Umfeld genannt. Er ist interessant, weil man Horváths Neigung sieht, Panoramen einer Stadt zu zeichnen. Und er ist interessant wegen einer klaren Kennzeichnung Michael Babuschkes: »Er hasste die Liebe. Die Weiber interessierten ihn nicht.«[44] Man kann das trefflich als »Negativ-Fixierung des nazistischen Analcharakters« interpretieren, man kann den »Weiberhass« aber auch einfach so stehen lassen.

Michael ist der älteste der drei Babuschke-Brüder, sein Alter entspricht dem Horváths bzw. dem »Typ 1902«. In dem kleinen Romanentwurf schrieb Horváth sich vor allem an den Hass Michaels heran und fand dabei großartige Sätze wie: »Begeisterungsfähig für alles Gewaltige wollte er heute Prophet, morgen Pferdedieb werden.« Oder: »Denn die Liebe zu seinem Volke, zum lebenden Vaterland, entstand erst durch seine Erkenntnis, daß er zum Führer ausersehen sei, erst durch das Wachsen seines Intellekts reifte seine Liebe eine egozentrische Nächstenliebe, die sich bald auf die ganze Menschheit ausdehnte.«[45] Allein für das Wort »egozentrische Nächstenliebe« gebührte Horváth ein kleiner Kleist-Preis.

So sammelte Horváth soziale Energien, nicht nur in Michael, auch in den Brüdern Joachim und Friedrich, die sich dem Nazicharakter auf unterschiedliche Weise annähern. Über Friedrich heißt es: »Er ist die Kreatur, die das Schicksal aus Witz zum Helden erhob.«[46] Über eine »ehemalige Schauspielerin, Diana ist ihr Künstlername, ohne jemals irgendwo engagiert gewesen zu sein.« Dafür sollte schon wieder ein Kleinstpreis der bösartig-trefflichen Charakterisierungskunst vergeben werden. Natürlich passt diese Diana dann trefflich zu den Dreien und eröffnet weitere Wege zu deren Charakterbild.

Das H von HOLLYWOOD (Die Geschichte des H I)

Am 16. September 1932 stürzte sich die Schauspielerin Peg Entwistle in den Tod. Sie war auf das H des riesigen Schriftzugs auf dem Mount Lee in den Hollywood Hills geklettert. Darauf deutete eine an die Rückseite des riesigen Buchstabens gelehnte Leiter. Von oben war Entwistle dann die 14 Meter hinabgesprungen. Dann war sie weitere 40 Meter den Hang hinuntergerollt oder -gefallen und in einem Kakteengebüsch hängen geblieben, wo sie zwei Tage später gefunden wurde. Da war sie an inneren Blutungen im gebrochenen Becken bereits gestorben.

Gefunden hatte sie eine Wanderin, deren Name nie bekannt wurde. Sie hatte eine Polizeistation per Telefon verständigt. Auch Entwistles Identität wurde erst zwei Tage später entdeckt, als sich ihr Onkel bei der Polizei meldete. Die Wanderin hatte ein paar Abschiedsworte in einer kleinen Tasche entdeckt, die veröffentlicht wurden: »Ich fürchte, ich bin ein Feigling. Es tut mir alles so leid. Wenn ich das vor langer Zeit getan hätte, wäre viel Leid erspart geblieben. P. E.«

Entwistle war 1908 als Millicent Lilian Entwistle geboren worden, ihre Eltern waren 1932 bereits beide tot, es war eine unglückliche Einwanderergeschichte. Ob sie selbst an fehlgeschlagenen Hollywoodambitionen, sie war anscheinend eine großartige Schauspielerin, oder persönlichem Unglück scheiterte, ist ungewiss.

Ihre Geschichte gehört seitdem zur Hollywood-Folklore. »Folklore« ist das englische Wort für »volkstümlich«. Es ist die Geschichte, wie sie sich das Volk selbst erzählt: anekdotisch, boulevardesk, erstaunlich, tragisch. So trug sie dazu bei, dem Wahrzeichen Hollywoods zu Ruhm zu verhelfen.

Und so steht also das riesige Schriftzeichen in den Hollywood Hills nicht nur für den Ruhm und das Glück, das man hier finden kann, sondern ebenso für Verzweiflung und Unglück. Der Schriftzug, jeder Buchstabe 14 Meter hoch, damals noch HOLLYWOODLAND, war 1923 errichtet worden, als Werbung einer Immobilienfirma. Zum Markenzeichen der Filmindustrie wurde es erst nach und nach.

Entsprechend war es kein solides Denkmal, sondern ein zusammengezimmertes Provisorium, und in den vierziger Jahren kippten Buchstaben um, unter anderem das H. Sie wurden wieder aufgerichtet und repariert. 1949 wurde LAND, der hintere Teil des Schriftzugs, entfernt. So stand da nun also – in großen weißen Buchstaben – nur noch HOLLYWOOD.

Aber auch danach verwahrloste das Markenzeichen Hollywoods. In den siebziger Jahren war der Zustand wieder so schlimm, dass etwas geschehen musste. Nun wanderte die Sache in die Hände der Stars, die die Publicity-Möglichkeiten erkannt hatten. Alice Cooper entschied, das erste O als Erinnerung an seinen verstorbenen Freund Groucho Marx zu kaufen. Hugh Hefner veranstaltete 1978 in seiner Playboy Mansion eine Spenden-Party, um Geld für eine Restaurierung aufzutreiben. Es wurden die Rechte an jedem Buchstaben versteigert. Hefner selbst kaufte das H.

Selbstverständlich dachte er dabei an seine Initialen. Es sind die gleichen wie von Horváth, Hoppe und Hitler. Ebenso selbstverständlich ist es vollkommen willkürlich, diesem Buchstaben, dem »H«, eine besondere Bedeutung beizumessen. Aber schauen wir am Vorabend des Hitlerstaats, wie er genannt wurde, was im Zeichen des »H« sonst noch erscheint.

Bild der Frau (VIII)

Wieder Pelz! Wie in Weimar, beim Maler. Jetzt aber wird das Gesicht von dem enormen Pelzkragen fast getragen. Sie war, kaum in München angekommen, bei Josef Breitbach im Atelier, und dies ist eines der Bilder, die dabei entstanden sind. Er sah in Marianne Hoppe offenbar eine ganz andere Figur als die Freche, Kühle und Naive, die aus Frankfurt gekommen war. Sie wurde bei ihm eine Dame, und wenn man es nicht besser wüsste, würde man denken, sie war auf dem Weg zur Diva.

Breitbach, ein kreativer und vielseitiger Fotograf, machte auch Schauspieleraufnahmen für die Kammerspiele. Von der Größe her war das Theater, wo Marianne Hoppe für die Spielzeit 1932/33 engagiert war, mit dem Neuen Theater in Frankfurt durchaus vergleichbar. Auch die ehemalige Nähe zum Expressionismus, das Interesse für neue Dramatik, erinnerte an das Neue Theater. Aber hier kam die Persönlichkeit Otto Falckenbergs hinzu, der sein Ensemble sehr bewusst zusammenstellte und das Theater sehr sensibel und bedacht leitete. Die Kammerspiele hatten einen ganz hervorragenden Ruf und waren national eines der führenden Häuser.

Gleichzeitig aber stand das Theater vor einem finanziellen Debakel.

Ende Oktober 1932, Hoppe war gerade eingetroffen, meldete das Haus Konkurs an. Immerhin, der Betrieb lief weiter, und die Schauspieler wurden aus den Abendeinnahmen bezahlt.

Marianne Hoppe war hier als Ersatz für Käthe Gold engagiert worden. Sie wurde, nach ihrer ersten Premiere im September 1932, Molières *Schule der Frauen*, begeistert begrüßt. Man sprach überall von ihrem Charme und Witz. Auch Erika Mann war an der Aufführung bzw. dem Nachspiel *Kritik der Schule der Frauen* beteiligt.

Marianne Hoppe selbst sagte über die Zeit in München: »Falckenberg in München hat mir so gewissermaßen die letzten Wege unserer Kunst gewiesen. In den Münchner Kammerspielen wird ja mit heiligem Ernst gearbeitet. Man nimmt dort nichts unwichtig. An solcher Stelle kann man als jünger Künstler wirklich in sich das große Feuer entzünden, an dem sich das innerste Wesen läutern kann zu jener letzten Gestaltungskraft, die dann über einen kommt, ganz unbewusst.«[47]

Da war etwas anderes als das Direkte, Freie, Offene und Begeisterte, das sie in Frankfurt gehabt hatte. In diesen Worten zeigt sich andeutungsweise schon etwas Verschwiemeltes, die Sätze wirken gehemmt und gebremst. Da kommt auch eine Mystifizierung ins Spiel, die so gar nicht zu ihr passt. Was soll das sein, der heilige Ernst, das innerste Wesen? Und noch dazu bei Marianne Hoppe!

Was ist die letzte Gestaltungskraft? Da ist man sehr nah bei pathetischen Hohlformeln, bei einer falschen Heroik. Täuscht man sich, oder steckt in diesen Sätzen von 1936 eine gewisse Verzweiflung?

Und woher kam dieser neue Ton? Ist er bereits in München, in diesem Theater mit höchstem Kunstanspruch und in bedrängter Lage, entstanden? Oder entstand er erst in Berlin, in der Hauptstadt des neuen nationalsozialistischen Deutschlands?

Tierisch

Wann ist der Mensch ein Mensch? Was macht ihn dazu? Lassen wir die Diskussion dieser Frage (in der Begriffe wie Würde, Rationalität, Daumen, Werkzeug, Siedlung, Schrift, Gesetze, Sprache, Kultur, Lachen … auftauchen würden) beiseite und wenden uns direkt dem Horváthschen Standpunkt zu. Bei Horváth kommt so gut wie alles vor, was es an Menschlichem gibt, alle Kreaturen haben ihren Platz – aber Tiere kommen nicht vor. Dafür vergleicht er fortwährend Menschen mit Tieren, er hat ein diebisches (tierisches) Vergnügen an immer neuen Tiervergleichen. Horváth zeichnet ein Kreaturenkabinett, in dem alles seinen Platz hat, einen Menschenzoo, die Tiere, die wirklich echten Tiere aber fehlen in diesem Tierpark.

Horváth sprach von seinen Figuren wie von lebendigen Menschen, sagte Hertha Pauli. Immer wieder und mit Hingabe und Genuss verwendete er dabei den Satz »San's net tierisch.« Das erwies sich dann sogar als prophetisch. »Die heftige Reaktion auf seine *Geschichten aus dem Wiener Wald* war nicht verwunderlich, da Horváth in seinem Stück über die Bestialität des Wiener Kleinbürgers schon jene Figuren auftreten ließ, die zwei Jahre später die Macht ergreifen sollten! ›San's net tierisch?‹ fragte er immer wieder. Es war sein Lieblingsausspruch.«[48]

So steckt im Inneren von Horváths Figuren also scheinbar das Tier, aus der menschlichen Hülle spricht das Tier heraus. Daher wurde behauptet, Horváth betone das Triebhafte im Menschen. Die Frage aber ist, ob das stimmt. Mit der sich daraus ergebenden Gedankenkette – Freud, Unbewusstes, Trieb, Hülle, Demaskierung, Kleinbürger, Nazi – scheint man die interpretatorischen Pflöcke im Wesentlichen eingeschlagen zu haben und es sich bequem einrichten zu können.

Aber irgendwie ist es bei Horváth anders, jedenfalls in den Texten bis 1933. In einem der schönsten und bösesten Momente des *Wiener Wald*, »Draußen in der Wachau«, geben Alfred und die Großmutter die Sprache auf. Alfred: »Bäääh!« *(Er streckt ihr die Zunge heraus.) (Stille.)* Großmutter: »Bäääh!« *(Sie streckt ihm die Zunge heraus.) (Stille.)* Gegen Ende des Stückes wiederholt sich das, die beiden blöken sich wieder an. Alfred: »Bäääh!« *(Er streckt ihr die Zunge heraus.)* Großmutter: »Bäääh!« *(Sie streckt ihm die Zunge heraus.) (Stille.)*[49] Interpretieren muss man da nichts. Demaskieren auch nicht.

Nicht nur hier, auch in puncto Tiervergleich sind die *Geschichten aus dem Wiener Wald* unübertroffen. Legendär ist Havlitschek, wenn er sagt: »Soll ich jetzt die Sau abstechen oder nicht?« und der Oskar antwortet: »Nein, Havlitschek. Ich werd sie jetzt schon selber abstechen, die Sau.«[50] Die Herren reden dabei nicht über ein Schwein, sondern über eine Frau.

Beim Heurigen leisten dann der Zauberkönig und die Mittrinkenden einen substantiellen Beitrag zum Thema Mensch und Tier. Zauberkönig:

»Also das steht doch schon felsenfest, daß wir Menschen mit der Tierwelt verwandt sind!« Rittmeister: »Das ist Auffassungssache!« Zauberkönig: »Oder glaubens denn gar noch an Adam und Eva?« Rittmeiser: »Wer weiß?« Der Mister: *(zu Valerie)* »Du Wildkatz!« Zauberkönig: »Wildkatz! Oder gar ein Leopard!« Valerie: »Prost, Zauberkönig!« Zauberkönig: »Der Herr Rittmeister sind ein Fabelwesen, und du hast was von einem Känguruh an dir, und der Mister ist ein japanischer Affenpinscher!« Der Mister: *(lacht keineswegs)* »Fabelhafter Witz, fabelhafter Witz.« Zauberkönig: »Na und ich?!« Valerie: »Ein Hirsch! Ein alter Hirsch! Prost, alter Hirsch!« (*Brüllendes Gelächter.*)

In den Werken vor 1933 gibt es bei Horváth keine Tiere, weil es keine Trennung zwischen Mensch und Tier gibt. »Der Mensch ist ein Tier«, das ist, nach »die Welt ist ein Kreaturenkabinett«, die zweite Gleichung Horváths. Das Entscheidende ist hier nicht, dass im Menschen ein Tier steckt, das Entscheidende ist, dass Mensch und Tier beim frühen Horváth nicht geschieden sind, hier die Menschen, dort die Tiere. Das ist die viel schwieriger auszuhaltende Sicht – sie nicht metaphorisch sondern real zu verstehen. Tierreich und Menschenreich, eine große ununterscheidbare Masse, gehen ineinander über.

Volksstück I (Masse VIII)

Der Begriff »Volksstück«, Horváth hat seine wichtigsten Stücke selbst so genannt, stellt die Frage nach dem »Volk« und die kommt nicht vorbei am wirkmächtigsten Autor dieses Begriffs, Adolf Hitler. Das Volk steht im Zentrum von Hitlers Ideologie. Er identifizierte das Volk mit sich und seinem Willen. Im Namen des Volkes sprach er kein Recht, sondern verwirklichte den »Willen« des Volkes. Das tun Diktatoren und Autokraten bis heute, und das trennt sie von Demokraten. Der angeblich eindeutige Volkswille, mit dem sich der Führer identifiziert, ist das deutlichste Merkmal heutiger Populisten.[51] Aber nicht jeder Populist ist ein Faschist.

Der Begriff »Volk«, darauf sollte man zunächst beharren, kann sowohl inkludierend sein, er kann sehr viele einschließen, die zu dieser Gruppe dazugehören, er kann ebenso eindeutig exkludierend sein, das heißt alle ausschließen, die nicht als dazugehörig betrachtet werden.

Die Bürgerrechtsbewegung der DDR rief: »Wir sind das Volk!« Damit zeigte sich ein neues Selbstbewusstsein einer Gemeinschaft und Gesellschaft, die sich lange nicht als Volk repräsentiert gesehen hatte, damit zeigte sich ein Begriff vom Volk, der alle einschloss außer der Staatsführung und denen, die sich ihr verbunden fühlten. Fast musste man nochmal an Brecht denken, als wenn sein denkender Arbeiter am Ende des Kommunismus nachträglich zu sich gekommen wäre und den Kampf der Geschichte gewonnen hätte.

Seit einigen Jahren rufen auf den gleichen (allerdings sanierten) Straßen AfD- und Pegida-Anhänger denselben Satz. »Wir sind das Volk!« Aber alles ist anders. Nun ist aus der einschließenden Vokabel eine ausgrenzende Bezeichnung geworden. Wir sind nun die, die immer schon behaupteten, wir zu sein! Wir sind die, die sich das Recht geben, festzulegen, wer wir und wer die anderen sind. Wir sind die, die so sind wie ich. Oder ganz verkürzt: Wir sind ich. Damit hat die neue Rechte einen identitätspolitischen Kern, der es nicht verwunderlich erscheinen lässt, dass gerade die linke Identitätspolitik ihr so verhasst erscheint.

Schon daran lässt sich ausmachen, dass das Wort »Volk« oft zu einem Kampfbegriff wird, denn es erschafft ein Innen und ein Außen. Es schafft aus der dumpfen und amorphen Masse die Gemeinschaft derer, die dazugehören, und jener, die nicht dazugehören. Es definiert, es agiert. Und es verschafft denen, die meinen dazuzugehören, eine Art Legitimation und einen Wert. Im Namen des Volkes und nicht im eigenen Namen zu sprechen ist eine sehr machtvolle Redefigur. Vielleicht ist das sogar der wichtigste Aspekt dieses Begriffes.

Im Theater hat das Volk zwei Gesichter: Es ist traditionell entweder der Chor oder das Publikum. Heute erscheint hier das Volk auch durch sogenannte Experten: Menschen, die im Theater für das stehen, was sie sind, Experten ihres Lebens. Eine neue Art von Chor.

Wenn man sich die jüngere Geschichte und Tradition des Volkes im Theater ansehen will, und sich dafür die Theater, die das Volk heute noch im Namen tragen, bewusst macht, dann sind das auf der einen Seite das Wiener und Münchner Volkstheater, dazu die Volkstheaterbühnen vom Laienspiel bis zu professionellen Regionaltruppen. Auf der anderen Seite steht die Berliner Volksbühne am Rosa-Luxemburg-Platz, zwei Jahrzehnte ein Signum der Stadt.

An der Berliner Volksbühne (am Bülowplatz) ist 1929 *Die Bergbahn* von Horváth uraufgeführt worden. Da findet man dann also zwei durchaus unterschiedliche Traditionslinien: die eher ländliche Volkstümlichkeit im Volkstheater, das eher großstädtisch Proletarische in der Volksbühne. Das ist es, was bei Horváth bis heute aufeinandertrifft. Bei Horváth verbindet sich beides.

Man weiß, Horváth hat sich mehrfach auf das Wiener Volkstheater berufen, vorzugsweise auf Nestroy, Anzengruber und Raimund. Das ist eine literarische Tradition, der Übergang des primär gesprochenen Volkstheaters mit den typischen bäuerlichen Figuren und Konflikten in eine literarisierte Form. Mindestens am Tegernsee, wahrscheinlich auch in Murnau, wo in den 1920er Jahren ebenfalls Volkstheateraufführungen zu sehen waren, lernte Horváth die bayerische Variante dieses Volkstheaters kennen. Er besuchte die Ganghofer-Bühne in Egern, Carl Zuckmayer berichtete darüber in Berlin. In Berlin erweiterte Horváth seine Vorstellung vom Volkstheater und erreichte in *Glaube Liebe Hoffnung* aber auch mit *Kasimir und Karoline* (selbst wenn das Stück in München spielt) eine Fusion beider Traditionen, der ländlichen und der proletarischen.

Begriffe wie »Volksstück« und das »Volk« machen es einem nicht leicht. Es riecht nicht nur nach Heimat und Heustadl, nach Lederhose und Leitkultur, nach Volkstümelei und Vorortbühne, es mischt sich der üble Gestank der deutschen Mischung »Blut und Boden« dazu. Das Wort »Volk«, und damit auch das Wort »Volkstheater«, sind in der deutschen Sprache diskreditiert. Man kann sie – anders als Horváth – nicht ohne weiteres verwenden. Um die beiden Worte neutral zu gebrauchen oder gar als positiven Ausdruck zu empfinden, riechen sie noch immer zu sehr nach Erde und brauner Ideologie.

Auf der anderen Seite, was soll man gegen Worte haben? Irgendwie bezeichnet »das Volk« alle die, die sagen, dass sie dazugehören. Was wäre dagegen einzuwenden? Und wodurch sollte man es ersetzen? Die alten Begriffe »Gemeinschaft« und »Gesellschaft« sind auch nicht einfacher und unbelasteter, die »Nation« und der »Staat« sind zu funktional und meinen etwas anderes, der »Stamm« und die »Ethnie« gehen gar nicht, das »Staatsvolk« und die »Volksgemeinschaft« auch nicht. Der berühmte Historiker Reinhard Koselleck hat in einem 300 Seiten langen Artikel die Begriffsgeschichte des Wortes »Volk« nachgezeichnet und es dabei mit »Nation« einerseits und »Masse« andererseits verbunden. Es handelt sich – das wird bei Koselleck sehr deutlich – um ein Wortfeld, mit Verschiebungen und Umdeutungen. Für die Zeit nach 1914 ist dort zu erfahren, dass »Volk« für die Politik jener Zeit die zentrale Rolle spielte. Der Begriff war eine Leitinstanz, die Achse jeder politischen oder sozialen Argumentation oder Agitation. Um 1800 hatte »Volk« eine positiv-zukunftsweisende Rolle angenommen, die verwandten Begriffe »Vaterland« oder »Patriotismus« standen dagegen in einer ungebrochen-nichtrevolutionären Tradition. Sie wurden von konservativer Seite mit dem Volksbegriff verbunden und monopolisiert. In diesem Kontext spricht Horváth, wenn er 1929 schrieb: »Ich verstehe ja die Wut: ganz Bayern bringt seit 1914 keinen Dramatiker heraus und nun kommt ausgerechnet ein ›Ausländer‹, der ein ›bodenständiges‹, ›völkisches‹ Stück schreibt!«[52]

Die Nazis verwendeten den Begriff »Volk« zwar viel und gern, auch in Komposita wie »Volkskanzler« oder »Volksempfänger«, gleichzeitig wurde der Begriff ausgehöhlt. Volk war Rasse geworden.[53]

Das Volk ist ein Konstrukt. Im Nationalsozialismus sollte die Masse zu sich selbst kommen. Indem die Masse Volk genannt wurde, indem sie zum Volk wurde, konnte man wieder etwas fühlen. Die Masse wurde sozusagen naturalisiert, persönlich und lebendig. Aus der bedrohlichen und unübersehbaren Masse wurde etwas, worin man sich wohl und geborgen fühlen konnte. Der Begriff Volk hat den Vorteil, dass er inkludiert: Wer Teil des Volkes ist, gehört wirklich dazu. Indem das Dazugehören zum wesentlichen Merkmal des Einzelnen unter den Vielen wird, verliert die Masse ihre Anonymität.

Als Horváth seine Volksstücke schrieb, hatte der Begriff noch etwas von der Unschuld der vorindustriellen, vorgroßstädtischen Gesellschaft. Er wurde von denen, die aus dem Volk eine Ideologie und einen politischen Leitbegriff machen wollten, zwar missbraucht, aber das hatte noch keine entscheidende Wirkungsmacht. Heute gibt es im Deutschen die Tendenz den Begriff aufzugeben. Vielleicht aber sollte man es den Völkischen so einfach dann doch nicht machen. Das Volk ist ein Konstrukt, aber eines, das sich nicht so leicht ersetzen lässt.

Die Vorstellung vom Volk stellt die Frage seiner Repräsentation. Darum geht es im Volkstheater. Das Volkstheater sagt nicht »Wir sind das Volk!«, es fragt heute: »Wer ist das Volk?« Darüber hinaus stellt die Vorstellung vom Volk die Frage nach dem guten Regieren. Wie geht die wohlwollende (gehen wir davon aus, dass es das gibt) Regierung mit der unübersehbaren Masse um, mit der launischen, missgünstigen, selbstgerechten?

Die Ratten

Da ist sie ja doch noch, die Giehse! Therese Giehse gehörte zum Ensemble der Münchner Kammerspiele. Sie war das, was man sich im allerbesten Sinne unter einer Volksschauspielerin vorstellt, eine Tradition und Spielweise, die es nirgendwo in Deutschland so ausgeprägt gab wie in München, eine Art von Theater, das Hitler und Brecht gleichermaßen faszinierte.

»Im Parkett der Kammerspiele saßen inmitten vieler Gleichgesinnter und Freunde immer auch die nationalsozialistischen Feinde, oft Hitler persönlich«, erinnerte sich Therese Giehse.[54] Sie war die Freundin von Erika Mann und würde bald eine Attraktion in deren legendärem Kabarett »Die Pfeffermühle« werden, Eröffnung am 1. Januar 1933.

Auf dem Foto spielt sie kurz zuvor zusammen mit Marianne Hoppe in Gerhart Hauptmanns *Die Ratten*, Premiere war am 6. Dezember 1932, ein Stück durchaus in Volkstheatertradition, aber näher an der Berliner Volksbühne als an Murnau. Da ist der Hoppe nun gar nichts Verdrucksktes abzulesen, wie es ihre Erinnerung von 1936 an die Kammerspiele hatte. Man sieht hier zunächst das Naive, Einfältige und Einfache, das sie schon in Frankfurt (auch bei Hauptmann) gezeigt hatte. Sie denkt nicht daran, sich zur Großschauspielerin zu stilisieren! Sie spielt im Sinne einer Volksschauspielerin, einfach, direkt, plakativ.

Die Rolle und ihre Interpretation waren anders als in Frankfurt beim *Biberpelz*. Sowohl Therese Giehse als auch Marianne Hoppe entfachten mit dieser Aufführung Begeisterungsstürme. Die Piperkarcka, die Rolle die Marianne Hoppe spielte, und die Frau John von Therese Giehse, sie kämpften beide um das gleiche Kind. Düsteräugig, heftig, leidenschaftlich, wild, bewegt, rasend, gehetzt – das waren die Adjektive, die nach der Premiere im Dezember 1932 für Marianne Hoppe verwendet wurden. Liest man die Kritiken und Beschreibungen, hat man das Gefühl eine Naturgewalt sei aufgebrochen. Das war neu. Eine abgründige Gewalt zeigte sich in einfachem Spiel. Das Nervöse, das doch ein Zeichen der Zeit war, gehörte bisher nicht zu Marianne Hoppes Repertoire. Nun schien es sozusagen in ihr Spiel einzubrechen.

Volksstück (II)

Was sagte Horváth selbst zum Volksstück? *Revolte auf Côte 3018* war 1927 das erste Volksstück, *Kasimir und Karoline* 1932 das letzte, das er schrieb. Er gab das Genre, das eine so zentrale Rolle für ihn gespielt hatte, 1933 auf. Aus *Glaube Liebe Hoffnung* von 1933, das zunächst »Volksstück« heißen sollte, wurde *Ein kleiner Totentanz*.

Damit existieren folgende Volksstücke Horváths: Nach *Revolte auf Côte 3018* folgte die Umarbeitung *Die Bergbahn*, dann *Italienische Nacht*, dann die *Geschichten aus dem Wiener Wald* und *Kasimir und Karoline*. Das war's, das gilt auch als der Nukleus seines Werkes.

Das Volksstück war damals keineswegs eine Randerscheinung. Brechts Stücke konnten als moderne Volksstücke aufgefasst werden, immer waren sie volksnah. Marie Luise Fleisser schrieb Volksstücke, Zuckmayer schrieb Volksstücke. Es gab weitere Autoren. Damit ist ein bedeutsamer (und bis heute weiterlebender) Teil der damaligen Theaterproduktion umrissen.

»Mein Vaterland ist das Volk«, hatte Horváth 1929 geschrieben und wohl gemeint, damit wären manche Dinge geklärt.[55] 1932, vier Jahre später, war er nicht mehr so sicher: »Will man also das alte Volksstück heute fortsetzen, so wird man natürlich heutige Menschen aus dem Volke (wie der schöne feudale Ausdruck lautet) auf die Bühne bringen.« Da ist das Wort »Volk« ambivalent geworden und braucht einen Zusatz, Horváth möchte den Ausdruck nun als Ausdruck für die »feudale« Anschauungsweise verstanden wissen. Menschen aus dem Volke heißen sie, wenn man von oben nach unten blickt.[56]

In dem bekannten Interview mit Willi Cronauer für den Bayerischen Rundfunk sagte er, ebenfalls 1932, ihm schwebe die Fortsetzung des alten Volksstücks vor. Dazu brauche man heutige Menschen.[57] Er knüpfe, sagte er, eher an die Tradition der Volkskomiker und Volkssänger an, weniger an die Autoren früherer Volksstücke.[58] Wir haben, meinte er, kein echtes Volkstheater mehr,[59] das neue Volkstheater, das ihm vorschwebe, behandele Probleme auf volkstümliche Art, es sehe die Sorgen des Volkes durch die Augen des Volkes. Ein wahrhaftes Volkstheater appelliere an die Instinkte, nicht an den Intellekt.[60]

Man könnte das nach Strich und Faden auseinandernehmen, man könnte es als politisch rechts verstehen oder als krude. Horváth hat mit seinen Bemerkungen keineswegs den Nagel auf den Kopf getroffen. Mit präziser Programmatik hat das wenig zu tun. Es wirkt eher, als habe sich ein Autor gezwungen gesehen, eine programmatische Position einzunehmen, was seine Sache ganz und gar nicht war. Das ist schon früh aufgefallen.

»Horváths Stücke sind Stücke über das Volk, wie es sich selbst nicht sieht und nicht sehen will«, hat Alfred Doppler schon 1976 viel treffender geschrieben.[61] Viel mehr als bei Doppler ist dazu nicht zu sagen. Horváth ist der Volksdichter, der das Volk sich selbst zum Fraß vorwirft, der es zeichnet, so dass es sich fremd wird, der ihm den Spiegel vorhält. Zu genau möchte das niemand wissen.

Im Herbst 1935 war das Volk in Horváths Programmatik etwas geworden, das man vor dem Staat schützen muss. Ziel eines jeden Staates sei die Verdummung des Volkes. Gleichzeitig war das Volk bei ihm immer noch missgünstig und selbstgerecht. »Das Volk will nur hören, dass es wichtig ist.«[62] Das war's, mehr wollte er dazu nicht mehr sagen. Seine Theorie wurde besser, seine Stücke wurden schlechter.

Polizei

»Nun hatte die Polizei-Ausstellung sich auch zum Ziel gesetzt, zu beweisen, dass die Polizei im modernen Volksstaat eine Volkspolizei ist und sein will, dass sie ihre Organisation, ihren Ausbau und ihre Ausbildung bewusst unter die Devise stellt: Freund, Helfer und Kamerad der Bevölkerung zu sein.« So schrieb der preußische Innenminister anlässlich der großen Berliner Polizei-Ausstellung von 1926. In diesem Zusammenhang ist das Wort vom »Freund und Helfer« entstanden.[63]

Die Polizei kommt bei Horváth öfter vor, schon in *Mord in der Mohrengasse* war sie mit von der Partie, in *Die Unbekannte aus der Seine* würde sie ebenfalls eine wichtige Rolle spielen. Offenbar gehört der Polizist zum Kreaturenkabinett.

Horváths zentraler Beitrag zum Thema Polizei ist der Totentanz *Glaube Liebe Hoffnung*. Das Stück hat er 1932 zusammen mit Lukas Kristl geschrieben, es wurde 1933 im Arcadia Verlag veröffentlicht. Arcadia gehörte wie Propyläen zu Ullstein, Ende 1932 wurde das Vertragsverhältnis zwischen Horváth und dem Berliner Konzern auf Horváths Wunsch hin beendet.[64]

Es ist der »Schupo«, der in diesem Stück die entscheidenden Sätze sagt. »Ohne Glaube Liebe Hoffnung gibt es logischerweise kein Leben.«[65] Er bezieht sich damit direkt auf den 1. Korintherbrief, wie bekannt: »Nun aber bleiben Glaube, Hoffnung, Liebe, diese drei; aber die Liebe ist die größte unter ihnen.«

Wichtig ist, was dem vorausgeht. Als der Schupo gesagt hatte »Man darf die Hoffnung nicht sinken lassen«, hatte Elisabeth ihm entgegnet: »Das sind Sprüch!« Nun, fragt man sich da, ist »Ohne Glaube Liebe Hoffnung gibt es logischerweise kein Leben.« nicht auch nur ein Spruch? Vielleicht ist auch der Satz aus dem Korintherbrief nur ein Spruch? Vielleicht sind alle Weisheiten Sprüche?

Die Rolle der Polizei wird in *Glaube Liebe Hoffnung* permanent verhandelt, sie verfolge zum Beispiel gern kleine Verstöße, heißt es. Der Zuschauer dachte da wahrscheinlich: klar, weil der Polizei diese kleinen Verstöße gegen ihre kleinkarierten Prinzipien gehen, für die Verbrechen der Großen hat sie nicht das Format.

Aber Horváth machte, fast gegen seine Gewohnheit, der Polizei auch ein kleines Fenster auf und ließ einen Polizisten zum Individuum werden. Der Schupo wird, als er Elisabeth nahekommt, zu einem Menschen mit Namen, Alfons Klostermeyer heißt er nun. Da wäre etwas möglich, schien Horváth zu sagen.

Natürlich klappt es nicht, mit der Liebe zwischen Elisabeth und Alfons. Das aber liegt weniger an ihm als an dem System, in das er eingespannt ist. Da sind weitere Polizisten im Stück: ein Kriminaler, ein Oberinspektor, ein zweiter und ein dritter Schupo. Man könnte bei *Glaube Liebe Hoffnung* also von Horváths Polizeistück sprechen.

Es ist dann auch der Oberinspektor, der Alfons und Elisabeth auseinanderbringt: »Bedaure, aber Sie scheinen es nicht zu ahnen, wen Sie da an den Traualtar führen wollen – Ihre Braut hat doch wegen Betrugs bereits vierzehn Tage Gefängnis hinter sich. … Aber ob das Ihrer Karriere sehr förderlich ist.«[66] Es ist das System aus Abhängigkeit, Karrierewunsch, gesicherter Position und Männerbündischkeit (wie sich im fünften Bild zeigt), das den Menschen zum Polizisten macht. Das vierte Bild ist das Bild der Polizei, die als Ganzes ein Repressionssystem darstellt. Horváth zeigte dabei sehr einfach und deutlich, wie die Dinge sich selbst bestätigen.

Aber selbst vor diesem Hintergrund wird der Satz von Alfons Klostermeyer »Ohne Glaube Liebe Hoffnung gibt es logischerweise kein Leben.« nicht zur bloßen Floskel. Der Satz wird, egal, wie formelhaft er gesagt wird, nicht falsch. Auch das macht Horváth aus: Wahres wird so gesagt, dass es unwahr oder hohl klingt.

Alfons und Elisabeth sprechen aus einer Aussichtslosigkeit heraus, sie können die Umstände nicht ändern. Sie suchen nach Sinn; angesichts einer Situation, die sie mit etwas Übermächtigem konfrontiert, finden sie aber nur das Klischee. Das ist das Bittere bei Horváth.

Noch ein kleines Stück weiter, bevor Alfons Klostermeyer zu Elisabeth den Satz mit Glaube, Liebe und Hoffnung sagt, beobachten beide, wie der »Kriminaler« grundlos und ziemlich brutal Maria verhaftet. Auf Alfons Frage, was da los sei, sagt Elisabeth: »Nichts. Es ist bloß ein Fräulein verhaftet worden. Wegen nichts.«[67] Es ist nicht die Polizei als »Freund und Helfer«, es ist latenter Bürgerkrieg, was da stattfindet. Wobei »Bürgerkrieg« in diesem Fall einen Krieg des Staates gegen die Bürger bedeutet.

Noch sprechender ist, was nach Alfons zentralem Glaube-Liebe-Hoffnung-Satz geschieht. Er fährt fort: »Das resultiert alles voneinander.« Darauf entgegnet Elisabeth: »Sie haben leicht reden als Staatsbeamter in gesicherter Position.« Schupo: »Wir müssen doch alle mal sterben.« Elisabeth: »Hören's mir auf mit der Liebe!« – Da geht's ziemlich durcheinander, aber da wird auch wieder viel gesagt im aneinander Vorbeireden.

Es wird oft bemerkt, dass Horváth Floskeln verwende. Es stimmt, aber es wird doch auch alles deutlich ausgesprochen, interessant ist die Floskel nicht als Plattitüde, sondern durch das, was trotzdem durch sie hindurchklingt. Selbst der Amtsgerichtsrat sagt nichts an sich Falsches, wenn er seine Zigarre lobt, von dauernden Fehlurteilen spricht und im Kino Kitsch erwartet.[68]

Es ist das System, das den Menschen zum Polizisten macht. Es ist das System, das den Satz zur Floskel macht. Es ist das System, das Horváth mit *Glaube Liebe Hoffnung* erstmals frontal ins Visier genommen hatte.

27. Februar 1932, NSDAP-Versammlung in Berlin

Hitler sprach im Sportpalast, er begann nach 22 Uhr. Es ging nun schon darum, dass Hitler Reichspräsident wird.

»Man wird mir vielleicht entgegenhalten: Mit welchem Recht sind Sie gerade der öffentliche Ankläger gewesen? Mit dem Recht eines Anklägers, der aus der namenlosen Masse Volk stammt, dieser Masse, die ihr am 9. November 1918 geschlagen und ins Unrecht gestürzt habt! Mit dem Recht eines dieser Millionen Namenloser, die sich früher nicht zur Wehr setzen konnten und die in mir nun euch gegenüber den Sprecher gefunden haben.«

Das war der Geist, der später mit dem Bild illustriert wurde, das ihn im August 1914 in der Menschenmenge vor der Theatinerkirche in München zeigte, einer aus der namenlosen Masse Volk. Das ist der Geist des Populismus.

Etwas später fuhr er fort: »Zahlreiche Berufe und Stände sind zusammengebrochen, Millionen Menschen haben ihren Spargroschen verloren, Millionen andere ihr Geschäft, ihren Arbeitsplatz und sind dem Verhungern ausgeliefert. Ein ganzes Volk ist dem Untergang geweiht. Man weiß das jetzt auf einmal. Eine Million Bauern stehen vor dem Zusammenbruch ihrer Existenz, vor dem Verlust von Haus und Hof. Elend über Elend, Katastrophe über Katastrophe, wohin wir heute blicken.«[69]

Mehring

Ende des Jahres 1932 lernte Horváth in Berlin den Schriftsteller Walter Mehring kennen. Max Reinhardt wollte, dass sich Horváth und Mehring wegen einer Revue treffen, die sie dann gemeinsam für ihn schreiben sollten. Also verabredeten sie sich.

»Am Nachmittag hat mich dann Horváth angeläutet, den ich noch nicht kannte, und wir trafen uns in einer kleinen Konditorei am Lützowplatz. Nun war er der einzige Gast, denn draußen ging es schon wild zu in dieser Zeit, also wusste ich, das konnte nur Horváth sein, wenngleich er nicht nach einem Kleistpreisträger aussah, er hatte diese wunderbare südliche Gestalt eines Menschen, der ganz aufgelöst war, und die etwas melancholische Art. Wir plauderten nun über sehr viele Dinge, nur nicht über die Revue, denn wir hatten andere Dinge zu besprechen. Wir hatten ja auch gemeinsame Lieben und Liebschaften. Bis wir zu Reinhardt befohlen wurden und Reinhardt uns in seiner wunderbaren Art zu improvisieren den Plan auseinandersetzte. Dann wandte er sich an Horváth und sagte: Wie finden Sie das, Herr von Horváth? Horváth sagte: Superb. Dann sagte er zu mir, Herr Mehring, Sie haben überhaupt noch nichts gesagt. Was ist denn Ihre Meinung? Ich sagte, ja großartig, falls es überhaupt noch zu einer Aufführung kommen wird, mit Hitler schon vor den Toren. Und Reinhardt sagte: Einem Reinhardt wird man nichts tun.«[70]

1933

1933 (eine Chronologie der Ereignisse)

Als das Jahr 1933 begann, wohnte Ödön von Horváth immer noch im idyllischen Murnau, Marianne Hoppe lebte seit ein paar Monaten in einer kleinen Wohnung in der schönen Münchner Kaulbachstraße am Englischen Garten und Adolf Hitler bewohnte eine repräsentative 8-Zimmer-Wohnung am Münchner Prinzregentenplatz im 2. Stock der Hausnummer 16.

Aber jetzt würde, mit einem Mal, sehr viel geschehen. 1933 ist nicht nur für Hitler, sondern auch für Hoppe und Horváth ein zentrales Jahr – nur noch ein paar Tage und sie begegnen sich. Am Ende dieses Jahres 1933 würde kaum etwas so sein wie zu Beginn.

Horváth versuchte am Anfang des Jahres seine Verhältnisse zu ordnen. Er kümmerte sich im Januar um Geldangelegenheiten. Trotz erheblicher Einnahmen hatte er Schulden bei Ullstein, dem Verlag, mit dem sein Vertrag gerade gelöst wurde. Er versicherte also, diese Schulden zurückzuzahlen, gleichzeitig setzte er sich dafür ein, dass sein Mitarbeiter Lukas Kristl zu 45 Prozent an den Tantiemen des neuen Stücks *Glaube Liebe Hoffnung* beteiligt werden sollte.

Am 30. des Monats hatte Hitler es geschafft. Er wurde – nach einer gewonnenen Wahl im November 1932 – in Berlin offiziell und legal (nachdem der Plan geheim gehalten worden war) zum Reichskanzler ernannt. Im November 1932 hatte die NSDAP bei einer Wahlbeteiligung von 80 Prozent ein Drittel der Stimmen erhalten und war in Deutschland stärkste Partei. Eine Zäsur sahen ausländische Diplomaten in Berlin in der Ernennung Hitlers im Allgemeinen nicht.[1] Hitler rief noch am gleichen Tag das Kabinett zusammen. Und am 1. Februar verlas er die Regierungserklärung. Man erwartete, dass alles ganz normal weiterginge.

Am 31. Januar, also einen Tag nach der Ernennung Hitlers, hatte an den Münchner Kammerspielen *Das schwedische Zündholz* Premiere, mit

Marianne Hoppe und Therese Giehse. In Murnau fand ein Marsch der Nationalsozialisten statt, das Rathaus wurde mit der bayerischen Fahne beflaggt, als die Nazis vorbeimarschierten. Horváth war damals in Murnau, er war bereits aus Berlin zurückgekehrt. Bei einer Kundgebung am 2. Februar hingen Hakenkreuzfahnen in der Murnauer Hauptstraße: »Die Schlacht ist gewonnen und nun bindet den Helm fester«, sagte Kreisleiter Engelbrecht.[2]

Soweit sind die Dinge klar. Alles, was danach kam, ist ziemlich unübersichtlich, es geschieht so vieles gleichzeitig, die Dinge überlagern sich und verschwimmen. Deswegen folgt in diesem Kapitel zunächst ein chronologischer Überblick, dann geht es in den folgenden Kapiteln in die Einzelheiten. Es gibt sozusagen einen großen Kameraschwenk über das Gesamtgeschehen, bevor wir in die Szenen zoomen.

Am 10. Februar hielt Hitler die berühmte Rede im Sportpalast. Horváth hörte sie im Hotel Post. Es kam zum Streit mit SA-Leuten, weil Horváth wollte, dass das Radio abgeschaltet wird. Horváth verließ Murnau danach und ging nach München. In dieser Zeit, Mitte Februar, lernten sich Marianne Hoppe und Ödön von Horváth hier, in München, kennen. Es war nach einer Vorstellung von *Komödie der Irrungen* (einem aufgedrehten »Faschingsulk«) in den Kammerspielen. Am 12. Februar wurde das Haus der Horváths in Murnau von SA-Leuten durchsucht.

Am Rosenmontag, dem 27. Februar, brannte in Berlin der Reichstag. In den Kammerspielen fand der jährliche Faschingsball statt. Erika Mann, die zuvor noch in der Pfeffermühle gespielt hatte, wo auch Hoppes Kollegin Therese Giehse spielte, und Marianne Hoppe tanzten und vergnügten sich hier mit Horváth.[3] Spätestens hier lässt sich der Anfang der Liebesgeschichte zwischen Hoppe und Horváth vermuten. In dieser Zeit wurde sie schwanger.

Für den 5. März hatten die Nationalsozialisten bereits Neuwahlen für den (am 1. Februar aufgelösten) Reichstag angesetzt, bei der die NSDAP gut 10 Prozent hinzugewann. Die Machtübernahme in München und Bayern als letztem der deutschen Länder erfolgte erst am 9. März mit der Absetzung von Karl Scharnagl als Oberbürgermeister Münchens und von Heinrich Held als bayerischem Ministerpräsidenten.

Horváth wollte nach dem Fasching mit seiner Freundin Hertha Pauli, deren Freundin Margot und Walter Tschuppik in eine Skihütte fahren. Tschuppik, Redakteur der *Münchner Neuesten Nachrichten*, war Besitzer der Hütte. Die beiden Frauen fuhren voraus. Niemand aber folgte ihnen. Tschuppik war in »Schutzhaft« genommen worden und Horváth hatte sich – wahrscheinlich – nach Österreich abgesetzt. Unterdessen wurde unter Dollfuß auch in Österreich die Pressefreiheit eingeschränkt.

In Österreich, wenn er denn dort war, scheint Horváth nun zu verschwinden. Marianne Hoppe hat nie etwas Präzises über die Zeit direkt nach dem Kammerspielball berichtet. Hertha Pauli wusste nichts über Horváth. Sie blieb im Ungewissen, bis sie eine Postkarte bekam: »Ödön rief mich nach Salzburg«.[4] Dort aber fand sie ihn nicht. Er sei zur Bahn gegangen, sie abzuholen, dort aber nicht gewesen und auch nicht mehr aufgetaucht. Das berichtete ihr damals der rumänische, deutsch schreibende Schriftsteller Valeriu Marcu, den sie in Salzburg traf und der Horváth hier zuvor getroffen hatte. Von dem Treffen berichtete auch der mit Horváth befreundete Schriftsteller Alexander Lernet-Holenia.[5] Bei ihm, in St. Wolfgang, soll Horváth nach seinem Verschwinden aus München zunächst untergekommen sein.

Am 12. März hielt Hitler eine weitere Rundfunkansprache.

Unterdessen begann für Marianne Hoppe eine vollkommen neue Geschichte. Ihr Engagement an den Kammerspielen ging zu Ende, da Käthe Dorsch, die sie vertreten hatte, an die Bühne zurückkehrte. Gleichzeitig tat sich eine Verbindung zum Film auf. Drei Herren einer Berliner Produktionsfirma sahen sie, wie sie an den Kammerspielen in *Fanny* von Marcel Pagnol spielte. Die drei waren der Ansicht, dass die (doch sehr norddeutsche) Hoppe die richtige Besetzung für eine Magd in einem Film über den Kampf um den berühmten tirolerischen Freiheitshelden Andreas Hofer sei, in einem typischen Horváth-Ambiente.

Mit dem Filmengagement machte Marianne Hoppes junge Karriere, sie war 22 bzw. 23 Jahre alt, einen enormen Sprung. Hoppe spielte in diesem Film, *Der Judas von Tirol*, gleich darauf im Oktober begannen die Dreharbeiten zu *Heideschulmeister Uwe Carsten* und im November 1933 folgte mit *Der Schimmelreiter* ihr dritter Film. Nun, im November, hatte *Der Judas von Tirol* auch seine Premiere, und das Gesicht der Schauspielerin Marianne Hoppe wurde im ganzen deutschen Land bekannt.

Am 19. April 1933 traf der wieder aufgetauchte Ödön von Horváth eine neue Verlagsvereinbarung. In Wien kam er mit dem Verleger Georg Marton vom gleichnamigen Verlag und dem Berliner Verleger Fritz H. Landshoff vom Kiepenheuer Verlag zusammen. Der Berliner Kiepenheuer Verlag sollte nun Horváths Rechte in Deutschland, der Wiener Marton Verlag seine Rechte im Ausland wahrnehmen.

Horváth scheint damals tatsächlich verwirrt gewesen zu sein. Als Hertha Pauli ihn in Wien endlich wieder traf, er selbst war am 18. April angekommen, erinnerte er sich an nichts. »Ödön wusste nicht mehr, was ihm in Salzburg eingefallen oder wo er gewesen war. Wahrscheinlich war er in irgendeinen Zug gestiegen … In einem Zug hatte er auch einmal die Zeitungsmeldung über einen Mord gelesen und war gleich ausgestiegen, um sich bei der Polizei als Täter zu stellen. Man hatte ihn ausgelacht, denn er war nie am Tatort gewesen.«[6]

Horváth nahm in Wien damals näheren Kontakt zu dem Schriftsteller Franz Theodor Csokor auf. Der ungarische Drehbuchautor Géza von Cziffra erinnerte sich für diese Zeit an einen Aufenthalt Horváths in Budapest. Gleichzeitig erinnerte er, dass Horváth sehr plastisch von der ersten Bücherverbrennung durch die Nazis in Berlin erzählt habe. Da diese am 10. Mai stattgefunden hat, wäre Horváth also Anfang Mai nach Berlin gefahren, um im Laufe des Mai dann weiter nach Budapest zu reisen. Das klingt nicht wahrscheinlich, zumal Cziffra weiter behauptete, Horváth sei damals von Budapest zurück nach Berlin gefahren.[7] Auf der anderen Seite: Dem verwirrt-rastlosen Horváth ist zu dieser Zeit alles zuzutrauen.

Wie oft, wann, wo und wie sich Marianne Hoppe und Ödön von Horváth in dieser Zeit trafen, ist durch keinerlei Belege zu ermitteln. Es muss aber öfter gewesen sein.

Vom 25. bis 28. Mai fand in Dubrovnik der 11. PEN-Kongress statt, an dem Horváth nicht teilnahm. Es ergab sich aber ein Streit zwischen ihm und Oskar Maria Graf wegen der Unterschrift unter eine PEN-Resolution gegen das Verhalten der Nazis gegenüber den deutschen Schriftstellern. Horváth zog seine Unterschrift unter die Protestresolution zurück, Graf bezichtigte ihn deswegen in aller Schärfe und nicht unbegründet[8] der Feigheit. Hier beginnt, was man am besten Horváths politische Abstinenz nennen, worin man aber auch eine befremdliche Indifferenz gegenüber dem Nationalsozialismus erkennen kann.

Kurz darauf, im Juni, ist Horváth von Wien aus zu Marianne Hoppe ins Zillertal gefahren. Hier fanden die Dreharbeiten zu *Der Judas von Tirol* statt.

Im Juni 1933 hielt Horváth sich wohl auch das erste Mal in Henndorf bei Carl Zuckmayer auf.[9] Am 4. Juni hatte er sich in Wien abgemeldet,[10] am 30. Juni schrieb er aus Schärding (am Inn, kurz vor Passau auf der österreichischen Seite), wo er eine Kur machte. Horváth war also im Juni wohl zunächst in Henndorf und dann im Zillertal.

Das erste Mal hören wir Ende Juni aus Schärding von »seinem Magen«, der ihn zwinge, »strenge Diät« zu halten. »Hab es wirklich nötig.«[11] Alexander Lernet-Holenia bestätigte Horváths Verdauungsprobleme, indem er einen befreundeten Arzt zitierte.[12] Vor Schärding, schrieb Horváth an eine unbekannte Empfängerin in Wien, sei er im Zillertal und in Innsbruck gewesen.[13]

Marianne Hoppe behauptete mehrfach, Horváth habe an *Der Judas von Tirol* mitgearbeitet. Tatsächlich hat Horváth in diesem Jahr ernsthaft über Arbeit im Filmgeschäft nachgedacht. Bereits im Dezember 1932, also vor der Ernennung Hitlers, hatte er gegenüber dem Ullstein Verlag zu erwartende Einnahmen aus Filmarbeiten erwähnt.[14] Damit wollte er die Schulden begleichen, um die es dann auch im Januar 1933 ging und über die ihm die neue Vereinbarung mit Kiepenheuer und Marton zunächst einigermaßen hinweghalf.

Ein Grund für die Reise Horváths ins Zillertal könnte auch das gemeinsame Kind gewesen sein. Hoppe hat mehrfach davon erzählt, er niemals – wie er vieles aus dem Jahr 1933 niemals erzählt hat.

Mitte Juli, Hoppe drehte weiter, war Horváth dann wieder in Wien. Er wohnte in der Wohnung von Franz Theodor Csokor im 3. Bezirk.

Scheinbar nebenbei, man fragt sich, wo und wie, schrieb Horváth in der ersten Jahreshälfte das Stück *Eine Unbekannte aus der Seine*, zunächst zusammen mit Hertha Pauli, dann allein. Dann schrieb er *Hin und Her*, in der zweiten Jahreshälfte *Himmelwärts*. So schrieb er in diesem Jahr zwei Stücke über Tote (*Unbekannte*, *Himmelwärts*) und eines über Grenzen (*Hin und Her*). Zumindest begonnen hat er auch noch *Figaro lässt sich scheiden*. Schaut man sich diese Stücke an, muss man denken: Horváth wird menschenfreundlich. Als wolle er etwas wie Trost in ihnen verpacken.

Marianne Hoppe wechselte nun ganz ins Filmgeschäft. Noch im gleichen Jahr 1933 drehte sie, wie gesagt, *Heideschulmeister Uwe Carsten* und *Der Schimmelreiter* nach Theodor Storm. Es waren drei Filme in der zweiten Hälfte des Jahres.

Im Herbst begannen die Dinge sich für Horváth langsam etwas zu ordnen. Er war in Wien, Mitte September erschien ein Interview in der

Wiener Allgemeinen Zeitung, in dem er über seine letzten Stücke sprach. Marianne Hoppe, wenn sie nicht drehte, lebte wieder in Berlin. Über sie erschienen nun mehrere Berichte in Illustrierten, sie wurde zum Filmstar. Als im November *Der Judas von Tirol* Premiere hatte, war sie bereits ganz Berlinerin.

Horváth in Wien besuchte, wohl eingeführt von Csokor, das erste Mal den Salon von Alma Mahler-Werfel. (Sie könnte auch die unbekannte Wienerin, die »Liebe gnädige Frau« sein, an die er geschrieben hatte, er sei im Zillertal und in Innsbruck gewesen.) Dann fuhr er nach München, dort hielt Hitler am 15. Oktober die Rede zur Grundsteinlegung für das »Haus der Kunst«. Horváth war in dieser Zeit auch in Murnau. Wohl Ende November fuhr er, eventuell über Henndorf, nach Wien, Mitte Dezember auch nach Budapest.

Am 27. Dezember 1933 heiratete Horváth in Wien die Sängerin Maria Elsner. Angeblich ging es darum, die Jüdin durch einen ungarischen Pass vor den Nazis zu schützen. Diese Ehe stürzte Horváth von Neuem in Chaos und Verzweiflung.

Von Horváth und Hoppe, die in der ersten Jahreshälfte ein intensives Verhältnis und, wenigstens für kurze Zeit, ein gemeinsames Kind gehabt hatten, war da schon längst keine Rede mehr.

1933 (Bruch)

Die Kraft des Blicks, des gnadenlosen Blicks, des offenen Blicks, der ihn zu der neuen Sicht auf die menschliche Kreatur und Natur befähigt hatte, verließ Horváth 1933. Mit einem vorschnellen Satz kann man sagen: Wozu noch Stücke schreiben, wenn die Wirklichkeit mit ihrer Bestialität Horváth nun im Höchsttempo überholt hatte.

Ein Dramolett mit dem Titel *Ohne Titel. Ein Zeitstück*, das im März 1933 in der *Literarischen Welt* gedruckt wurde, ist der letzte regulär in Deutschland veröffentlichte Text Horváths. Merkwürdigerweise ist er überhaupt nicht bekannt, obwohl es der letzte Text ist, in dem Horváth die für ihn typische Schärfe hat.

Dieses Zeitstück (mit vier Seiten bestenfalls ein Stückchen – aber in drei Akten) ist übermütig verrückt, zwischen Lächerlichkeit und selbstmörderischem Politkommentar, es steckt voller persönlicher Anspielungen, hat etwas von dem »Hohn«, den Horváth später gemeint haben könnte. Das Zeitstück *Ohne Titel* spiegelt ein Gefühl vollkommener Unsicherheit und Sinnlosigkeit:

»Direktor: »Ist der Reichskanzler noch Reichskanzler?«

Dramatiker: »Das ist mir wurscht. Ich bin ein Dramatiker.«

Der Dramatiker ist dabei ein Stück zu schreiben.

Dramatiker: »Nur keine Angst, ich erwähne den Artikel 48, dann weinen die Leut sicher.«

Der Artikel 48 war der sogenannte Notverordnungsparagraph, der dem Reichspräsidenten in Weimar weitreichende Möglichkeiten gab, im Ausnahmezustand zu regieren.

Zweiter Akt. Hilfsregisseur: »Der Direktor hat gerade fortmüssen, weil er mit der Pacht Schwierigkeiten hat –.«

Der Direktor müsste zweimal am Tag vor vollem Haus spielen, um über die Runden zu kommen. Die Schauspieler interessiert das nicht, sie machen sich ganz andere Sorgen.

Star Weiblich: »Ich hab eine neue Limousine.« Star Männlich: »Ich hab eine neue Limousine. …« Star Weiblich: »Herr dramatischer Dichter, Sie könnten mir doch irgendwie meine Limousine mit in das Stück hineinnehmen –.«

Marianne Hoppe war zu diesem Zeitpunkt von Horváth schwanger, sie besaß ein Auto und dachte über die Anschaffung eines neuen nach.

Im dritten Akt schreibt ein Kritiker eine »Vorkritik« über das »zeitlose Zeitstück«, das nun tatsächlich aufgeführt worden ist, Titel *Vor Neumondaufgang*, was eine Gerhart-Hauptmann-Anspielung ist. Trotz oder wegen der Aufführung sind der Direktor und der Dramatiker nun beide pleite. Der Direktor ist so sehr pleite, dass er unter dem Mantel nur mehr sein letztes Hemd anhat.

Direktor: »Kommens, gehen wir lieber ins Kino!«

Danach verlor Horváth seinen schriftstellerischen Kompass. Was hatte sich verändert? Das offensichtliche Moment, der Aufstieg der Nazis, bietet sich als Erklärung an. Aber es gibt das Erlebnis in Murnau bei der Rede Hitlers, seine Zurückhaltung bei der Deklaration des PEN, die Flucht nach Salzburg, Wien und Budapest, die Beziehung mit Hoppe und das Kind, das sie von ihm erwartete, die Stille und Verwirrung, Probleme mit dem Magen, mehrere Stücke, die *Unbekannte aus der Seine*,

Hin und Her, *Himmelwärts* und *Figaro lässt sich scheiden*, dann der Weg nach Berlin, der Versuch, sich mit den neuen Verhältnissen zu arrangieren, die Drehbücher, die Erkenntnis, dass er ohne Gesellschaft nicht schreiben kann, die Erfahrung, dass er es mit dieser deutschen Gesellschaft auch nicht kann.

Es gibt vielfache Versuche der Ehrenrettung, Versuche, seine Stücke aus der zweiten Hälfte der 1930er Jahre mit dem restlichen Werk gleichzustellen. Aber die Stücke, die Ödön von Horváth nach 1933 geschrieben hat, sind eher ein Anlass zur Trauer als zur Rehabilitation. Sie zeigen, wie ein Schriftsteller, der mit und in Opposition zur Gesellschaft Texte schrieb, die zu den wichtigsten ihrer Zeit gehörten, seine Position, seine Aufgabe, seine gesellschaftliche Rolle verlor. Es ist ein schmerzhafter Vorgang, wie dieser Autor durch die Veränderung der politischen und gesellschaftlichen Verhältnisse aus der Spur geriet.

Insofern sind die Texte nach 1933 weniger gültige Dramen als Zeugnisse einer Konstellation. Man sieht an diesen Stücken, wie wenig ein Autor, ein Künstler tun kann, wenn er aus der Zeit herausfällt. Er schreibt weiter, aber seine Figuren haben einen wesentlichen Teil ihrer selbst verloren. Sie haben keinen Bauch mehr. Sie sprechen nicht mehr aus sich heraus. Sie werden nicht mehr sichtbar.

Die Nazi-Zeit-Stücke Horváths haben eine gute Dramaturgie, gute Ideen, sie haben Dialoge, die ein Könner geschrieben hat, sie zeugen von Talent, und doch sind sie gegenüber den früheren Stücken von der *Mohrengasse* bis zu *Glaube Liebe Hoffnung* stumm. Sie sagen nichts. *Der jüngste Tag* und *Jugend ohne Gott*, da beginnt Horváths Schreiben wieder zu berühren, aber auch da ist es nicht auf der Höhe seiner besten Texte.

In *Don Juan kommt aus dem Krieg* findet sich der Satz: »Es ist typisch für unsere Tage, wie sich jeder einzelne in seinem inneren Wesen ändert infolge der Katastrophen, die die Allgemeinheit betreffen.«

Darin, wenn man so will, liegt Horváths Größe. Er wollte mit allem, was er hatte, weitermachen. Er schrieb 1933 drei Stücke (*Die Unbekannte aus der Seine*, *Hin und Her* und *Himmelwärts*), die schwächer als seine bisherigen Arbeiten waren. Er ging nach Berlin, um sich im Filmbusiness zu verdingen. Das hielt er keine zwei Jahre aus. Er schrieb das Figaro- und das Don-Juan-Stück, gab sich mit der Bearbeitung von berühmten Vorbildern eine Programmatik, er wurde Moralist und er scheiterte.

Horváth war seit dem Jahr 1933 durcheinander. Marianne Hoppe dagegen – ein souveräner, selbstständiger Geist – konnte mit der Situation umgehen. Sie stellte in diesem Jahr wesentliche Weichen. Sie kam Horváth sehr nah, sie war in ihn verliebt, wie sie viel später immer wieder deutlich machte, aber weder das, noch das verlorene Kind, noch die Nazis warfen sie aus der Spur. Erst später, in den 1980er Jahren, bewunderte sie in Horváth den Künstler, der sozusagen seinen moralischen Kompass im richtigen Moment verlor. Nun trauerte sie ihm nach.

Horváth schrieb nach 1933 keine Volksstücke mehr. Wie sollte man Volksstücke schreiben, wenn das Volk so hässlich geworden war? Er wurde ein Schriftsteller, der sich vor allem um seinen Broterwerb sorgen musste und wollte. Horváth produzierte Stücke, um auf dem schwierigen Feld, das für einen deutschsprachigen Autor das Theater nun war, ein paar Eisen im Feuer zu haben und wenigstens etwas Geld zu verdienen. Er versuchte im Berlin der Nazis und im Filmgeschäft Fuß zu fassen. Gesellschaftliche Fragen hielt er sich vom Leib.

Das Zündholz

Zwei verwandte Bilder, beide mit auffällig blondem Haar, ähnlich und doch sehr unterschiedlich. Das erste zeigt eine laszive, weibliche, geheimnisvoll-versonnene Frau. Auf dem zweiten Bild, mit ähnlicher Frisur und Haltung, ist die Frau direkt, herausfordernd, stark. Das fein geschnittene Gesicht wirkt breiter. Das genaue Aufnahmedatum der beiden Bilder ist nicht bekannt, aber sie dürften beide um 1933 entstanden sein.

Am 31. Januar 1933, also einen Tag nach der Ernennung Hitlers, hatte an den Münchner Kammerspielen *Das schwedische Zündholz* Premiere: Der Komödiendichter Albert Wendel malt sich in diesem Lustspiel die Verlobung mit dem schwedischen Fräulein Birgitt aus. Da kommt seine ehemalige Gattin mit Sohn, was den Hausherrn um die Verlobung bringt, wobei das gewitzte Hausmädchen Johanna kräftig mitmischt. Dieses Hausmädchen spielte Therese Giehse, während Marianne Hoppe das »schwedische Zündholz« Birgitt war. Als »natürlich, frisch und selbstsicher« wurde sie in den *Neuesten Münchner Nachrichten* bezeichnet.

War es an diesem Abend so, wie man es sich im Nachhinein vorstellt: erregte Diskussionen zwischen den Schauspielern, eine allgemeine Atmosphäre von Verunsicherung, ein Anflug von Angst, ein erregtes, nervöses Publikum? Und dazu einzelne, die wegen der Machtergreifung tief befriedigt waren? Oder war alles normal, ein Abend wie jeder andere, der erst später in der Rückschau eine solche Bedeutung gewann?

Marianne Hoppe konnte sich – viel später – nicht mehr konkret erinnern. »Nach der Premiere des *Schwedischen Zündholz* haben wir vor den Kammerspielen im Gläsernen Eck gesessen. Wahrscheinlich haben wir darüber geredet. Es gibt sicher Leute, die politisch … Ich meine, ich habe meine politische Stellung schon gewusst, aber gehandelt habe ich leider nicht. Ich hatte viel zu tun und habe meinen Kram gemacht, und das, was ich eben nicht machen wollte, was mir da dubios erschien, habe ich eben nicht gemacht.«[15]

Sie konnte sich also vor allem daran erinnern, im Gläsernen Eck gewesen zu sein. Sie äußerte eine ungewisse Vermutung über sich selbst. Alles weitere sind allgemeine Erwägungen, die sich aus den späteren Erfahrungen ergeben, die sich über die unmittelbare Erinnerung gelegt haben. Das Gläserne Eck existierte übrigens bis in die Nullerjahre des 21. Jahrhunderts.

Der Regisseur Stephan Suschke führte ebenfalls einmal ein Gespräch mit ihr über dieses Thema: »Zum Zeitpunkt von Hitlers Machtergreifung war Marianne Hoppe 23 Jahre alt. Ich erinnere einen langen Nachmittag in Marianne Hoppes kleinem Haus auf dem Peloponnes, mit Blick auf das Mittelmeer. Wir sprachen über die Nazizeit; ein stockendes, quälendes Gespräch. Sie krümmte sich auf ihrem Stuhl, wie einst in ihrem Zimmer beim Textlernen. Stunden hörte sie in sich hinein, versuchte sich zu erinnern, misstrauisch gegen Rechtfertigungen, gegen die schnellen Erklärungen. Keine Verteidigung, die Ahnung von Schuld: Man hat es mitgemacht, man war dabei, man war in dieser Suppe dabei.«

Marianne Hoppe war bereit, für die Bilder, die man mit ihr machen wollte, alles zu geben. Sie machte, wie sie sagte, ihren Kram. Sie würde und sie konnte jede Rolle spielen. Sie war eine junge Frau, gierig, wild, offen, lebendig. Sie war die burschikose Frau. Sie war die moderne Frau, die im Büro ihren Mann steht. Sie war die junge Dame mit mondäner Mähne. Sie war die nachdenklich-melancholische, weil bereits gefallene schöne junge Frau. Sie war das erfrischend schöne Mädchen, das gerade Frau wird. Sie war die entschiedene starke Frau mit Zopf. Sie war der verführerische Vamp. Sie war die männliche Frau mit breitem Kreuz.

Da würde sich doch auch jetzt, mit diesen unsympathischen Nazis, etwas finden lassen.

Masse und Macht (Masse IX)

Die Masse war auf den Straßen: Kundgebungen, Demonstrationen, Terror. Das hatte es auch vorher gegeben, gerade von den Nazis, aber nun geschah es mit dem Segen der Regierung. Die Masse, so konnte man denken, regiert.

Das erste Mal hatte sich die Masse in der *Levée en masse* in der Französischen Revolution gezeigt. Sie war fragil und launisch gewesen. Bis heute steht die Politik vor der Schwierigkeit, den Willen der Masse zu bestimmen und auszuführen, selbst wenn sie das möchte. Tendenziell neigen Teile jeder Regierung deswegen zum Opportunismus, Teile der Masse zum Ressentiment, was man als Enttäuschung an der Regierung interpretieren kann. »Wir sind das Volk«, sagen heute merkwürdigerweise die, die in Demos aus der Demokratie ausbrechen wollen.

Der Einzelne verlor seine Individualität. Gleichzeitig entstand etwas, das ihn mit den anderen verband und das der Einzelne selbst nicht kontrollieren konnte. Man spürte eine merkwürdige, untergründige Verbindung, wie es sie bis dahin nicht gegeben hatte. Heute erscheint die Masse als normales Phänomen, sie wurde in der Demokratie institutionalisiert, sie wurde im Pop und im Sport zum Teil der sogenannten Massenkultur.[16] Alles wurde zum Massenphänomen: Massenproduktion, Massentourismus, Massenmedien, Massenarbeitslosigkeit, Massenschlägerei, Massentierhaltung. Damals war sie mysteriös, bedrohlich, überwältigend. Damals brach sie sich Bahn.

Das Bemerkenswerteste an Canettis *Masse und Macht* ist vielleicht ein nur halb bewusster Zusammenhang. Erst im 20. Jahrhundert, als die Zivilisation auf ihrem Gipfel angekommen schien, war die Zeit reif für die Anschauung und Erkenntnis der Masse. Diese Masse aber ist dann etwas Archaisches, quasi Biologisches und Beängstigendes, Gewaltiges und Gewalttätiges. Die Masse entstand auf einer Ebene, wo die vielen Menschen zu etwas wurden, das jedem Einzelnen von ihnen Angst machte, wo sich der Wille des Einzelnen aufzulösen begann, wo die Grenze zwischen Mensch und Tier wieder zu verschwimmen schien.

Das Masse-Buch Canettis war eine Gratwanderung zwischen dem letzten Tier und dem ersten Menschen, hat der Lyriker Durs Grünbein einmal geschrieben. Das Verdienst von Canetti ist nicht, die angebliche

Fragwürdigkeit der zivilisatorischen Maskerade deutlich gemacht zu haben, wie das mancher Autor getan hat. Canetti hat mit der Masse das Archaische in die Moderne gebracht und beschrieben. Es sind nicht die Steinzeitreste unseres Gehirns, wie heute viele Autorinnen und Autoren schreiben, die uns atavistisch werden lassen, es ist die Dynamik der Masse, in der wir verschwinden.

Die Spalter, die Populisten, die Zersetzer und Zerstörer geben heute wieder den Ton an. Es ist ein weltweites »Age of Anger«.[17] Ein Zeichen dieses Hasses ist die Rückkehr der Massen mit ihrem blühend-lebendigen Ressentiment, das von immer zahlreicher werdenden, sogar demokratisch gewählten Politikern geschürt und – zur Sicherung und Erweiterung der Macht – benutzt wird. Wir leben in einer Zeit der neu anbrechenden Massen- und Machtpolitik, die direktere Antworten zu bieten scheint, als die einzige Antwort, die es in Wahrheit gibt: die ziemlich aufwändigen und manchmal frustrierenden Prozesse der Demokratie.

Masse machte Angst. Selbstverständlichkeiten änderten sich. Persönliche Individualität und Integrität wurden etwas Bedrohtes, man konnte in der Masse untergehen. Die Einzelnen und die Vielen erschienen nun im Bild der Masse, die den Einzelnen verschluckte. Die Erfahrung, ein unbedeutender, verwechselbarer, austauschbarer Teil einer unüberschaubaren, übermächtigen, uneinschätzbaren Masse zu sein, verunsicherte zutiefst. Die Selbstverständlichkeit der Existenz als einzelner Mensch war nicht mehr selbstverständlich. Man wurde nicht mehr wahrgenommen, man verschwand. Es ist die gegenläufige Bewegung zum aufblühenden Individualismus der Moderne. Der Mensch ist nicht nur ein Herdentier, sondern wird ein Massentier.

Sie müssen etwas Intensives gespürt haben, Ernst Toller, Fritz Lang, Elias Canetti, José Ortega y Gasset (und etliche andere). Sie spürten etwas, wovon sich heute Reste in Worten wie dem von der gärenden Masse oder der dunklen Masse erhalten haben. Sie spürten die Masse mit physischer Heftigkeit und wollten sie in ihren Stücken und Filmen, Beschreibungen und Reflektionen konkret werden lassen, hervorholen aus den dunklen Bereichen des Menschlichen.

Canetti war der Meister dieser Art der Vergegenwärtigung. Er konnte von der Masse so erzählen, dass sie spürbar wurde, begreifbar, konkret. Die gesichtslose Masse sichtbar machen, zurückholen in den Bereich der

Erfahrung. Die Bedrohung durch die Masse auflösen, indem man sie erfahrbar macht.

Horváth hat ganz anders reagiert, er hatte die Masse aufgesplittert, hatte die einzelnen Menschen gesehen, die die Masse gebildet haben. Diese Personen waren durch die Masse verändert. Sie waren rüde, einfach, vorhersehbar, opportunistisch geworden. Sie neigten dazu, ihre schlechtesten Seiten hervorzukehren. Horváth beschrieb die Menschen als Massentiere. Als Massentiere sind sie Bewohner des Kreaturenkabinetts.

Auch Hitler hat die Masse wahrgenommen, offenbar sogar intensiv. Aber er hat sich nicht auf sie eingelassen. Er wollte sie lenken, beherrschen, ihr seinen Willen aufzwingen. Sehr vieles von dem, was er tat, drehte sich um die Masse, aber er hat sie nicht geschätzt, geachtet oder gar geliebt. Hitler hat die Masse (und in ihr sich selbst) verachtet. Er wollte die Masse in der Massengesellschaft in die alte Form der Gemeinschaft zurückzwingen. Masse war schlecht, Volk war gut. Großstadt war schlecht, Dorf war gut. Hitler hat die Masse, in der wir ihn im ersten Bild so glücklich gesehen haben, nicht ausgehalten.

Berlin, Sportpalast, 10. Februar 1933

Am 10. Februar hielt Adolf Hitler die berühmte Rede im Berliner Sportpalast, seine erste Rede nach der Ernennung zum Reichskanzler. Hitlers Worte wurden im ganzen Land im Radio übertragen. Goebbels leitete diese Übertragung ein: »Ganz allein, ernst und gemessen schreitet, freundlich grüßend, durch die Massen, der Führer, der Reichskanzler Adolf Hitler, der Führer des jungen Deutschlands!« Hitler wetterte in seiner Rede gegen das »Verbrechen der Inflation« und versprach den »Wiederaufstieg der deutschen Nation«.

Der nazikritische Jurist Ludwig Ebermayer schrieb damals beeindruckt: »Welch ein Instrument der Massenpropaganda ist heute der Rundfunk! Und wie wenig haben Hitlers Gegner bisher damit anzufangen gewusst! Hat es vor dem 30. Januar überhaupt kein Radio gegeben?«[18]

Auch Horváth hörte, wie schon beschrieben, Hitlers Rede in Murnau im Radio des bekannten Hotel Post. Der Bayerische Rundfunk übertrug. Der *Staffelsee-Bote*, die Murnauer Lokalzeitung, schrieb darüber: »Bei der Rede des Reichskanzlers Adolf Hitler, die jeden, der noch Ideale hat und sein Vaterland liebt, bis ins Innerste bewegte, konnte es der Schriftsteller Oedoen von Horvath nicht unterlassen in einem öffentlichen Lokal durch Bemerkungen schlimmster Art herauszufordern. Es wäre beinahe zu einem ernsten Zwischenfall gekommen, wenn Kreisleiter Engelbrecht auf Horvaths Bitten diesen nicht geschützt hätte. Zwei S. A.-Leute begleiteten ihn als Deckung nach Hause. Herr Horvath soll inzwischen abgereist sein.«[19]

Horváth hatte während der Rede die Bedienung aufgefordert, das Radio auszuschalten. Ein ortsansässiger Arzt widersprach, es kam zum Streit mit mehreren Nationalsozialisten.[20] Der Kreisleiter Engelbrecht war der, der auch bei der Saalschlacht eine wesentliche Rolle gespielt hatte und der ein paar Tage zuvor, direkt nach der Machtübernahme, gesagt hatte, dass man den Helm enger schnallen solle.

Horváth ging nach dem Vorfall nach München und kam in der Pension Glockner unter. Zufällig, ohne dass sie voneinander wussten, war auch Hertha Pauli zu Gast in der Pension Glockner. Sie begegneten sich in dieser Zeit auch nicht. So lebten Horváth und Pauli eine Woche unter einem Dach, ohne dass es zu einem Kontakt kam oder sie vom anderen wussten.

Horváth war wohl aus Murnau geflohen, er war verängstigt, sah die Gefahr. Zwei Tage nach dem Vorfall wurde die Murnauer Villa der Horváths von SA-Leuten durchsucht. Es habe ein »aufgebrachtes Hetzklima« gegen Horváth geherrscht.[21] Wiederum zwei Tage später, am 14. Februar, schrieb Rainer Schlösser im *Völkischen Beobachter*: »Ödön von Horváth besaß die Frechheit, die Nationalsozialisten anzupöbeln.«[22]

Am 15. Februar brachte der *Staffelsee-Bote* dann noch eine Gegendarstellung Horváths bzw. seines Anwalts: »Es ist aber absolut unrichtig, und Herr Horváth legt den größten Wert auf diese Feststellung, daß Herr Horváth überhaupt Veranlassung gegeben hat, über ihn aufgebracht zu sein. Er hat keine Bemerkungen, noch weniger ›Bemerkungen schlimmster Art‹ gemacht.«[23]

Irrungen

Zwei Wochen nach dem Machtwechsel: Shakespeares *Komödie der Irrungen* am 15. Februar 1933 in den Kammerspielen, ein »Faschingsulk«, Regie Otto Falckenberg. Auf dem Bild sehen wir Hoppe deutlich verändert, links, als eine Dame, in einer in sich geschlossenen, stilisierten Pose. Das Spiel Hoppes, schrieben die Zeitungen, sei expressionistisch zerrissen gewesen. Stimmte man sich da bereits auf den neuen Ton der Kunstkritik ein?

Horváth sah sich am 17. Februar die zweite Aufführung von *Komödie der Irrungen* an. In der Kantine der Kammerspiele lernten sich Hoppe und Horváth danach kennen. Sie kam aus der Garderobe, er stand an der Bar. Es war ein höchst merkwürdiger Moment, so wie sie die Begegnung schilderte: »Und da sagte ich: So, wenn ich einen Sohn bekomme, dann nenne ich ihn Ödön. Daraufhin drehte er sich um.«[24] Das ist so spezifisch, das ist so unwahrscheinlich, dass an dieser Erinnerung etwas richtig sein muss. Und es ist auch typisch für Marianne Hoppe: In der Ruppigkeit der Kontaktaufnahme erinnert die Szene an das Kennenlernen mit Dreyfuss im Hessischen Hof.

Eine andere Erinnerungsspur Hoppes: »Wir haben auf Teilung gespielt. Vier Mark fünfzig am Abend, die Einnahmen betrugen dreihundertfünfundsiebzig Mark. Als der Hasse ein Hörspiel gemacht hatte, lud er uns zum Gänsebraten ein. Wir hatten ja alle nichts zu essen. Da kam auch Horváth dazu. Ihn hatte ich kennengelernt, als ich *Komödie der Irrungen* spielte. Er kam, und wir gingen los. Eine Beziehung …« – »Er schrieb für mich *Die Unbekannte in der Seine* – ich sollte die Uraufführung spielen, aber dazu kam es nicht.« – Ein anderes Faschingsfest. »Wir haben getanzt, und neben uns sagte jemand: Der Reichstag brennt. Da sagte Horvath: Raus, nichts wie raus.«[25]

Dieses »Raus, nichts wie raus« ist der Satz von Horváth, den Marianne Hoppe am häufigsten zitierte. »Raus, nichts wie raus.« Immer und immer wieder. Das legt den Verdacht nahe, dass es ihre eigenen Gedanken gewesen sein könnten. Vielleicht hat Horváth das gesagt, es erzeugte bei ihr jedenfalls ein großes inneres Echo.

Horváth verließ Deutschland tatsächlich erst zwei Wochen später und kam 1934/35 für über ein Jahr nach Deutschland zurück, aus Hoppes Sicht aber ging er 1933 ins Exil. Marianne Hoppe floh aus Deutschland nie, nicht für eine Minute, anders auch als ihr späterer Ehemann Gustaf Gründgens, der mehrfach Anstalten machte, Deutschland hinter sich zu lassen. Dieses »Raus, nichts wie raus« aber war der Gedanke, der sie nicht losließ, die andere Möglichkeit, der Gedanke, der für sie in der Figur Horváths Wirklichkeit gewesen war, dem sie aber nie gefolgt war.

Horváth tauchte in unserem Gespräch 1998 nicht nur als Gegenfigur zu Gründgens auf, er war die Gegenfigur. Er war die Figur, in der ein anderes Leben aufschien, mit dem sich für sie ein Dasein ganz ohne Nähe zum Dritten Reich aufgemacht hätte. Es wäre ein Leben gewesen, das später nicht unter der moralischen Last gelegen hätte, wie es mit Gründgens der Fall war. Mit Horváth leuchtete etwas Unbeschwertes, Leichtes und Freies auf, das sie mit Gründgens und mit den Nazis verspielt oder verloren hatte.

Interessant dabei war die Liebe. Die Intensität der Liebe, die sie zu Gründgens empfunden hatte, fand ebenfalls ihr Gegenstück in Horváth – und ein wenig in Dreyfuss, mit dem sie bedeutend länger und in Wirklichkeit intensiver verbunden war und der als Jude selbstverständlich ebenfalls über jeden Zweifel erhaben war. Aber die Liebe zu Horváth schilderte sie bedeutend intensiver als die zu Dreyfuss, in unserem Gespräch war Horváth die andere große Liebe.

Sie sei mit Horváth knapp ein Jahr befreundet gewesen, erzählte sie dem Journalisten Ben Witter, »mit seiner Melancholie und dem tödlichen Humor; in Gedanken war ich schon mit ihm emigriert.«[26]

Horváth, zumindest hat Hoppe mir das so erzählt, war für sie auch ein Teil der Dreyfuss-Adorno-Horkheimer-Welt, jener intellektuellen Sphäre, an der sie in Frankfurt geschnuppert hatte. Diese Welt, darauf bestand sie, diese Welt hatte sie, neben ihrem Elternhaus, dagegen imprägniert, sich auf die Nazis einzulassen.[27] Horváth war das andere für sie, Widerstand, Flucht, Exil. Aber Horváth war noch mehr für sie.

Marianne Hoppe blieb in Deutschland und hat sich mit den Nazis eingelassen. Sie für sich aber hatte das Gefühl, sich vor den Nazis gerettet zu haben. Raus, nichts wie raus, das war für sie auch die innere Reserve, die innere Emigration, die sie zwölf Jahre lang aufrechterhielt, der Beweis, dass sie die Welt der Nazis nicht in sich hineingelassen hat.

Heidegger und Hitlers Hände (Die Geschichte des H II)

Es war 1933, bald nach der Machtübernahme, als der Philosoph Karl Jaspers das erste Mal von der politischen Einstellung seines Kollegen Martin Heidegger erfuhr. Heidegger hatte schon vorher auf eine Diktatur Hitlers gehofft, Jaspers davon aber nichts erzählt.

Nun fragte Jaspers den hitlerbegeisterten Philosophenfreund aus dem Schwarzwald: »Wie soll ein so ungebildeter Mensch wie Hitler Deutschland regieren?« Heidegger, für einen Tiefdenker sehr merkwürdig, vertraute ganz seiner Wahrnehmung und der Erscheinung. »Bildung ist ganz gleichgültig, sehen Sie nur seine wunderbaren Hände an«, soll der Geistesfürst aus Todtnauberg geantwortet haben, »seine Hände«.

Heidegger fand die Rechtfertigung der Politik Hitlers mitunter im Aussehen seiner Hände.

Berlin, 12. März 1933 (Henndorf I)

Hindenburg hatte die Verordnung der Nazis über die Erhebung der Hakenkreuzfahne und der schwarz-weiß-roten Fahne zu Reichsfahnen unterzeichnet. Hitler verkündete Hindenburgs Worte in einer Radioansprache am Volkstrauertag. »Am heutigen Tage, an dem in ganz Deutschland die alten schwarz-weiß-roten Fahnen zu Ehren unserer Gefallenen auf Halbmast wehen, bestimme ich, dass vom morgigen Tage ab bis zur endgültigen Regelung der Reichsfarben die schwarz-weiß-rote und die Hakenkreuzflagge gemeinsam zu hissen sind.«

Dann sprach Hitler die SA- und SS-Männer direkt an: »Von nun ab wird der Kampf der Säuberung und Inordnungbringung des Reiches ein planmäßig und von oben geleiteter sein. Ich befehle Euch daher von jetzt ab strengste und blindeste Disziplin.«[28]

In Österreich wurde die Rede nicht übertragen, aber in Henndorf bei Salzburg war sie trotzdem gut zu hören. Die *Alpenwacht* schrieb, dass die Rundfunk-Rede des Führers hier »große Begeisterung« ausgelöst habe: »Die anfänglichen Störungen durch den Hochfrequenzapparat eines Marxisten wurden von der SA sehr bald behoben.« Am darauffolgenden Montag wehten Hakenkreuzfahnen im Dorf. Ein Fackelzug war untersagt worden, deswegen hatte man eine Versammlung einberufen, der etwa 200 Leute Folge geleistet hätten. Sie versammelten sich um ein brennendes Hakenkreuz.[29]

Pauli, Hoppe, Mann

Zum ersten Mal begegneten sich Marianne Hoppe und Ödön von Horváth, wie gesagt, in der Kantine der Münchner Kammerspiele. Sie trafen sich auch beim Faschingsball der Kammerspiele. Wir wissen durch Hertha Pauli, dass Horváth sich an diesem Abend um sie, Erika Mann und Marianne Hoppe bemühte. Das ist bemerkenswert: Hertha Pauli hatte ein schmales Gesicht und moderne kurze Haare, Erika Manns Aussehen, mit ihrem schlanken Kopf und dem bubenhaft wirkenden Haar, ist fast ikonographisch geworden, und auch Marianne Hoppe wirkte, wie wir gesehen haben, androgyn und verstörend modern.

Erika Mann, sie hatte gerade das Kabarett »Pfeffermühle« gegründet, arbeitete in den Kammerspielen mit, sie und Marianne Hoppe kannten sich. Sie kannten sich nicht gut, aber sie hatten sich kennengelernt. Hertha Pauli dürfte beiden vor diesem Abend kein Begriff gewesen sein. Sie war, das kann man wahrscheinlich sagen, zu diesem Zeitpunkt die Freundin Horváths.

Der Kammerspielball 1933: »Die ganze Theaterwelt war da, in Kostüm und Maske; Ödön teilte seine Aufmerksamkeit hauptsächlich zwischen Erika Mann, Marianne Hoppe und mir.«[30] »Ein Chinesenjunge brachte mich in ein Separée und entpuppte sich dort als meine Freundin Margot; wir tranken Champagner, während Erika Mann und Marianne Hoppe mir Horváth entführten.«[31] Margot war die, mit der sie bald in die Skihütte fuhr.

Es gab also – wie immer sie sich an diesem Abend verkleidet hatten – eine auffallende Ähnlichkeit zwischen den drei Frauen. Alle drei, egal ob hetero-, bi- oder homosexuell, wirkten wach, modern und burschikos. Sie waren auf eine ganz neue, anziehend feminine Art männlich.

Ein größerer menschlicher Kontrast ist schwer vorstellbar. Der seine Leidenschaften in politischer Agitation herausplärrende Adolf Hitler, ein Gesicht als Maske, heroisch-lächerlich, wird Kanzler und begeistert die Massen. Drei junge Frauen, 27, 23 und 23 Jahre alt, deren Äußeres von einer offenen, noch zu erfindenden und zu findenden Zukunft spricht, trafen sich bei einem großen Faschingsball. Dazu ein 31-jähriger Schriftsteller, der von diesen drei Frauen fasziniert war.

Es ist ein schöner Moment, wie ein letztes Mal, bevor das politische Leben in Deutschland übermächtig zu werden beginnt und alles andere beherrscht und erdrückt.

Marianne Hoppe erinnerte 1982 diesen Abend so: »In der Reichstagsbrand-Nacht (27./28. 2. 33) tanzte ich mit Horváth in München – komisch, die Leute, mit denen ich mal befreundet war, die lassen mich nicht mehr. Und als Horváth das hörte, sagte er: Raus, nichts wie raus! Gustaf stand ja auch schon kurz davor. Er war in Paris und wollte nicht wiederkommen. Horváth schickte mir seinen Bruder. Der sollte meine Bücher durchsehen, alles Verdächtige wegnehmen. Wir waren überzeugt, wir sind dran. Wegen der Freunde, die bei mir ein und aus gingen. Man wusste doch, daß Dreyfuss bei mir wohnte … und Horváth … Ich weiß nicht, warum wir nicht gingen. Ich kann das nicht erklären … jungen Leuten schon gar nicht.«[32]

In dieser Zeit hatten Ödön von Horváth und Marianne Hoppe, soviel lässt sich den kargen Erinnerungen mit Sicherheit entnehmen, eine Beziehung. Und in dieser Zeit wurde sie schwanger mit einem Kind, von dem sie wusste, dass es von ihm war. Sie hat das in mehreren Gesprächen gesagt, es war für sie schmerzhaft, sie hat dem große Bedeutung beigemessen. Sie litt sowohl darunter, das Kind zu verlieren, das er keinesfalls wollte, sie litt darunter, ihn zu verlieren. Die bewegten Zeiten, so kam es beiden vor, waren nicht danach, feste Bindungen einzugehen und Kinder zu bekommen. Dazu kam ihre gerade beginnende Filmkarriere. Aber hier, mit Horváth, schien für Marianne Hoppe trotzdem kurzzeitig ein anderes Leben auf, das für die junge Frau auch möglich gewesen wäre, ein anderes Leben als die in Nazideutschland sehr gut etablierte Person, die sie bald sein würde. Sie meinte ein Leben, das vielleicht glücklicher und ihr gemäßer gewesen wäre, ein Leben nicht belastet von den Zweideutigkeiten, die die Nähe zur Macht mit sich brachte.

Wer aber wäre Marianne Hoppe in Horváths Kosmos gewesen? Sie war kein Opfer, kein übliches Fräulein. Sie war eine selbstbewusste und lebenslustige Frau. Wenn Hoppe im Werk Horváths vorkommt, dann ist sie am ehesten Christine in *Zur schönen Aussicht*. Sie steht da, sie versucht die sich übertrumpfenden, aber unsicheren Männer zu verstehen und sich einen Reim auf sie zu machen. Sie hat auch einen desillusionierten Spruch auf Lager. Und sie hat kein Talent zum Opfer.

Das Entscheidende aber war: Sie waren verliebt gewesen. Sehr verliebt. Er zauberte, 50 Jahre nach seinem Tod, 55 Jahre, nachdem sie beisammen gewesen waren, immer noch ein Lächeln und einen Zauber in ihr Gesicht. Wenn sie von Horváth sprach, dann mit Leidenschaft, Nähe und Bedeutung.

Horváth hat nie etwas darüber gesagt, er hat nie ein Kind beziehungsweise die Möglichkeit eines Kindes thematisiert, er hat nie ein Wort über Marianne Hoppe verloren, er hat nicht über den Ball und nicht über die Machtergreifung gesprochen. Wenn Marianne Hoppe und Hertha Pauli nichts gesagt hätten, wir wüssten einfach nichts davon.

Es erinnert daran, wie wenig wir über die Vergangenheit wissen. Wie zufällig es sein kann, was genau unser Bild einer historischen Person prägt. Oder wie die Überlieferung Gesetzen und Strukturen eines Lebens folgt, die wir nicht durchschauen können. Wir müssen uns darüber im Klaren sein, dass wir möglicherweise die entscheidenden Dinge einfach nicht wissen.

Kinder (I)

Marianne Hoppe hat mir in unserem Gespräch 1998 in ihrer Berliner Wohnung auch mit Verzweiflung in der Stimme von Horváth erzählt. Sie war damals krank, saß im Bett, wirkte tatsächlich wie die alte Königin, die Werner Schroeter in ihr sah, und gleichzeitig sehr verletzlich und angreifbar. Sie war, so schien mir, vor allem darüber verzweifelt, dass sie die Beziehung mit Horváth nicht zugelassen hatte oder dass sie nicht wirklich zustande gekommen war. Sie deutete an, sagte es aber nicht explizit, dass sie das gemeinsame Kind abgetrieben habe.

Ich wollte damals mit ihr über Gründgens reden, sie aber kam immer wieder auf Horváth zu sprechen, beschwor ihn und ihre Verbindung geradezu. Es klang, als sei das der Mann ihres Lebens gewesen, und als sei sie es gewesen, die diese Beziehung zerstört habe.

Sie sagte mehrfach, dass sie und Horváth ein Kind gehabt hätten. Sie sprach davon aber nicht sachlich und offen, sondern wie von einem Geheimnis, das man nicht lüften dürfe, auch wenn es ohnehin jeder wisse. Sie sagte es nicht explizit, aber man musste sie so verstehen, dass sie es war, die durch eine Abtreibung etwas zerstört hatte, was sie nicht hätte zerstören sollen. Laut ihrer Aussagen machte es den Anschein, als hätte Horváth zumindest nichts dagegen gehabt, dieses Kind zu bekommen, als habe sie das damals aber nicht gewollt.

Das Kind wäre ein Kind des Jahrgangs 1933 gewesen. Es wäre sozusagen ein Schicksalskind in einem Schicksalsjahr gewesen. Vielleicht waren die beiden sich einig, dass es falsch sei, in solch ungewissen Zeiten ein Kind zu bekommen. Vielleicht sah sich der verunsicherte Horváth nicht in der Lage, sich um ein Kind und eine Frau zu kümmern. Vielleicht, aber davon sprach Marianne Hoppe nicht. Sie drückte aus, auf ihre andeutende, unausgesprochene Weise, dass sie sich schuldig fühle, damals nicht konsequenter diese Liebe und dieses Kind verteidigt zu haben.

1931, im *Wiener Wald*, hat Horváth ein Neugeborenes durch die Grausamkeit der Großmutter sterben lassen. Es war der wichtigste und schwerwiegendste Vorgang in den *Geschichten aus dem Wiener Wald*. Man fragt sich eigenartiger Weise nie, woher die »Geschichten« in Horváths berühmtestem Titel kommen, dabei ist dieses Stück ein Stück der Geschichten von Menschen. Zentral sind davon mindestens zwei: die Geschichte von der Zerstörung Mariannes, der Tochter, durch den Zauberkönig, einen Vater ohne Frau, und die Geschichte von der Ermordung des Enkels durch die eigene Großmutter.

Kinder (II)

»Wenn ich einmal eine Familie gründe, möchte ich eine Tochter haben, die sich als Riesenweib, und einen Sohn, der sich als Löwenmännchen ausstellen kann. Auf diese Weise können die Kinder dann ohne viel Aufwand ihren Vater ernähren. Von irgendetwas muss ja ein Autor leben.« Das sagte Horváth 1935.[33]

Man kann es nicht recht ernst nehmen, was er da von sich gab, es hört sich eher nach einem Bonmot als nach einer Überlegung oder einem Wunsch an. Haben Kinder bei Horváth überhaupt eine reale Bedeutung?

Es kommt, wie wir mehrfach gesehen haben, eine Vielzahl an menschlichen Kreaturen vor. Was bisher bei Horváth genauso wenig wie Tiere vorkam, waren Kinder. In den *Geschichten aus dem Wiener Wald* wurde der kleine Leopold von der Großmutter ermordet. Aber immerhin, er hat existiert. Manche von den Fräuleins behaupten, schwanger zu sein wie Christine in *Don Juan*. Manche wollen ein Kind. Richtig auf die Welt kommen diese Kinder nie.

Grundsätzlich ist es angesichts der erheblichen Anzahl von Fräuleins erstaunlich, wie wenig Kinder bei Horváth eine Rolle spielen, wie wenig auch ihre Abwesenheit thematisiert wird. Manche Fräuleins sind schwanger, manche wollen Kinder, andere wollen keine, das war's, bis auf Marianne, die eines bekommt – was ihr (und ihm) nicht gut bekommt. So wie das Unwesen, das jemand treibt, haben Kinder bei Horváth das unwirkliche Dasein einer Schimäre.

Deutsche

Am 25. April 1933 schrieb Horváth an Franz Theodor Csokor einige sehr hellsichtige Zeilen. Sie sind, wie das *Zeitstück*, letzte klare Worte des dann verschwimmenden Autors. Csokors neues Stück offenbare die Seele eines ganzen Volkes, so Horváth, eben der Deutschen, »Es ist eines der aufschlussreichsten Dokumente deutschen Wesens – doch sicher wird es viel missverstanden werden!«

Das ist nicht weiter bemerkenswert, aber dann folgte Horváths eigene Charakterisierung der Deutschen: »Für sie ist ja das Chaos kein Chaos, sondern ein militantes Formproblem. (So ungefähr: trägt man statt 5 Knöpf 6 Knöpf, so ist das Chaos gebannt). Ein beneidens- und bemitleidenswertes Volk! Da sie aber nicht bemitleidet werden wollen, tun wir ihnen den Gefallen und beneiden wir sie. Es muss, schön sein, ein Deutscher zu sein.«[34]

Damit waren die Deutschen oder der Deutsche zu einer Figur geworden, eigentlich reif in Horváths Kreaturenkabinett Eingang zu finden. Aber das war's auch. Horváth sagte nichts mehr dazu. Was die Deutschen anging, verstummte er sozusagen.

Nazis (III)

Die Zweifel an Horváths Einstellung zu den Nazis sind in jüngerer Zeit immer lauter geworden. War er gar nicht der klare Nazigegner und Antifaschist, für den er in den 1960er und 1970er Jahren – und darüber hinaus – gehalten wurde?

Die wesentlichen Dokumente sind, soweit überliefert, seit langem bekannt und publiziert: Es ist, erstens, ein Aufnahmeantrag an den nationalsozialistischen Reichsverband Deutscher Schriftsteller (eine Unterorganisation der Reichsschrifttumskammer) und Horváths anbiederndes Schreiben vom 18. Juni 1934 dazu, die Zweifel wecken. Er habe sich, schrieb er, »in freien Stücken in eindeutiger Weise für Deutschland erklärt«. Er sei im Ausland immer für Deutschland eingetreten.[35] Dem Antrag wurde am 11. Juli 1934 stattgegeben, Horváth war damit in den Reichsverband Deutscher Schriftsteller eingetreten.[36]

Dazu kommt, zweitens, die anbiedernde, mindestens uneindeutige Haltung während seiner Zeit in der Berliner Filmszene. Die ausgesprochen reservierte Haltung, die er, drittens, schon im Mai 1933 gegenüber einer antifaschistischen Resolution des PEN eingenommen hatte, ist auch nicht gerade geeignet, um die Zweifel zu zerstreuen. Er war aufgefordert worden, ein Telegramm zu unterzeichnen. Horváth schrieb dazu an den Sekretär des Schutzverbands Deutscher Schriftsteller in Österreich, Josef Luitpold Stern: »Dieses mir heute mitgeteilte Telegramm kann ich leider unmöglich unterschreiben.«[37] Er wollte an dieser Resolution gegen Hitlerdeutschland nicht beteiligt sein, was ihm deutliche Worte – »fadenscheinig und feig« sei er – von Oskar Maria Graf einbrachte. Graf schrieb an Horváth in seinem offenen Brief: »Du willst Dir nach keiner Seite irgendein Geschäftchen verderben.«[38] Das sind die drei wichtigsten Belege, die die mehr als zweifelhafte Haltung Horváths deutlich machen.

Horváth passte sich an (oder vielleicht besser: ein), er wollte sich öffentlich nicht mehr gegen die Nazis positionieren, wie er das in den Jahren von 1927 bis Anfang 1933 nicht offensiv, aber doch deutlich getan hatte. Das Zeitstück ohne Titel und die Zeilen über die Deutschen im Brief an Csokor vom April 1933 wirken dabei überhaupt nicht so, als hätte Horváth sich irgendwelchen Illusionen hingegeben. Zimperlich war er auch später nicht.

Ein Satz, den Karl Frucht überliefert hat, zielt in die gleiche Richtung wie die Stelle über das Gas aus *36 Stunden*, wie die Briefstelle an Csokor über die Deutschen: »Am liebsten sähe ich vierzig Millionen Tote im Hitlerdeutschland.«[39] Horváth äußerte den Satz – wenn er denn stimmt – im Jahr 1938 in Paris. Das Zitat zeigt eine kaum sichtbare Ebene in Horváths Denken: seine vollkommen illusionslose und ablehnende Einschätzung der Nationalsozialisten.

Die näheren, sehr genau erinnerten Umstände, die Frucht schildert, machen Horváths Worte von 1938 tatsächlich zu einer weitgehend gesicherten Überlieferung. Hertha Pauli veranstaltete im Hotel eine Begrüßungsparty für Horváth, anwesend waren Pauli, Frucht, die Schriftsteller Walter Mehring und Joseph Roth, der Übersetzer Armand Pierhal, außerdem eine Freundin von Pauli, die ehemalige Schauspielerin und aktuelle Gattin eines Waffenhändlers, sie hieß Sybille Rares. Gesunken an Rares' üppigen Busen, reichlich angetrunken, sagte Horváth, so Frucht, dann den fraglichen Satz. »Ich beschwor ihn, die Zahl der von ihm geforderten Opfer zu reduzieren, aber er gab nicht nach.« Frucht ging daraufhin etwas verstört auf sein Zimmer. Es war krasser Hass, den er bei Horváth wahrgenommen hatte. Dann aber: »Um vier Uhr früh kam Horváth und weckte mich. Er wollte sich auch mit zwanzig Millionen zufriedengeben, verkündete er mir.«[40]

Horváth hielt sich mit politischen Statements ab 1933 sehr zurück. Seine Einschätzung der Nazis im April 1933 aber war genauso eindeutig wie im April 1938. Die Haltung, die er noch im Februar 1933 im Hotel Post in Murnau öffentlich gezeigt hatte, die Haltung, die sich auch 1937 im Roman *Jugend ohne Gott* zeigte, waren klar und unmissverständlich.

Horváth hatte sich entschieden, mit seiner politischen Haltung nicht mehr öffentlich in Erscheinung zu treten. Er wollte sich mit den Umständen – und das heißt mit den Nazis – arrangieren. Das ist alles andere als heldenhaft, aber eine Anbiederung war es auch nicht. In seinem Denken war Horváth 1933, die Briefstelle an Csokor über die Deutschen, das kleine Zeitstück, sein Verhalten in Murnau zeigen es, so entschieden wie 1938.

Aber was war dazwischen? Lassen sich Sätze aus Horváths Stücken direkt auf ihn und seine Situation beziehen? Am interessantesten in dieser Beziehung ist das 1933 begonnene, 1935 uraufgeführte Drama *Figaro lässt sich scheiden*: »Pardon, aber zum Wintersport sind wir wieder zuhause. Ich halte die derzeitige Lage in meinem unglücklichen Vaterlande für unhaltbar. Es ist eine Revolte der barbarischen Instinkte - - ein Vorgang also, der in sich schlecht ist und der sehr bald an dem gesunden Sinne unseres Volkes, vor allem der Bauern, zerschellen wird und muss.«[41] So spricht der Graf und stellt sich die Emigration als eine erweiterte Lustreise vor, ein Zwischenspiel.

Im Stück steht er damit nicht gut da. Der weitere Verlauf zeigt, wie Recht ein Juwelier hatte, der nicht an die Vorstellungen des Grafen glauben wollte. Das Volk tut nichts, anders als der Graf erwartet – und schon gar nichts Gesundes. Es sind die »barbarischen Instinkte«, die weiter regieren.

Horváths Figaro weiß dagegen auf die neue Situation sofort und angemessen zu reagieren, er trennt sich vom Grafenpaar, das er schon für tot hält (so wie ihn Susanne später für tot erklärt), er zieht in die mittlere Gemeinde Großhadersdorf und eröffnet hier einen Friseursalon. Figaro frönt nicht seinen alten Gewohnheiten, sondern geht offensiv mit der Emigration und der neuen Situation um.

Später, bei seiner Rückkehr nach Hause, passt er sich ebenfalls an und ein. »Ich bin bereits seit drei Wochen im Lande und habe mich den neuen Herren zur Verfügung gestellt, hab ihnen alles gebeichtet und sie haben mir meine Emigrationssünden vergeben, obwohl ich nicht sonderlich zerknirscht war –«[42]

Figaro ist also der lebenstüchtige Vertreter einer offensiven Anpassungsethik, er möchte lieber leben als Märtyrer sein. Es spricht einiges dafür, darin die politische Haltung von Horváth selbst zu sehen.

Der Judas von Tirol

Nein, verunsichert wirkt diese Frau nicht. *Vom Werden deutscher Filmkunst,* so hieß ein Sammelband für Zigarettenbildchen aus dem Jahr 1933. In ihm wurde eine neue Schauspielerin angekündigt: »In diesem Film debütiert die junge Schauspielerin Marianne Hoppe. Die erst Zweiundzwanzigjährige hat sich an der deutschen Bühne bereits einen großen Namen gemacht; sie zählt zu den markantesten Persönlichkeiten der jungen Schauspielergeneration. Ihr edles klares Gesicht als Magd Josefa spiegelt den seelischen Aufruhr und die begeisterte Hingabe an die Idee der Befreiung des Vaterlandes.«[43]

Der Judas von Tirol handelt, trotz des Titels und der Zeit, anders als man vermutet, nicht von Juden. Er basiert auf dem gleichnamigen Bühnenstück von Karl Schönherr und dreht sich um den Tiroler Freiheitskampf gegen Napoleon. Ein Knecht will Bauer werden, um Josefa (Marianne Hoppe) heiraten und dann bei den Passionsspielen Christus spielen zu können. Aber als sein Bauer ihn mit einer Nachricht zu Andreas Hofer schickt, dem Tiroler Freiheitshelden, verrät der Knecht die Tiroler an die Franzosen. Er wird zum Judas. Josefa dagegen, eine wahre Patriotin, verunglückt, als sie Hofer warnen will.

Hoppe war nicht 22 (sondern 24), sie war definitiv nicht aus Tirol, nein, aber sie trug das Ländliche, das Frische und das Naive in sich. Es ist das, was sie bald zur idealtypischen Darstellerin machte, wie die Zeitungen nach ihrem nächsten Film, *Heideschulmeister Uwe Carsten* (1933), nach *Der Schimmelreiter* (1933), nach *Krach um Jolanthe* (1934) oder *Schritt vom Wege* (1938), in dem sie Fontanes Effi Briest verkörperte, schrieben.

Änderungen an der Persönlichkeit sieht man auf dem Bild der Magd Josefa aus *Der Judas von Tirol* keine. Es ist eine bekannte Marianne Hoppe, sie ist zielgerichtet, immer noch sehr klar und herausfordernd. Erstaunlich ist, wie anziehend und verlockend das Entschiedene und Zupackende wirkt, das sie der Rolle gab. Da kommt noch was!

Horváth besuchte sie bei den Dreharbeiten im Zillertal, die bis Anfang August dauerten. Er scheint, wir wissen es nicht genau, ein oder zwei Wochen bei ihr gewesen zu sein. In Hoppes Erinnerung war er damals am Drehbuch für den Film beteiligt. Sie behauptete mehrfach, Horváth habe an *Der Judas von Tirol* mitgearbeitet. Möglicherweise diskutierten sie auch den Film und das Drehbuch, sprachen über einzelne Szenen und ihre Rolle, und Jahrzehnte später erinnerte sie das als Mitarbeit.

Horváth konnte durchaus als Spezialist auf Andreas-Hofer-Gebiet gelten. Wenn er in Murnau auch nur einen Teil der Hofer-Aufführungen mitbekommen haben sollte, die dort die letzten Jahre zu sehen gewesen waren[44], wusste er sehr genau, wovon die Rede war.

Vielleicht machten sich die Produzenten von *Der Judas von Tirol* auch Horváths Dialogfähigkeiten zunutze, und er schrieb für manche Szenen ein paar Sätze.

Ein Grund für die Reise Horváths ins Zillertal könnte auch das gemeinsame Kind gewesen sein, das Hoppe erwartet hatte. Dass sie nicht mehr schwanger war, es verloren hatte, darf als sicher gelten. Das Kind hatte, so Hoppe, eine wichtige Rolle zwischen den beiden gespielt. Wahrscheinlicher aber scheint: Es war ihr Abschied voneinander, der damals in den Bergen stattfand. Er zog sich zurück, sie war beschäftigt. Niemand hat davon erzählt, dass sie sich später noch einmal trafen.

An unterschiedlichen Stellen hat sie über die Begegnung mit Horváth im Zillertal erzählt, allerdings erst gegen Lebensende. Horváth hat niemals davon gesprochen – wie er vieles, und ganz besonders viel aus dem Jahr 1933, niemals erzählt hat.

Hoppes allgemeine Einschätzung war, dass Horváth über den Dingen stand, dass er nicht mitmachte.[45] Dazu würde passen, dass er damals versuchte, sich zu distanzieren, sich zurückzuziehen, nicht greifbar zu sein. Hoppe erinnerte Horváths politische Abstinenz als Souveränität.

Sicher, auch das machte sie im Gespräch deutlich, war Marianne Hoppe auch damals noch in ihn verliebt. Vielleicht war das erinnerte Gefühl später entschiedener als zur Zeit des Zusammenseins. Aber wenn sie von ihrer Verliebtheit sprach, sprach sie mit großer Emphase, Lebendigkeit und vor allem mit Nachdruck. Sie erinnerte seine »herrlichen« Augen, seine Größe, seine Melancholie. »Wie er dastand.« Sie fand ihn bildschön. »Ich habe Horváth leider nur sehr kurz … nur ein Jahr«, sagte sie stockend.[46] Auch das stimmt nicht ganz, es waren wohl nicht mehr als ein paar Monate, die sie zusammen waren.

Interessant ist, dass Marianne Hoppe sich mit ihrer falschen Einschätzung Horváths, er stand alles andere als über den Dingen, mit weiten Teilen der Horváth-Rezeption der 1960er bis 2000er Jahre traf. Die Neigung, Horváths Verunsicherung nicht wahrnehmen zu wollen, kulminierte damals in der absurden These, er sei als Antifaschist zum Studium des Nationalsozialismus nach Berlin gegangen.

Horváth war für Hoppe ein Ich-Ideal, eine ideale Vorstellung von dem, wie man sich damals hätte verhalten können und sollen. Die Erinnerung an ihn bewahrte sozusagen das Richtige in ihrem Herzen. Die kurze Zeit, die sie einander kannten, passt dazu, dass sie seine wahre Situation doch ziemlich verkannte und ihn stilisierte. Aber, könnte man sagen, das ist das Recht der Liebe.

Einen kleinen – und bedeutsamen – Hinweis auf die damalige Situation gibt es bei Horváth aber doch. In seinem letzten Projekt, dem Stück, an dem er arbeitete, bevor er 1938 in Paris von einem Baum erschlagen wurde, schrieb Horváth ein paar Worte, die auf die Ereignisse 1933 bezogen werden können – und sogar müssen.

Der Roman, den er schreiben wollte, sollte *Adieu, Europa* heißen. Auf einem der Entwurfsblätter hat Horváth ein paar Worte und Sätze für ein Kapitel notiert, das er »Der Umsturz« nennen wollte.

»Leer ist alles in ihm. Das Faschingsfest. Die Frau, die er kennen lernt. ~~(W)~~(M) Der Filmproduzent, den er durch die Frau kennen lernt. Die Aufnahmen zu einem vaterländischen Film in den Bergen. Die Aufnahmen werden gestört – ich kam mir vor wie ein Lustmörder, so wichtig hab ich mich genommen, mein Leid. Und sie: sie spielte eine Rolle, trotz ehrlicher Liebe.«[47]

Hier werden einige Dinge klar, wenn denn von ihm und Hoppe die Rede ist, wofür einiges spricht: Fasching, Berge, vaterländischer Film. Er war tatsächlich aus der Bahn geworfen. Sie liebte ihn wirklich, er war vor allem mit sich selbst und seinem Leid beschäftigt. Das durchgestrichene (W) und das (M) könnten auf die Namen hindeuten, die er der Figur geben wollte, auch wenn man zunächst an »männlich« und »weiblich« denkt.

Als er auf die Gefühle von »ihm« zu sprechen kommt, wechselt Horváth – wahrscheinlich unbewusst – von der dritten zur ersten Person. »Ich kam mir vor wie ein Lustmörder, so wichtig hab ich mich genommen, mein Leid.« Es war also wirklich er selbst, von dem er sprach. Dazu kommt, er hielt sie für stark und tapfer, weil sie es schaffte zu spielen. Und das im Gegensatz zu ihm selbst. Sie liebte ihn und machte ihre Arbeit, während er sich in Selbstmitleid und Hohn erging.

Später hat Horváth dazugeschrieben: »Wenn ich heut zurückdenke, so weiss ich, dass alles leer in mir war. Aber heute weiss ichs, dass es nicht so wichtig war, heut weiss ichs, dass es nur mein Hohn war.« Da vermischen sich Stückentwurf und erinnerndes Tagebuch. Er stilisierte sich 1933, so kann man das verstehen, angesichts der Machtübernahme in eine Pose des Hohns, die ihm 1938 egozentrisch oder narzisstisch vorkam.

Davon etwas oberhalb ein weiteres Notat: »Ich komme zum Hohn, da die Erkenntnis der Korruption, aber ohne Gott im Hintergrunde, ohne Liebe«[48]. Sein damaliger Hohn beschäftigte ihn 1938 vor allem anderen.

1938 hat Horváth an Gott und die Liebe geglaubt. Aber das muss ungewiss bleiben. Eines aber dürfte durch diesen Text sicher sein: Unberührt hat Horváth die Geschichte mit Marianne Hoppe keineswegs gelassen.

Für Marianne Hoppe ging es damals auch noch um anderes, nicht nur um ein Kind und Horváth. Sie war jetzt beim Film. Sie wurde schnell, spätestens mit ihrem dritten Film, *Der Schimmelreiter*, ein Star. Die Illustrierten und Zeitungen brachten noch viel mehr Hoppe-Bilder. Der Film war eine expandierende Branche, von den Nazis geschätzt, von Goebbels genauso wie von Hitler geliebt, er entfaltete einen Sog, dem Hoppe sich nicht entziehen wollte. Immer wieder sah sie sich in der Öffentlichkeit zu der Versicherung genötigt, dass sie keine reine Filmschauspielerin werden wolle.

Die Unbekannte aus der Seine

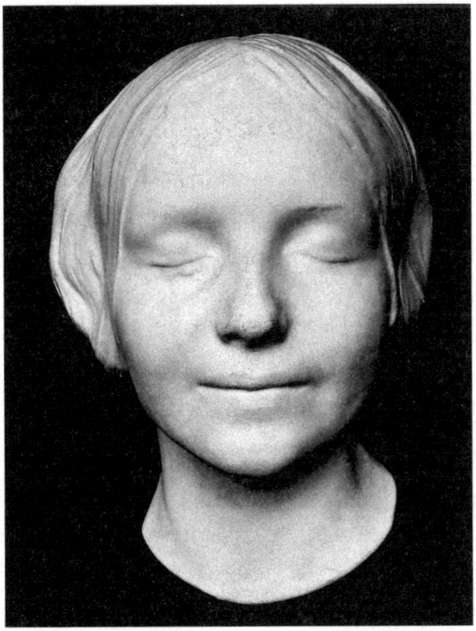

Nach dieser Totenmaske mit Mona-Lisa-Lächeln, die nach der Jahrhundertwende weit verbreitet war und viele Künstler inspirierte[49], schrieb Hertha Pauli ihre Erzählung *L'Inconnue de la Seine*. Davon beeindruckt wollte Horváth mit ihr zusammen ein Stück schreiben, tat das dann aber, wahrscheinlich in der ersten Jahreshälfte 1933, weitgehend alleine.

Horváth hat in der Zeit an dem Text gearbeitet, als er mit Marianne Hoppe zusammen war. Sie hat mehrfach gesagt, dass Horváth das Stück für sie geschrieben habe. Anscheinend haben sie über Stoff und Stück gesprochen. Sie, betonte sie, sollte die Uraufführung spielen. Zu einer Aufführung aber ist es nicht gekommen.[50]

Das Stück ist eines von vier Dramen, an denen Horváth in diesem Jahr 1933 schrieb (wenn man *Glaube Liebe Hoffnung* noch dazurechnet, sind es fünf!): *Eine Unbekannte aus der Seine, Hin und Her, Himmelwärts, Figaro lässt sich scheiden*. Er reagierte mit manisch anmutender Produktivität auf die angespannte Lage.

Eine Unbekannte aus der Seine ist interessant, weil es einerseits durch Ort und Personal deutliche Verbindung zu Horváths bisherigen Dramen hat (und nicht etwa zu Paris), es könnte ohne weiteres »Mord in der stillen Gasse« heißen und würde damit an *Mord in der Mohrengasse* und die »stille Straße im achten Bezirk« aus dem *Wiener Wald* erinnern. Gleichzeitig aber ist in dem Stück auch eine deutliche Veränderung der Gesamtatmosphäre wahrzunehmen, weg vom sozialen Bezug, der Verankerung im Realen, dem direkten Bezug zu den Figuren, hin zu etwas Verträumten, Irrealen, Mystischen. Hier scheint eine andere Art von Sehnsucht am Werk, als würde dieser Autor ein anderes Projekt verwirklichen wollen. Es ist, als würde das Stück, wenn nicht die Ewigkeit so doch die Zeit selbst berühren. Oder als berühre es im Tod eine andere Realität. *Eine Unbekannte aus der Seine* ist zudem weicher, freundlicher, als würde Horváth nun keinen Sinn mehr darin sehen, seine Mitmenschen in ihrer Bestialität dar- und bloßzustellen.

Thema des Stückes ist ziemlich eindeutig das Aus-dem-Leben-scheiden, insbesondere der Selbstmord. Wenn man denn einen autobiographischen Bezug herstellen möchte, sollte man meiner Meinung nach hier ansetzen. Drei Figuren, davon die beiden Hauptfiguren, Albert und die Unbekannte, außerdem Emil, leben nah am Selbstmord, spielen mit ihm, ziehen ihn in Erwägung oder haben ihn, wie es leise bei der Unbekannten anklingt, eventuell auch schon hinter sich. Der Selbstmord hat keine Schrecken für sie, die Unbekannte, sondern er ist ihr vertraut.

Zentral sind die vierte bis sechste Szene des dritten Aktes. Hier bekommt das unbekannte Fräulein definitiv etwas Gespenstisches, man weiß nicht, ist es eine Tote, eine Verrückte oder eben doch ein Geist, was hier aufgetaucht ist. Ist es der Tod, ist es eine Meerjungfrau? Ist sie eine Nachfahrin der Charlottes, Ursulas, Agnes, Mariannes, Elisabeths, all der Fräuleins, oder doch eine ganz eigene Figur?

Im Epilog des Stückes, Jahre später, sagt Emil über sie: »Irgendeine junge Selbstmörderin, allerdings mit einem verblüffend mysteriösen Lächeln – Neulich hat mal wer gesagt, diese arme Seele war wahrscheinlich nur ein Menschenkind, gut und böse, fromm und verdorben, wie das ewige Leben – aber meiner Meinung nach ist das ein Engel gewesen, der zur Strafe auf unser irdisches Jammertal hat hinabmüssen und dann durch den Tod erlöst worden ist.«[51]

Einfach betrachtet ist Horváths Unbekannte weder lebenstüchtig noch durchsetzungsfähig, und sie weiß das. Sie passt so gar nicht in die Zeit. Sie hat ein reines Herz, ein weiblicher Parzival, könnte man sagen, obwohl sie stiehlt und ohne Weiteres lügen kann. Sie ist ein Mensch ohne Egoismus, allein mit menschlichen Bedürfnissen. In Johanna Bossinades Dissertation »Vom Kleinbürger zum Menschen« von 1988, noch immer die wichtigste Arbeit über die späteren Dramen Horváths, wird auffällig oft das Wort »Mensch« gebraucht, die Arbeit beschreibt den Weg vom Außenseiter über die Integration zum vorbildlichen Menschen. *Eine Unbekannte aus der Seine* nimmt dabei eine zentrale Rolle ein.

Gleichzeitig endet das Stück mit dem Epilog etliche Jahre später in einem grauenvollen Eheleben. »Meiner Liebe entkommst Du nicht«: *Eine Unbekannte aus der Seine* illustriert diesen Satz des alltäglichen Grauens deutlicher als der *Wiener Wald*.

Bleibt die Frage, ob und wie sich das Zeitgeschehen in dem Stück abbildet. Wie gesagt, vor allem in Personal und Dramaturgie steht es durchaus in Kontinuität innerhalb von Horváths Arbeit. Auch die Mischung aus Rührung und Kitsch, die sich in der Totenmaske verbinden, passt zu Horváths bisheriger Einstellung. Trotzdem markiert der Auftritt der Unbekannten etwas Neues. Die materialistisch-ökonomisch-sachliche Wahrnehmung der bisherigen Volksstücke, das Amoralische, das Horváths Härte ausgemacht hatte, sie verschwinden aus der »Komödie«. Es ist ein Rückzug, eine Anspielung auf Nazideutschland ist in dem Text schwer auszumachen.[52] Die reale Welt geht Horváth verloren. Eher scheint sich die Zeit in Horváths Rückzug als in der Anspielung wiederzufinden. Horváth verlor nicht nur die ökonomische Grundlage seiner Arbeit, es fehlte ihm auch das Umfeld, das er sich gerade erobert hatte und in dem seine Stücke aufgeführt worden waren. Als er die *Unbekannte* schrieb, war ihm der Zugang zu den deutschen Theatern verwehrt. Als Autor für deutschsprachige, kleinere Theater im Ausland, der er jetzt notgedrungen wurde, musste er neue, leichtere, freundlichere, publikumsnähere, massentauglichere Formen finden.[53] Kritik am Dritten Reich war dabei nicht seine Sorge.

Es ist und bleibt aber merkwürdig, dass diese Totenmaske der Unbekannten für Horváth gerade dann eine Inspirationsquelle wurde, als die Nazis die Macht übernommen hatten.

München, 15. Oktober 1933, Haus der Kunst

Für den 15. Oktober plante Hitler in München die Grundsteinlegung für ein Haus der Deutschen Kunst. Immer noch simulierte er Bescheidenheit, immer noch schien er um Ausgleich im In- und Ausland bemüht. Er wollte sich in München nicht von der Ehrenwache der Reichswehr empfangen lassen: Diese militärische Ehrung stehe allein dem Reichspräsidenten Hindenburg zu.

Seine Rede begann er mit den Worten: »Es ist herrlich, in einer Zeit zu leben, die ihren Menschen große Aufgaben stellt. Als die Regierung der nationalen Erhebung die Verantwortung übernahm, übernahm sie damit die Pflicht, die Aufgaben zu meistern, die wir alle vor uns und um uns sehen. Ein Volk ist zusammengebrochen und soll seine Wiederaufrichtung erleben.« Weitere Sätze folgten über das Volk: »Furchtbar sind Not und Elend über unser Volk gekommen.« »Deutschland wehrlos und rechtlos, das Volk erfüllt von Verzagtheit und Verzweiflung!« Klar solle der Nationalsozialismus das überwinden. »Der Mensch lebt nicht vom Brot allein. Wenn wir die Wiederaufrichtung unseres Volkes als Aufgabe unserer Zeit und unseres Lebens empfinden, sehen wir vor uns nicht nur die leidende Wirtschaft, sondern ebenso die bedrohte Kultur, nicht nur die Not des Leibes, sondern nicht weniger die Not der Seele, und wir können uns keinen Wiederaufstieg des deutschen Volkes denken, wenn nicht wieder ersteht die deutsche Kultur, und vor allem die deutsche Kunst.«[54]

Damit war der Weg bereitet. Was ist Kultur? Er, Hitler, würde es fortan bestimmen. Er würde im Sinne der Wiederaufrichtung des deutschen Volkes die deutsche Kultur definieren.

Nach heroischen Worten über München kam Hitler aufs Volk zurück. »Ein Volk sind wir, ein Reich wollen wir sein!« Volk und Reich seien eins, getragen von einem, seinem Willen. Kein Geist der Zwietracht dürfe die Einheit bedrohen.

Und wieder ging es um München, das seine wahre Bestimmung und Größe darin finde, Hauptstadt der deutschen Kunst zu sein, »Stätte des Erhabenen und Schönen«. München war das Ideal. Was diese Vorstellung einer münchnerischen deutschen Kunst war, das sagte er noch nicht, das würden hier später die beiden Ausstellungen zur deutschen und entarteten Kunst zeigen.

Was die Kunst nicht war, machte schon jetzt folgende Stelle aus *Mein Kampf* über das Kino deutlich: »Unser gesamtes öffentliches Leben gleicht heute einem Treibhaus sexueller Vorstellungen und Reize. Man betrachte doch den Speisezettel unserer Kinos, Varietés und Theater, und man kann wohl kaum leugnen, daß dies nicht die richtige Kost, vor allem für die Jugend, ist. In Auslagen und an Anschlagssäulen wird mit den niedrigsten Mitteln gearbeitet, um die Aufmerksamkeit der Menge auf sich zu ziehen.«

Da steht Moderne gegen Reaktion, da steht die metropolitane Kultur Berlins gegen die bäuerlich-folkloristische Tradition, die Hitler in München lebendig sah, da steht wieder Masse gegen Volk.

Massenpsychologie des Faschismus (Masse X)

»Die nationalsozialistischen Versammlungsreden zeichnen sich ... durch sehr geschickte Maßnahmen aus, mit den Gefühlen der Massenindividuen zu operieren und sachliche Argumentation tunlichst zu vermeiden.« Hitler sei sich der Wurzeln seines Erfolgs nicht richtig bewusst, er habe sich in persönlicher Anschauung, Ideologie und Programm an die durchschnittliche Struktur einer breiten Schicht angelehnt. »Nur dann, wenn die Struktur einer Führerpersönlichkeit mit den massenindividuellen Strukturen breiter Kreise zusammenklingt, kann ein Führer Geschichte machen.« Es gehe also darum, die Massen zu verstehen. Die Grundfrage sei: »Warum lassen sich die Massen beschwindeln?«[55]

Wilhelm Reichs vom kommunistischen Standpunkt ausgehende Studie *Die Massenpsychologie des Faschismus* erschien das erste Mal 1933. Seine Schrift ist zentral für die Auffassung Hitlers als Massephänomen. Für uns zentral sind die Kapitel »Führer und Massenstruktur« und zur »Massenpsychologie des Kleinbürgertums«.

Reich geht davon aus, dass der Nationalsozialismus eine Mittelstandsbewegung sei. Der Mittelstand sei durch den Großkapitalismus bedroht, ins Proletariat abzusinken – und deshalb anfällig für den Faschismus. Auch in Reichs Vorstellung vermischen sich in der Folge, wie bei Horváth, Mittelstand und Kleinbürgertum.

Reichs Studie gibt bis heute das Grundmuster der am weitesten verbreiteten Faschismus –, aber auch der heutigen Populismus-Kritik: Die Abstiegsangst des Mittelstands, die Dummheit der Massen, die die wahren politischen Verbündeten nicht erkennen, die Verführbarkeit durch einfache Ideologien. Damals wie heute stellt sich allerdings die Frage, ob man Faschismus und Populismus (die sich, um hier keine Missverständnisse aufkommen zu lassen, deutlich unterscheiden, die aber auch im Umgang mit den Massen einen gemeinsamen Punkt haben) so wirklich zu fassen bekommt.

Interessant ist ein Zitat, das Reich 1935 in einer späteren Auflage des Buches beibrachte. Es stammt von seinem einstmaligen engen Freund, dem Wiener Journalisten Willi Schlamm: »In Wahrheit ist eine Epoche vorbei, in der es den Anschein hatte, als ließen sich Massen der Gesellschaft von der Vernunft und von der Einsicht in ihre Lebenslage zum Aufstieg aus eigener Kraft lenken. In Wahrheit ist es mit der gesellschaftsformenden Funktion der Masse vorbei. Sie erweist sich als total formbar, knetbar, bewußtlos und fähig zur Anpassung an jegliche Macht, an jegliche Niedertracht. Sie hat keinen geschichtlichen Auftrag. Im 20. Jahrhundert, im Jahrhundert der Tanks und des Radios, ist dieser Auftrag unzustellbar, ist die Masse aus dem gesellschaftspolitischen Formungsprozess ausgeschaltet worden.«[56]

Heideschulmeister

Wann beginnt man sich zu verändern? Merkt man selbst es überhaupt? Und wie gehen solche Veränderungen vor sich? Wie verändert man sich? Kann man sich überhaupt treu bleiben, wenn sich die gesamte Umgebung ändert? Von heute aus gesehen ist deutlich, welche Bedeutung und Brisanz diese Fragen für jeden Einzelnen hatten. Aber ist es nicht heute ähnlich? Die Welt ändert sich fundamental: Was aber geschieht mit einem selbst?

Die Filme, die Marianne Hoppe 1933 drehte, es waren drei, waren alle noch vor dem Machtwechsel geplant. Keiner der drei kann als Propagandafilm gelten. Und doch sieht man hier, in diesem Bild mit Brigitte Horney, schon etwas von dem, was kommen wird, der Veränderung, der anderen Welt, die nun alles formt, auch die Frauen und das Bild der Frau. Wie tiefgreifend diese Änderung doch war, wie viele Lebensbereiche davon erfasst wurden, ist schwer nachzuvollziehen.

Aus den Gesichtern lesen wir die Zeit: Zum einen wuchs Marianne Hoppes Popularität weiter, was mehr Fotografien erforderlich machte. Zudem gab es nun die Filmstills. Bilder aus Filmen sind im wahren Sinne des Wortes Momentaufnahmen. Sie geben nur einen Augenblick wieder, schon im nächsten Moment kann jemand ganz anders wirken. Und doch sind es die Bilder, die aus vielen ausgesucht wurden, um für den gesamten Film oder für die Person zu stehen. Es sind die Bilder, die man für typisch oder markant hielt. Die Bilder, die den Gesamteindruck zusammenfassten. Oder die man sonst für gelungen und passend hielt. Insofern ist es sinnvoll, neben den Zeitungs- und Illustrierten-Bildern auch Filmbilder anzusehen, wenn man aus den Gesichtern die Zeit lesen will.

So ist es auch mit diesem Bild aus *Heideschulmeister Uwe Carsten*. Dreharbeiten fanden von August bis September 1933 statt. So brav, so treu, so gefühlvoll kann Marianne Hoppe schauen. So innig. Oder auch echt und keusch, bescheiden und sehnsüchtig? Hier ist sie wirklich anders. Marianne Hoppe zeigt das Gesicht einer Frau, das wir bisher noch nicht kannten. Sie ist häuslich, sie denkt an den Mann, künftige Tragik vorwegnehmend. Eng steht sie mit Brigitte Horney beisammen, aber kein Gedanke an weiblich-erotische Nähe kommt auf. Alles Sehnen ist auf den Mann gerichtet.

Der *Völkische Beobachter* entdeckte – nicht ganz falsch – Frivolität in ihrem Spiel. Man spürte, dass sie es nicht so ganz bitter ernst meinte, wie es dem *Völkischen Beobachter* war. Marianne Hoppe war nicht für die süßliche, den Mann herbeisehnende Variante des Daseins geschaffen, was man mit diesem Bild fast vergessen könnte. »Ein schönes, von Leid, Liebe und Entsagung mild und gütig überschienenes Gesicht«, schrieb eine andere Zeitung.[57] So konnte man sich gemütlich und gemütvoll auf das neue Frauenbild einschwingen.

Heideschulmeister Uwe Carsten war ein klassischer Heimatfilm. Als hätten ein paar sentimentale Nazis den Film nur gedreht, um alle Klischees eines Heimatfilms zu erfüllen.

Hoppe sagte damals, ziemlich klug, sich anpassend, ohne sich vollständig zu verleugnen: »Ich kann es nicht beschreiben, man müsste ein Dichter sein, aber die Heide übte auf mich eine tiefe Wirkung aus, die mir noch in keiner anderen Landschaft begegnet ist. Ich war nicht begeistert – wie ich es manchmal von der Schönheit einer Gegend sein kann –, wenn ich abends von meinen Heideritten zurückkam; aber eine ganz tiefe, ruhige Geborgenheit erfüllte mich und das Wissen, daß man in dieser Landschaft immer wieder zu sich selbst finden kann.«[58] So machte sie mit und wahrte Distanz, so fand sie eine eigene Sprache unter den neuen Umständen.

Keiner der drei Filme, *Judas von Tirol*, *Heideschulmeister*, *Schimmelreiter*, war ein Propagandafilm. Aber sie passten in die Zeit. Da war kein Bruch. Am besten passte der *Schimmelreiter* mit einer starken, selbstbewussten Marianne Hoppe. Sie ordnete sich zwar unter, sowohl dem Kleinknecht Hauke Haien als auch dessen Deichbauprojekt. Aber sie war die aktive Person. Sie war es, die Hauke heiratete, sie machte ihn zum neuen Deichgrafen, sie trieb die Arbeiten am Deich voran. Der gemeinsam errichtete Deich stand dann für das neue Gesellschaftsmodell. Man musste das nicht als Propaganda für die Nazis begreifen, aber man konnte es sehr wohl so sehen: Der Deich, das ist ein Großprojekt, das die Gemeinschaft stützt, schützt und stärkt.

Dummheit (der Mensch)

Therese Giehse war der Star im zweiten Programm von Erika Manns Pfeffermühle, das Anfang 1934 startete. »Dummheit« war ihre bekannteste Nummer. Giehse trug ein rosafarbenes Kleidchen, die Perücke dazu war strohfarben, was sie darstellte, war sozusagen eine verblödete Germania.[59]

Etwas später, 1937, hielt Robert Musil in Wien eine Rede »Über die Dummheit«. Zunächst ging es ihm um das Fehlurteil, »… daß die Dummheit bloß oder vornehmlich ein Mangel an Verstand sei.«[60] Das war es nicht, was ihn beschäftigte. Das war auch nicht das, was die Giehse zeigte. Was ihre Figur unnachahmlich auf den Punkt bringt, ist grenzenlose Selbstgefälligkeit bei fehlender Veranlassung.

Musil hielt Dummheit für die geistige Strömung und Signatur seiner Zeit. Dummheit war nicht eine individuelle Eigenschaft, sie wurde ein politisches Thema. Dummheit trat zusammen mit der Masse auf, sie zeigte sich, wenn der Mensch als Masse sprach. »Die Dummheit, das ist ein eigenes Gebiet, die bewohnt ein feines, schönes Haus« schrieb auch Horváth zu dieser Zeit.[61]

1934 hatte Horváth in sein Notizbuch geschrieben: »Wir leben in einer Übergangszeit, in welcher der Plebejismus sich als Herrscher dünkt. Der Geist wird verachtet und verboten, die Kunst wird aufgefordert, sich in die Niederungen der Machthaber zu begeben. Dumme und, im besten Fall, irrsinnige Anschauungen, geben den Ton an.«[62]

Dummheit war Thema geworden, Dummheit war so etwas wie die freiwillige Zurücknahme der Aufklärung, die selbstgewählte und selbstgefällige Dummheit war das Gesicht der neuen Macht. Kants Satz vom Ausgang des Menschen aus selbstverschuldeter Unmündigkeit fand seine Umkehrung, mit gewisser Begeisterung machte man sich dümmer, als man war. Populistisch sein bedeutet auch, und zwar zu allen Zeiten, sich dumm machen. Dabei hielt man sich – selbstverständlich – für klug und schlau.

Musil wunderte sich in seiner Rede, wie sehr der Mensch dazu neigt, sich selbst für klug zu halten. Erlange er Macht, steigere sich die Meinung, »dass er über alle Maßen klug, erleuchtet, würdig, erhaben, gnädig, von Gott auserlesen und zur Historie berufen sei. Ja, er sagt es auch von einem anderen gern, von dessen Widerspiegelung er sich bestrahlt fühlt. In Titeln und Anreden, wie Majestät, Eminenz, Exzellenz, Magnifizenz, Gnaden und ähnlichem hat sich das versteint erhalten und ist kaum noch von Bewusstsein beseelt; aber in voller Lebendigkeit zeigt es sich sogleich wieder, wenn der Mensch heute als Masse spricht. Namentlich ein gewisser unterer Mittelstand des Geistes und der Seele ist dem Überhebungsbedürfnis gegenüber völlig schamlos, sobald er im Schutz der Partei, Nation, Sekte oder Kunstrichtung auftritt und Wir statt Ich sagen darf.«[63]

Vor Giehse und vor Musil, bevor die Nazis an die Macht kamen, hatte Horváth in seinen Volksstücken schon der Dummheit auf den Zahn gefühlt. In der stillen Straße im achten Bezirk, am Anfang von *Wiener Wald*, tut der Zauberkönig gegenüber Oskar so, als sei Marianne mal wieder zu dumm gewesen, seine verschwundenen Sockenhalter aufzuräumen. Und Havlitschek, der es in seiner (dummen) Grobschlächtigkeit wie immer auf den Punkt bringt, spuckt Emma nach: »Dummes Luder, dummes –«[64] Selbst Alfred bezichtigt Marianne der Dummheit: »Liebes Kind, es gibt eben etwas, was ich aus tiefster Seele heraus haß – und das ist die Dummheit. Und du stellst dich schon manchmal penetrant dumm.«[65]

Es gehört bei Horváth ganz offenbar zur Dummheit, die anderen für dumm zu halten. Man kann sich, gerade in Sachen Dummheit, so leicht über sich selbst täuschen, dass die Selbsttäuschung als zwingendes Zeichen der Dummheit erscheint. Horváth führt das im *Wiener Wald* exemplarisch mit dem dafür besonders anfälligen männlichen Personal vor.

Warum aber ist es so schwer, sich selbst richtig einzuschätzen? Was macht es fast unmöglich, sich von sich selbst das richtige Bild zu machen? »Wie in allen meinen Stücken versuchte ich auch diesmal, möglichst rücksichtslos gegen Dummheit und Lüge zu sein …«, schrieb Horváth Anfang 1933 in die Randbemerkung zu *Glaube Liebe Hoffnung*. Die Maxime für jeden laute: »Erkenne dich bitte selbst!«[66] Dabei wusste auch Horváth, dass es sich besser lebt im (Wiener) Wald der Selbstbeweihräucherung, den man vor lauter Stereotypen nicht sieht, mit denen man sich umgeben hat.

Als Therese Giehse in der Pfeffermühle ausfiel, sprang Walter Mehring für sie ein, er musste einen Ersatz für ihre »Dummheit« finden und dichtete den Emigrantenchoral. Musil dagegen zitierte in seiner Rede Erasmus von Rotterdam: Ohne gewisse Dummheiten käme der Mensch nicht einmal auf die Welt. »Schau mich doch nicht so dumm an«, blaffte Marianne am Ende vom *Wiener Wald* den Oskar an, als der wegen ihres toten Kindes auf schlechtes Gewissen machte.[67]

Heirat

Eine falsche Heirat und ein misslungener Selbstmordversuch waren der passende Abschluss dieses schwierigen Jahres. Im Dezember bat der Schauspieler Paul Hoffmann Horváth, der Sängerin und Freundin Maria Elsner zu helfen.[68] Eine Heirat, selbstverständlich nur auf dem Papier, könne die Jüdin vor den Nazis beschützen. Hoffmann selbst war schon verheiratet, nun dachte er an Horváth als vorgeschobenen Ehepartner. Warum seine Wahl gerade auf Horváth fiel, wird nicht klar.

Sicher ist, Horváths Ehe mit Maria Elsner wurde tatsächlich am 27. Dezember 1933 in Wien standesamtlich geschlossen, Trauzeugen waren die Dichter Alexander Lernet-Holenia und der halbseiden-charmante Karl Tschuppik. Tschuppik war der Bruder des Münchner Journalisten, mit dem Horváth und Pauli Anfang des Jahres zum Skifahren hatten gehen wollen.

Die Heirat brachte Elsner einen ungarischen Pass und Horváth eine Menge Unglück. Dass die Ehe, laut Hoffmann wie vereinbart, nur pro forma geschlossen worden war, warf ihn aus der Spur. Horváth soll von der Pro-Forma-Vereinbarung nichts gewusst haben – jedenfalls war er in Elsner verliebt. Sie und Horváth lebten – und stritten – dann aber nur ein paar Tage miteinander.

Die Heirat war für Hertha Pauli, die zu der Zeit ihrerseits unsterblich in Horváth verliebt war, der Anlass für einen Selbstmordversuch. Morgens im Café Museum in Wien habe er ihr seine Heiratspläne offenbart. »Erschrick nicht, ich heirate in acht Tagen …« Horváth war die ganze Nacht unterwegs gewesen, sie hatte ihm zu dem morgendlichen Treffen eine Krawatte als »blauer Morgengruß« mitgebracht. Laut Pauli war es Horváth, der Elsner von sich aus einen Heiratsantrag gemacht hatte.[69]

Für Pauli war diese Heirat jedenfalls kein beiläufiges Ereignis, möglicherweise kannten sich Elsner und Horváth auch schon länger, und die Geschichte, die Paul Hoffmann Horváths späterem Verleger Schulenburg erzählte, ist gar nicht wahr. Vielleicht hatte Elsner den verliebten Horváth einfach hinters Licht geführt, um an einen Pass zu kommen. Auch das wissen wir nicht.

Am Abend dieses Tages schloss Pauli die Fenster ihrer Mansardenwohnung und drehte den Gashahn auf. Sie legte sich aufs Sofa und dachte mit angenehmem Gefühl, wie sie später schrieb, an die Geisterbahn im Prater, die sie mit Horváth öfter besucht hatte. Aus dem Selbstmord wurde trotzdem nichts.

Die Ehe mit Maria Elsner ist in beiderseitigem Einvernehmen 1934 geschieden worden.

Der Schimmelreiter

Nein, dieses Bild mit Zigarette und dumpfem Blick ist keine Imitation von Therese Giehse und der Dummheit.

Dieses nach einem Schnappschuss aussehende Foto zeigt Marianne Hoppe während einer Drehpause. Man sieht eine erschöpfte Person. Neben ihr sitzt Hoppes Filmpartner Matthias Wiemann. Der Film, der gedreht wurde, ist *Der Schimmelreiter* von Ende 1933, der ihr dann 1934 zum endgültigen Durchbruch verhalf.

Zu dieser Zeit äußerte sich Marianne Hoppe zu Rollenfragen. »Was ich mir von meiner Filmarbeit in Zukunft erhoffe? Dass ich in ihr die gleiche künstlerische Befriedigung finde, wie ich sie manchmal auf der Bühne erleben durfte. Ich will damit nicht in den Chor der vielen

Schauspieler einstimmen, die immer wieder den Film verdammen und das Theater als einzige Stätte deutscher Schauspielkunst rühmen.«[70] Zunächst, sie kritisierte das aktuelle Filmschaffen. Aber nur, indem sie es mit dem Theater verglich. Sie war klug, sie hielt sich die Optionen offen, sie wusste, in welche Schubladen man gesteckt werden konnte. Sie erinnerte an eine andere, befriedigendere Zeit, ohne sie zu benennen.

Sie sprach von der Ernsthaftigkeit der Kunst, die sie auf der Bühne erlebt habe. Damit benutzte sie eine Argumentationsfigur, wie sie später oft angewandt wurde. »Ich hatte bis jetzt Glück, hatte schöne Rollen, die mir ernste Aufgaben stellten. Aber so ganz glücklich bin ich im Atelier noch nicht. Die Quelle für all die Schwierigkeiten, die dem Schauspieler im Film begegnen, ist ohne Zweifel der stete Kampf, den der Künstler mit den beiden anderen Mächten auszutragen hat: mit dem Kaufmann und dem Techniker.« Da fiel dem Leser, er mag welche Einstellung auch immer haben, doch bestimmt auch noch eine dritte Macht ein, mit der der Film zu kämpfen hatte. »Ich wünschte, damit der deutsche Film an die Spitze kommt, ein Drehbuch, das ein wirklicher Filmdichter unbeeinflusst von dem fachmännischen Gebiet des Kaufmanns schaffen könnte; einen Regisseur, der die volle Autorität besitzt, um ein Werk nach seiner künstlerischen Absicht zu gestalten, der die Zeit und die Ruhe hat, mit uns Schauspielern ernst und verantwortlich zu arbeiten; einen technischen und kaufmännischen Stab, der ehrlich bemüht ist, sich den Gesetzen der Kunst unterzuordnen.«[71]

Das klingt sehr unverfänglich, aber schaut man es sich mit den Augen eines Nazis an, kann man auf die Idee kommen, dass sich hier Widerspruchsgeist formiert. Kaufmännisch, gut, das mögen andere sein, Juden vielleicht. Aber man kann das Technische ganz leicht durch das Politische ersetzen, dann denkt der Nazi: Schlau, diese Hoppe, kritisiert uns, ohne uns zu nennen, überhaupt ohne eine einzige Anspielung.

Im Zentrum von Hoppes Argumentation aber steht die Ernsthaftigkeit der Kunst, was damals das Gegenteil der Frivolität der zwanziger und beginnenden dreißiger Jahre meinte. Damit kreierte sie eine Argumentationsfigur, die bald sehr oft bemüht werden würde: Echte Kunst, künstlerische Ernsthaftigkeit, Können.

Damit aber geschah auch noch etwas anderes. Die Ernsthaftigkeit der Kunst wurde eine Verteidigungshaltung. Sie war das Terrain, auf das man meinte, sich unbeschadet zurückziehen zu können. Wo man mit seiner Arbeit, seiner Professionalität, seinem Können weiterarbeiten konnte, ohne sich von den Nazis infizieren zu lassen. Damit aber entleerte sich auch der Ernst, er wurde zum Mittel, zur Waffe, zur Pose, er wurde missbraucht. Davon hat sich der heilige Ernst, der eben auch manchmal zur Kunst gehört, genauso wie die verspielte Frivolität, in Deutschland bis heute nicht ganz erholt.

Das Bild Marianne Hoppes in den Illustrierten wandelte sich. Bisher hatte es diesen ruhigen, klaren Eindruck gemacht, war eher verschlossen und melancholisch gewesen. Nun sah man in den Filmen ein frisches Lachen und gute Zähne, einen selbstbewussten Blick, einen Naturmenschen. Sie wurde (was sie vorher nicht war) ein Typ. Dazu aber kamen geschminkte Lippen und die sachliche Eleganz der Städterin. Wieder war sie damit, wo das Frauenbild traditionell und blond wurde, die neue Frau. Die Haare wurden Jahr für Jahr etwas länger und umspielten den Kopf nun in weichen Wellen. Der Akzent lag bald auf zeitgemäßer, fröhlicher und adretter Verlässlichkeit.

Das Wort gesund, das nun in unterschiedlichsten Kontexten auftauchte – Weiblichkeit, Pflichtgefühl, Natürlichkeit, Jugend, Heimatverbundenheit, Boden, Blut, Empfinden, Volksempfinden, Volkskörper, Lachen, Deutschtum, Sauberkeit, Ausstrahlung – konnte von Hoppe, mit ihren neuen Attributen – norddeutsch, heimatverbunden, kraftvoll, blond, schön – hervorragend gespiegelt werden. Die körperlichen Merkmale passten bestens, man konnte sie wie bei einem Zuchttier aufzählen: kraftvolles Gebiss, starke Kopfbehaarung, ebenmäßiger Wuchs, strahlendes Lachen.

Marianne Hoppe galt nun als herb und echt. Wobei sie selbst gegen das Attribut »herb« starke Vorbehalte hatte. Herb war das Gegenteil von süß, aber auch von charmant.

Die Rolle wurde den Schauspielerinnen und Schauspielern jetzt vom Gesicht abgelesen, das nicht mehr als Maske, sondern als wahres Selbst galt. Schauspielerin und Rolle wurden eins, man liebte das, sah darin das »Echte«, die Verschmelzung von Spielerin und Rolle war das Ideal. Als die besten Schauspielerinnen und Schauspieler galten die, bei denen man nicht nur die Show, sondern auch das Spiel vergaß.

Marianne Hoppe, hieß es in enervierender Monotonie, sei nun ein Star, aber sie sei auch Mensch geblieben. Das war die neue Volkstümlichkeit: Der Star erschien als lieber und netter Kerl mit dem Herzen am rechten Fleck. Hoppe galt als uneitel, unkompliziert, unprätentiös.

Das ist sehr typisch für das neue Schauspielerinnenbild, das sich nun herausbildete. Mensch sollte man sein, In einem unkomplizierten, natürlichen Sinn. »Frisch ist sie, jung, vollkommen Mensch geblieben, und es scheint sie wenig zu berühren, dass sie in den beiden Tagen ihres Besuches der Mittelpunkt Mindens war. Sie will kein Publikumsliebling sein, keine Filmdiva, sondern Mensch unter Menschen.«[72]

Sie verkörperte die neue, selbstständige Frau: bereit, sich höheren Ideen unterzuordnen; hübsch, aber anspruchslos; schlagfertig, aber mit Zurückhaltung; sentimental, aber zu starken Gefühlen fähig. Diese Frau war begeisterungsfähig und praktisch, frisch und verlässlich, pflichtbewusst und immer gerade heraus. Sie war eine Frau, die ihren Mann steht.

1934–1935

Jung bleiben (Bild der Frau IX)

Dieses Bild stammt aus der Zeitschrift *Filmwelt*, Nummer 13 vom 31. März 1934. Die Überschrift des zweiseitigen Artikels lautet »Jung sein und schön bleiben« aus der Reihe »Plaudereien mit Filmkünstlern«.[1]

Mit einem Mal ist Marianne Hoppes schmales Gesicht nicht nur breit, es wirkt massig wie aus Stein gehauen. Die Nase und Brauen sind immer noch fein, aber eine flächige, die Konturen nicht hervorhebende Beleuchtung erzeugt den massiven Eindruck. Dazu kommt dieser stoisch ruhige, auf alles gefasste Ausdruck des Gesichts. Auf die Stärke dieser Frau wird man bauen können.

Was heißt es, wenn ein solches Bild von einem gemacht wird? Ist das schön? Ja, manche sahen es so und sehen es wohl heute noch so. Aber alle

Sinnlichkeit ist aus diesem Gesicht verschwunden, dafür ist eine Frau erstanden, die unumstößlich und mütterlich wirkt. »Jung sein und schön bleiben« – diese merkwürdige Überschrift hatte nun einen Sinn, der erst ergründet werden musste.

In dem Artikel, den eine Rena Tesch geschrieben hat, die angeblich schon vor Jahren mit Marianne in der Garderobe zusammensaß, erzählt Marianne Hoppe: »Augenblicklich rührt meine frische, gebräunte Farbe jedoch nicht vom Wintersport und natürlicher Höhensonne her, sondern von künstlicher und täglicher Bestrahlung, die ich morgens nach dem Kaltduschen und Massieren nehme, weil ich mich so ungleich frisch und wohl danach fühle. – Übrigens: seit einiger Zeit trainiere ich zweimal wöchentlich in der Sportschule eines bekannten Boxers und regelrecht am Sandsack. Aber nun soll um Gottes willen niemand denken, dass ich vielleicht den Ehrgeiz hätte, mich zur Boxerin ausbilden zu lassen, oder dass dieser männliche Sport eine übertriebene und alberne Laune von mir sei! Ich habe ein Spezialtraining, und dieses wiederum hat den Zweck, den Oberkörper beweglich und die Hüften schlank zu erhalten. Ja, immer das alte Lied: Sorge um die schlanke Linie! Es hat auch immer dieselben Strophen: Sport, Bewegung, Diät! Um kurz etwas zu meiner Diät zu sagen: Morgens Orangensaft und Knäckebrot, mittags wird richtig und gründlich gegessen, aber nur am Sonntag gibt es hinterher eine Süßspeise. Darin bin ich eisern streng allen Verlockungen gegenüber.«

Interessant sind die Werbeanzeigen neben dem Artikel. Im größten Inserat wirbt die Firma Schwarzkopf für das Shampoo »Extra Mild« mit »Glitzerndem Glanz«. Dann kommt eine Klinik für kosmetische Chirurgie (Nase, Ohren, Haare, Brust). Es folgen Fahrräder (Gesundheit und Bewegung …), Ohropax (Gesundheit und Schlaf …), schöne Brüste (durch einfache Hausmittel), Abnehmen (18 Pfund in kurzer Zeit) und die Korrektur abstehender Ohren (»fabelhaft einfaches A-O-BE Verfahren«). Außerdem gibt es kosmetische Ratschläge, die sich diesmal um die Bedeutung der Füße für die Gesunderhaltung des Körpers drehen. »Denn Mangel an Bewegung führt zu Darmträgheit, die bekanntlich eine Legion anderer Krankheiten zur Folge hat.«

Porträtfotografien von Horváth

»Als ich ihn Anfang 1934 wiedersah, war er irgendwie verändert, mürrisch und bedrückt. Nach etlichen Gläsern Wein, die wir in einer kleinen Kneipe in Buda getrunken hatten, fragte ich ihn: Was machen die Dienstmädchen? Er winkte stirnrunzelnd ab: Ich bin verheiratet. Weitere Fragen wollte er nicht beantworten. Es dauerte eine Weile, bis ich erfuhr, dass er in Wien am 27. Dezember, wahrscheinlich durch weihnachtliche Sentimentalität stimuliert, die Sängerin Maria Elsner geheiratet hatte.«

So schrieb der Drehbuchautor und spätere Filmproduzent Géza von Cziffra über seine Wiederbegegnung mit Horváth im Januar 1934.[2] Cziffras Erinnerungen, zu Unrecht vergessen, sind offen, pointiert und meist präzise. Maria Elsner, das war diese unglückliche, kurze Liebe, die Horváth so durcheinanderbrachte. Aber war es tatsächlich die Heirat oder hatte Horváth sich durch etwas anderes verändert?

Legt man zunächst die vorhandenen Fotos von Horváth nebeneinander, es sind gar nicht so wenige, sieht man schnell, wovon Zeitgenossen des Öfteren gesprochen haben: Horváth neigte zur Korpulenz. Er hatte etwas Behäbiges.

Ulrich Becher bestätigt das mit einer kleinen Geschichte, die der 37-jährige Horváth selbst erzählt hatte: »Ich machte neulich mit zwei Bekannten eine Bergtour. Wir kehrten in eine Almhütte ein; meine Begleiter bestellten Bier, und ich bestellte einen Enzian. Ich hörte die Kellnerin sagen: Für die beiden jungen Herren Bier, für den Dicken den Enzian. Da merkte ich, daß ich nicht mehr jung war.«[3]

Merkwürdigerweise sagte Horváth nicht: »Da merkte ich, dass ich zugenommen hatte.« Er schien die Worte der Kellnerin als Zeichen für eine grundsätzliche Veränderung seiner selbst zu nehmen, die mit ihm vorgegangen war. Er war dick – und er war nicht mehr jung.

Schaut man weitere Fotos an, stellt man fest, dass die körperliche Korpulenz, man könnte es auch Schwere nennen, erst ab einem bestimmten Zeitpunkt auftritt. Man sieht das vor allem auf den Bildern ab 1936, von 1934 gibt es nur ein Bild, von 1935 gar keines. Es ist also im Alter von etwa 34 Jahren, dass Horváth etwas Breites, eine gewisse körperliche Behäbigkeit entwickelt. Auch sein Gesicht und sein Blick verändern sich in dieser Zeit. Das Gesicht wirkt viel älter. Die Augen bekommen etwas Stumpferes, Sinnendes. In seiner Jugend und den Zwanzigern war Horváth anders, er wirkte agil, aufgeweckt, lustig, ein Filou. Der Blick war freundlich und herausfordernd, seine schauenden Augen waren vielen aufgefallen.

Danach verschwindet Horváth sozusagen. Aus dem Jahr 1933 hat sich bisher kein Foto gefunden. Aus dem Jahr 1934 gibt es dieses aus seinem Führerschein.

Die einzige Aufnahme Horváths aus den Jahren von 1933 bis 1935: das Führerscheinfoto von 1934

Danach wieder eine gähnende Lücke. Es gibt auch kein Foto Horváths, das sich dem Jahr 1935 zuschreiben ließe. Erst 1936, und dann zunächst wieder auf einem amtlichen Dokument, taucht der Autor auf.

Dann gibt es, bis zum Tod Horváths 1938, wieder eine Vielzahl von Fotografien, wobei die ersten vom Besuch in Possenhofen im Sommer 1936 stammen. Hier nun ist Horváth tatsächlich breiter geworden. Es tritt uns auf den Bildern kein anderer, aber doch ein veränderter Mensch entgegen. Horváth wirkt wie ein gesetzter Herr in mittleren Jahren, ins familiäre Leben integriert. Es fehlt nur noch wenig, dann ist das ein älterer Herr. Wo ist das jugendlich verschmitzte, lebensfrohe Gesicht geblieben?

Man kann die augenfällige Veränderung Horváths mit schlechteren

Lebensgewohnheiten zusammenbringen, Horváth lebte nicht mehr in Murnau, er ging kaum mehr in die Berge. Es mag sein, dass er durch seinen ständigen Ortswechsel ungesund lebte. Vielleicht war die Veränderung auch einfach dem Alter geschuldet. Vielleicht hatte er eine unbekannte Krankheit. Horváth, wir haben es gehört, hatte im Sommer 1933 in Schärding eine Kur wegen Magenproblemen gemacht. Diese Probleme verließen ihn nicht.

Mag sein, dass Horváth die Nazis auf den Magen schlugen, dass ihm die Galle hochkam, dass sie auf seiner Seele lasteten, dass sie ihm insgesamt eine so schlechte Stimmung gemacht haben, dass er dicker werden musste, um dem standzuhalten. Es kann alles Mögliche gewesen sein, es bleibt aber offensichtlich, dass der Beginn der Regierung der Nationalsozialisten mit einer körperlichen Veränderung einherging. Horváth ging es nach 1933 nicht gut. Die Bilder von ihm zeigen etwas anderes als die Aufnahmen von Marianne Hoppe. Sie zeigen einen privaten Menschen, seine Entwicklung, seine Veränderung; in diesem Gesicht meint man wirklich Horváths Leben ablesen zu können. Hoppes Bilder dagegen spiegeln nicht sie, sondern die Zeit, in der sie gemacht wurden.

Hitlers Gesicht war die Ikone dieser Zeit. Dieses etwas frivole, leicht zur komödiantischen Maske neigende Gesicht bleibt unverändert, es zeigt weder Leben noch Zeit.

Frauen und Horváth

Niemand hat die Frau, das Geschlechterverhältnis und das Verhältnis der Gesellschaft zu Frauen in seiner Zeit so dezidiert und nachhaltig herausgearbeitet wie Ödön von Horváth. Meist wurde ihm die Frau dabei zum Fräulein.

Darum soll es hier nicht gehen. Hier geht es um Horváths wirkliche Frauen, seine Beziehung zu Frauen. Auch wenn Literaturwissenschaftler immer wieder beteuern, dass das unwesentlich für die Werke sei: Wissen will man es doch! Und dass es wirklich unwesentlich war, ist auch schwer zu glauben.

Die eigenartigste Beschreibung von Horváths Verhältnis zu Frauen gab sein früherer Bühnenverleger Ulrich Schulenburg. Schulenburg hat von einem Gespräch mit Karl Frucht berichtet, einem der engen Freunde Horváths in den späteren Jahren: »Horváth … meinte er, hätte seine Mutter nur ein einziges Mal im Negligé gesehen, nie nackt.«[4] Schulenburg fand das bedeutsam (was es in den Nullerjahren des 20. Jahrhunderts überhaupt nicht war) und deutete eine daraus resultierende »gewisse sexuelle Verklemmtheit Horváths« an. Er habe mütterliche Frauen auf ein Podest gestellt und normale Frauen als leichtfertige Mädchen betrachtet. »Die Aussagen einiger seiner Lebensbegleiterinnen deuten darauf hin, dass er Kontakte und Gespräche zu Frauen suchte, jedoch im sexuellen Verhalten äußerst zurückhaltend bzw. verklemmt war. Das ist an sich kein Widerspruch, eher der Versuch einer Kompensation.«[5]

Das ist verblüffend, Horváth verklemmt und zurückhaltend. Schulenburgs Einschätzung seines Autors, der allgemein eher als Schwerenöter bekannt war, ist mindestens originell und fordert die Aufmerksamkeit heraus.

Eine andere, weiter verbreitete Einschätzung ist, Horváth habe Frauen nicht gut behandelt. Dahinter steht wahrscheinlich die Vermutung, er habe sie für leichtfertige Affären sozusagen missbraucht. War er doch ein Frauen liebender und unmoralischer Autor.

Beide Einschätzungen widersprechen sich. Insgesamt mischen sich eigenartige Interpretationen von Horváths Wesen mit angeblichen Beobachtungen und verschiedenen Erinnerungen. Als Mensch war Horváth, auch für Zeitgenossen, kaum zu entschlüsseln.

Schauen wir ein paar Dokumente durch. Eugen Holly, ein Schulkamerad, berichtete 1931 über die gemeinsame Zeit in Bratislava, dass Horváth im Alter von etwa fünfzehn Jahren mit schulischen Leistungen eher zurückhaltend war, den Mädchen aber gern hinterhergerannt sei und auch mehrere Heiratsanträge gemacht habe.[6]

Es gibt ein Liebesgedicht, das Horváth als 18-Jähriger für Gustl Emhardt schrieb. Es beginnt mit Nähe in der Natur, dann folgt ein Bekenntnis: »Wenn ich schreibe: Schreibe ich Dir. Wenn ich schreite: Schreit ich zu Dir. Wenn ich denke: Denk ich an Dich. Wenn ich küsse: Küsse ich Dich.« Dann wird es düster: »Ich hab meinen Vater ermordet. Meine Mutter hängte ich auf. Denn: Dich will ich nur lieben!! Du sei meine Braut! – Doch: – wenn Du mich nicht lieben kannst / So kauf mir einen Strick. Ich bind ihn dann an einen Baum / Und häng mich auf damit.«[7]

Gustl Emhardt hatte ihn, als er zwölf Jahre alt war, in München beim

Schlittschuhlaufen kennengelernt. Später wurde sie die Ehefrau seines Bruders Lajos. Sie war eine hübsche Person mit wachem Blick, möglicherweise nicht ganz unprätentiös, auf einem der überlieferten frühen Fotos stemmt sie selbstbewusst die Arme in die Hüften. Später erinnerte sie grobe Scherze des jungen Ödön, irrationale Ängste, Gespräche über Bücher und betonte seine Verschlossenheit und Hilfsbereitschaft »durch Taten, aber nie mit Worten«. Das Gedicht an sie, die erste überlieferte literarische Arbeit Horváths, stammt aus einer Zeit, als sie sich durch ihre Verbindung zu Lajos wieder trafen, 1919, nachdem sie sich zuvor aus den Augen verloren hatten.[8]

Das nächste Zeugnis stammt von der etwas älteren Felizia Seyd, die in die USA ausgewandert ist und später selbst einige Bücher geschrieben hat. Mit ihr war Horváth im Sommer 1924 zusammen. Auch sie hat sich viel später, 1979, zu der Beziehung geäußert: »Ödöns und meine Beziehung war zauberhaft (im Anfang), aber vielleicht allzu typisch für junge Menschen. Wir waren mehr an uns selbst interessiert als aneinander. Ich war älter und in mancher Beziehung blasierter, auch politisch gesehen, was uns langsam auseinander brachte. Ich hatte schon mehrere Jahre Amerika hinter mir und eine eben beendete Schweizer Scheidung und war immer mit einem Fuß in Paris. Was wir gemeinsam hatten, war unsere Liebe für Lyrik und Märchen und »all the things phantastic«, und grüne Wiesen und die Natur, aber Einfluß auf den späteren Ödön als Schriftsteller und Dramatiker hatte ich nicht.«[9]

Auf Bildern sieht man die junge Seyd mit modischem Hut und langem, hellem Sommerkleid. Zu gern wüsste man, wie die politische Diskussion des 23-Jährigen mit einer blasierteren Frau verlief.

1928/29 war Horváth mit Lotte Fahr liiert. Drei Briefe, die Horváth ihr im Januar und Februar aus Berlin schickte, machen das deutlich. Er hatte mit ihr über seine Arbeit gesprochen, er spielte mit ihr gern Schach auf der Fürstalm, er wolle, schrieb er in dem einen Brief, bis Juni in Murnau bleiben, dann im darauffolgenden nur bis März. »Innigst Dein Ödön« unterzeichnete er einen Brief.

Géza von Cziffra berichtete, wie Horváth »Du bist verrückt mit deinen Weibern!« zu ihm sagte,[10] nachdem er gemeint habe, sein neues Stück müsse eigentlich »Karoline und Kasimir« heißen, der weibliche Name an erster Stelle. Es war also 1932. Cziffra fährt fort: »Damals fiel mir ein, daß ich eigentlich nur wenige von seinen vielen Freundinnen kannte. Seine Liebschaften waren zu kurzfristig. Die Frauen himmelten ihn gern an, und er ließ sich gern anhimmeln, von jeder. Einmal sagte er mir nachmittags am Telefon, als wir uns für den Abend bei Schlichter verabredeten: »Ich bringe die Brigitte mit. Sie wird dir gefallen, dein Typ. Blond, hellblaue Augen!« Das Mädchen, das ich dann bei Schlichter antraf, war braunäugig, schwarzhaarig und hieß Erna. So schnell wechselte er die Mädchen. Ein andermal, allerdings in Weinlaune, gestand er: »Am liebsten waren mir immer die Stubenmädchen in der Nachbarschaft. Ihre Muschis sind so herrlich unkompliziert.« Horváth mochte eben keine Komplikationen.

Keine Komplikationen – möglicherweise hat Cziffra mit seiner flinken Beobachtungsgabe hier etwas Entscheidendes getroffen. Selbst zu Hitlers Machtergreifung, so schrieb er weiter, nahm Horváth im ersten Moment einen merkwürdig einfachen Standpunkt ein: »Du wirst sehen, die Themen liegen bald auf der Straße.«

Trotzdem, in Wahrheit war es ganz anders, ab 1933 wurde auch das Verhältnis zu Frauen komplizierter. Die entscheidenden Figuren sind Hertha Pauli, Maria Elsner, Wera Liessem und Marianne Hoppe. Dazu zunächst der Bericht von Karl Frucht, wie er über Pauli Horváth kennenlernte: »Hertha Pauli hatte mir nicht viel mehr über ihn erzählt, als daß er eine ›dämonische Wirkung auf Frauen‹ ausübte, weil kaum ein weibliches Wesen dem dämonischen Blick seiner vorstehenden Augen widerstehen könne.«[11] Das also war der nachhaltigste Eindruck, den Horváth bei Pauli genauso wie bei Frucht hinterließ. Karl Frucht ist die ergiebigste und verlässlichste Quelle, was Horváths Verhältnis zu Frauen anbelangt. Er fuhr fort: »Er allerdings wollte seine Ausstrahlung nicht wahrhaben, und wenn jemand sich ernsthaft in ihn verliebte, tat er das ihm entgegengebrachte Gefühl als »fixe Idee« ab.«

Horváth hatte Pauli 1932 während der Proben zum *Wiener Wald* in Berlin kennengelernt, Reinhardt hatte sie aus Breslau nach Berlin engagiert. Karl Frucht meint, die Begegnung mit Horváth habe sie mehr aufgewühlt als die Heirat mit Carl Beer vorher. Sie war ernsthaft in Horváth verliebt. Trotzdem waren die Beziehungen vielfältig und unübersichtlich.

Über den einschneidenden Moment Anfang 1933 beim Kammerspielball im Münchner Fasching schrieb Pauli in ihrem Buch *Der Riss der Zeit geht durch mein Herz*, wie Hoppe und Erika Mann ihr Horváth entführten, während sie selbst mit ihrer Freundin in einem Separée landete[12].

Das hört sich munter an. Doch etwas später, bereits in Wien, saßen sie sich im Café Museum gegenüber, er erzählte von seinen Heiratsplänen mit Maria Elsner und sie versuchte sich umzubringen. Pauli überlebte den Selbstmordversuch. In Wien gehörte sie dann zu dem Kreis, der im Café Herrenhof seinen Mittelpunkt hatte. Ein Kreis, zu dem Horváth nicht gehörte und nicht gehören wollte. Mit Karl Frucht, der wie Walter Mehring in Pauli verliebt war, gründete sie eine literarische Agentur.

Die Verbindung zu Maria Elsner Ende '33, Anfang '34 hatte trotz Heirat nur wenige Tage gedauert oder nie wirklich bestanden. Er scheint verliebt gewesen zu sein, sie scheint ihn benutzt zu haben, um einen Pass zu bekommen. Mit Horváth wurde sie, eine Jüdin, zur Ungarin. Was und ob mit Horváth etwas durch dieses Erlebnis geschah, ist unklar.

1934 lernte Horváth in Berlin Wera Liessem kennen, wie Elsner Schauspielerin, und zog das erste Mal mit einer Frau zusammen. Sie lebten zuerst in Berlin und dann in Wien in einer gemeinsamen Wohnung.

Von »Natterngesprächen« zwischen Pauli und Liessem berichtete Karl Frucht[13], Pauli widmete sich in ihren Erinnerungen Horváths Beziehung zu Liessem sehr ausführlich.[14] Ihr Bericht läuft darauf hinaus, dass sich die beiden, Liessem und Pauli, letztendlich arrangierten und gut miteinander verstanden. Es gab vorher aber wohl einen zweiten Selbstmordversuch, den Frucht beschreibt.

Auch Wera Liessem hatte es in ihrer Beziehung zu Horváth nicht einfach. Sie war jedoch ein etwas robusterer Charakter. »... Wera mußte einiges von Ödön einstecken. Sie hatte unter der spaßig-brutalen Art zu leiden, in der er seine Liebe oft ausdrückte; doch sie vergalt es ihm, indem sie ihre Gunst vorübergehend einem Wiener Kabarettisten zuwandte.«[15]

Die Wiener Berichte kommen darin überein, dass Horváth dauernd etwas mit Frauen hatte. Aber mit der Unbekümmertheit, die ihn am Anfang begleitete, war es schnell vorbei. Es war eine eigenartige Atmosphäre um ihn herum, die niemand richtig zu fassen bekam. Der Schriftsteller Ulrich Becher etwa schrieb in seinem Bericht *Stammgast im Liliputanercafé* von 1961: »Beim Heurigen erschien er zumeist allein, zuweilen aber sah man ihn mit einer bildhübschen Schauspielerin über den Opernring flanieren; dann grüßte er nur ein wenig entrückt, vielleicht auch wie ein wenig geniert, Teil eines Pärchens zu sein. Merkwürdig, um ihn, der zahlreiche Affären hatte und am Heurigen- oder Kaffeehaustisch einer der letzten Erzähler von Decamerone-Format war, wob oft Einsamkeit.«[16] Becher bringt das nicht ganz überzeugend mit Horváths verdecktem katholischen Glauben in Beziehung, den er nicht wahrhaben wollte und mit Aberglauben verdeckt habe.

»Er stand vor dem Wandspiegel und musterte sich prüfend mit seinen großen, etwas vorstehenden Augen. ›Was finden die Frauen eigentlich an mir?‹ fragte er mich. ›Bin ich denn so dämonisch?‹ Es schien ihm unbehaglich zu sein.« So erinnerte Hertha Pauli eine Szene, die den Leser wiederum an Schneewittchen und die Königin erinnert.[17] Auch das Don Juan-Stück Horváths dreht sich um diese Frage. Schon Alfred fragte im *Wiener Wald*: »Was kann ich denn dafür, daß ich auf die Frauen so stark wirk?«

Die meisten Frauen, behauptet Pauli, waren von ihm fasziniert. Man habe ihn einfach gern gehabt. Und das, obwohl er in einer eigenen inneren Welt lebte, die für andere nicht zugänglich gewesen sei. Die Liebe sei eine fixe Idee, habe Horváth zu ihr gesagt – ein Satz, den sie ihm zwei Jahre zuvor als Widmung in eines ihrer Bücher geschrieben habe. »Liebst du mich noch?«, habe er sie nun, 1938, gefragt.

»Es war unmöglich, Ödön etwas übelzunehmen«, schrieb Pauli. Selbst wenn er sie mit folgenden Worten vorstellte: »Das ist die Frau, die sich meinetwegen umbringen wollte«, konnte sie nicht böse werden. So machte er sich und seine Umgebung zu den merkwürdigen Figuren, wie sie in seinen Stücken vorkamen.

Jolanthe

Zwei Bilder, eines aus dem Film und rechts daneben das Filmplakat. Premiere August 1934. Das umkämpfte Schwein Jolanthe, das dem Film den Namen gab, sieht man rechts im Vordergrund. Es ist klar, es handelt sich um eine Komödie und um einen Heimatfilm.

Auf dem Filmplakat trägt Marianne Hoppe zwar ein bäuerlich gepunktetes Kopftuch, aber Gesicht und Blick wirken nicht ländlich. Sie schaut freundlich, ja, aber da ist doch immer noch etwas Reserviertes und Distanziertes in diesen erstaunlich dunklen und direkt blickenden Augen. Man hat das Gefühl, diese Frau schätzt ihr Gegenüber gerade in aller Ruhe ein, und die Grenze zu vorsichtiger Abschätzigkeit ist dünn. Man macht ihr nichts vor. Dazu im Kontrast fällt umso mehr auf, wie sehr der Maler sich bemüht hat, das Gesicht weich und nett zu zeichnen, Marianne Hoppe als liebevolle Person zu transportieren. Was ihm nicht zu hundert Prozent gelungen ist.

Der Schauspielerin Marianne Hoppe gelingt das mit ihrem Gesicht viel besser. So gstanden, wie man im Süddeutschen sagt (der Film spielt allerdings im Niederdeutschen), so selbstbewusst-selbstverständlich dastehend, so offen und verheißungsvoll schauend, so blond und patent, so wunderbar aufgeräumt, so ländlich lieb, das muss man erst mal hinbekommen. Egal, wie der Film geworden ist, wenn man das Foto links mit

Carla Löck ansieht, hat man zu diesen Frauen Vertrauen. Die Marianne Hoppe auf diesem Foto kann man liebhaben.

Der Typ des patenten, kumpeligen Bauernmädchens hat mit Marianne Hoppe sehr gut funktioniert. Da war sie eindeutig, als Magd war sie nicht raffiniert, sondern direkt und vertrauenswürdig. Da war nichts Gemachtes, da war alles echt. So wollte man es sehen. Dafür ist sie geliebt worden. Um das herzustellen, muss man vor allem eine Meisterin im Weglassen sein, keine menschlichen Facetten und Brüche spielen, sondern direkt auf das Gemeinte zusteuern. Raffinierte Einfalt könnte man es nennen.

Reichsparteitag, Nürnberg, 8. September 1934

Vom 4. bis 10 September 1934 dauerte der Reichsparteitag in Nürnberg. Er hatte kein Motto. Allerdings war er vergrößert durch Kundgebungen der Kriegsopfer, der Wehrmacht, des Arbeitsdienstes und der Frauenschaft. Am 8. September um 12 Uhr mittags sprach Hitler auf einer Tagung der NS-Frauenschaft: »Es hat sich damals so recht die Kraft des Gefühls als das Stärkere und Richtigere erwiesen. Es hat sich gezeigt, dass der klüngelnde Verstand doch nur zu leicht irregeleitet werden kann, daß scheinbar geistige Argumente Männer mit labilem geistigen Verstand ins Schwanken bringen, und daß gerade in diesen Zeiten der tiefstinnere Instinkt der Selbst- und Volkserhaltung in der Frau erwacht. Die Frau hat uns da bewiesen, daß sie das Richtige trifft. In den Zeiten, da die große Bewegung für viele zu wanken schien und alle gegen uns verschworen waren, haben sich die Festigkeit und Sicherheit des Gefühls als die stabileren Faktoren gezeigt gegenüber dem grübelnden Verstand und dem vermeintlichen Wissen. Denn es ist ja nur den Wenigsten gegeben, von einem oberflächlichen Wissen vorzudringen in die tiefstinnerste Erkenntnis. (…) Das Wort von der Frauen-Emanzipation ist nur ein vom jüdischen Intellekt erfundenes Wort, und der Inhalt ist von demselben Geist geprägt. Die deutsche Frau braucht sich in den wirklich guten Zeiten des deutschen Lebens nie zu emanzipieren. Sie hat genau das besessen, was die Natur ihr zwangsläufig als Gut zur Verwaltung und Bewahrung gegeben hat, genau so, wie der Mann in seiner guten Zeit sich nie zu fürchten brauchte, daß er aus seiner Stellung gegenüber der Frau verdrängt werde. (…) Die Frau ist, weil sie von den ursächlichsten Wurzeln ausgeht, auch das stabilste Element in der Erhaltung eines Volkes. Sie hat am Ende den untrüglichsten Sinn für alles das, was notwendig ist, damit eine Rasse nicht vergeht, weil ja ihre Kinder in erster Linie von all dem Leid betroffen werden.«[18]

Hitler hat hier, in sehr deutlicher Weise, seine Vorstellung von der Frau und von ihrer Rolle im nationalsozialistischen Staat gezeichnet.

Schwarzer Jäger

Rechts das Werbefoto, das damals unglaubliche Furore machte. Eine Frau als Soldat, Marianne Hoppe als schneidiger Kamerad, die Presse drehte durch. Ein Kumpel in Uniform, wie man ihn sich schon immer erträumt hatte. Die attraktive Frau als guter Kerl. Das war eine echte Wunscherfüllung, die die Filmemacher und Marianne Hoppe da hinbekommen hatten.

Links davon ein Szenenfoto des Films (interessanterweise ist der Scheitel auf der anderen Seite). Marianne Hoppe wirkt hier viel brüchiger, angreifbarer, aber auch zugänglicher. Das Mädchen mit den kurzen Haaren, die Frau als Soldat. Tatsächlich wirkt sie auf dem Bild, als würde sie gerade erkennen, was es bedeutet, Soldat zu sein. Noch eine Wunscherfüllung: endlich verstanden, endlich wird die stumme Heroik des Mannes gewürdigt.

Sie spielte hier – neben Paul Hartmann – mit Gustaf Gründgens, der gerade zum Intendanten der Staatstheater ernannt worden war. Es war nun schon die vierte professionelle Begegnung der beiden.

Die Dreharbeiten fanden im Juni und Juli 1934 statt. Angekündigt wurde der Film mit dem Slogan: »Ein Mädchen reitet gegen Napoleon!« Wahrscheinlich geht man nicht fehl, wenn man in *Schwarzer Jäger Johanna* eine deutsche Variation der Johanna bzw. Jungfrau von Orléans oder eben Jeanne d'Arc erblickt, auch das eine Wunscherfüllung: eine Wiedergutmachungsphantasie für die Schmach von Versailles.

Es ist durchaus interessant, wie die Figur der deutschen Johanna dafür zusammengesetzt wurde. Das Mädchen mit den kurzen Haaren und der Uniform, es ist klar, das ist die Basis. Eigentlich ein Skandal, es ist ein nationalsozialistisches No Go. Im Film erscheint das geschminkte (!) Gesicht von Marianne Hoppe schmal, auf dem Pressefoto ist das zurückgenommen, das Gesicht wirkt breiter als im Film. Der steife, hohe Kragen sieht in beiden Fällen so aus, als ginge es darum, ihren Kopf künstlich aufrechtzuhalten, ihr ein Korsett zu geben. Falls das Mädchen doch ein Moment der Schwäche anwandeln sollte.

Dazu kommt der auch als rot erkennbare Mund. Ein unübersehbar weibliches Attribut. Es ist interessant, dass das deutlich vorhanden ist, aber trotzdem kaum auffällt. Es steckt ein Hauch spielerischer Androgynität in der Rolle, der nicht ausgestellt wird. Das ist raffiniert, eine Form leichter Dissidenz, wie sie im Dritten Reich möglich war. Goebbels mochte den Film nicht. Was Hitler dachte, wenn er den Film denn gesehen hat, ist nicht bekannt.

Was Hoppe da gemacht hatte, war nicht nur frivol, es war gewagt. Sie stellte eine für diese Jahre eigentlich undenkbare Figur her. Das ließ sich nicht nur im Sinn der Nazis interpretieren, der Film ließ sich auch ganz anders verstehen. Durch die Androgynität bekam sie dieses Wunscherfüllungsaussehen, das aber die biedere Sexualmoral der Naziwelt überschritt. Sie agierte in dem Film auf einer Ebene, auf der es gefährlich wird, weil man nicht wirklich voraussehen kann, wie das Gegenüber reagiert. Sie rührte ans Unbewusste, und das ist immer ein gefährliches Terrain. Hier aber war es das Unbewusste nicht nur der Männer- und Frauen-, sondern auch der Soldatenbilder, also des Kernlandes der Naziideologie. Aber auch das schreckte sie nicht ab.

Wera Liessem

Die Schauspielerin Wera Liessem lebte mit Horváth ab Dezember 1934 in Berlin. Sie war nun seine Lebensgefährtin. In Fritz Langs *Das Testament des Dr. Mabuse* hatte sie die weibliche Hauptrolle gespielt, seit 1932 war sie in fünf weiteren Filmen zu sehen gewesen. Im September 1934 hatten sich Horváth und Liessem bei einer Feier des ungarischen Malers, Grafikers und Fotografen László Moholy-Nagy kennengelernt.

Darüber schrieb Liessem in einem Brief von 1957 an Traugott Krischke: »Kennen lernte ich Horváth in Berlin, in einer Gesellschaft, in der es sehr offiziell und intellektuell zuging. Er erzählte ganz unbefangen, aber sehr bewusst, in diese hölzernen Gespräche hinein vom Boxen und diesem herrlichen Sport – den er wahnsinnig komisch fand. Er liebte dabei die Volksseele zu beobachten. Das sinnlose Geschrei, die fanatisierte Massenseele belustigte ihn, weil er diese vollkommene Auflösung des Menschen in eine johlende, nur noch kreatürliche Ekstase bezeichnend für die Endsituation jeder Individualität hielt.«[19]

So also erinnerte und schilderte Liessem, wie sie 23 Jahre zuvor Horváth kennengelernt hatte. Sie erinnerte, dass Horváth die Versammlung etwas aufmischte, dazu vom Boxen sprach und das wahnsinnig komisch fand. Aber nicht wegen der Schläge und Hiebe der Boxer, sondern wegen der fanatisierten Seele der Masse und ihrem sinnlosen Geschrei. Da klingt wieder etwas von diesem Ton durch, dem Gelächter und Geheul der Masse, das Horváth schon 1923 imaginiert hatte. Merkwürdig bleibt auch, dass man Ende 1934 an Boxveranstaltungen und nicht an die Straße dachte, wenn man von der Masse und der Volksseele sprechen wollte.

Liessems Erinnerungen gehen weiter: »In Berlin erinnere ich mich an eine Wohnung, An der Rehwiese, in Nicolassee. Er schrieb damals an einem Film für Jenny Jugo, war in Theateraufführungen kaum hineinzubringen, weil er viel zu sehr mit seinen eigenen Ideen beschäftigt war, als sich dort etwas von anderen Leuten erzählen zu lassen. Das war kein Hochmut, sondern seine Eigenart, vielleicht die Erklärung seiner originellen, unbeeinflussbaren Denkart, die durch keinerlei Vorbilder verbogen war. Ich unterbrach meine Filmlaufbahn, er seine Filmschreiberei, die ihm sowieso nicht gefiel, und wir fuhren über die Grenze. Ich mußte mich damals regelrecht hinüberschmuggeln, weil die Deutschen nicht aus Deutschland hinaus und nicht nach Österreich hinein durften, es sei denn, sie zahlten 1000,– Reichsmark. Ich kann mich nur erinnern, daß ich mich durch einen Schweizer Aufenthalt als Auslandsdeutsche mit ihm durchmogelte. Es war für Horváth höchste Zeit – früher oder später wäre es schiefgegangen –

Nun war alles in Wien sehr schwer. Das Geld war knapp. Wir versetzten zeitweise alles, was wir hatten. Horváth versuchte es bei seinen Verlegern, bekam Vorschuß – und versuchte ein Stück nach einer alten Geschichte *Die Unbekannte aus der Seine* zu schreiben. Zu diesem Zweck hatten wir vor, an die Riviera, in die Gegend von San Remo eine Sommerreise zu machen, wo er dieses Thema zu gebären versuchte. Wir kauften einen Fiatwagen an und fuhren los, und in San Remo war das Klima ungeeignet, der Stoff und der Vorschuß machten Horváth fertig. Jedenfalls fuhren wir sozusagen ohne rechtes Ergebnis zurück. Das Geld war nun vollkommen durcheinander und das Stück war gegen seine Auffassung, mehr erzwungen als wirklich gut.

Ich hatte inzwischen am literarischen Cabaret in Wien gearbeitet, dann eine Rolle mit Erfolg an der damaligen Insel in Wien mit Herbert Bergdorf gespielt, hatte Erfolg und Horváth bat mich im neuen Stück bei Dr. Beer in der Scala in Wien mitzuspielen. Beteiligt waren in zentralen Rollen Hans Holt, Egon Friedell und ich. Das Stück fiel mehr oder minder durch. Und Horváth wollte nur weg von jeder Konzession.

In Wien waren wir oft mit Csokor zusammen oder auch mit Alfred Ibach, der immer mit uns durch die Wiener Beiseln zog, Horváths Lieblingsstätten. Er hatte das makabre Milieu ja immer schon gerne, je vulgärer, je komischer und anregender für ihn. Er fand feine Lokale furchtbar langweilig, und wir saßen bis nach Mitternacht, entweder in einem saftigen Bierlokal oder in düsteren, kleinen, zwielichtigen Spelunken, wo er es zu lustig fand, wie die Mädchen die Männer – oder umgekehrt – am Bändel hatten. Er fand das Studium der Ärmsten, der verkommensten Klasse immer viel lebensnäher, als die sogenannte gute Gesellschaft –

Allerdings liebte er sehr den Werfel und wir waren häufig dort Gast, besonders er, da die Frau Werfel, ehemalige Alma Mahler, um sich einen Schwarm von jungen Künstlern versammelte. Sie hielt wie eine Pompadour Hof und liebte es, die jungen Begabungen zu empfangen und zu empfehlen. Es gab riesige Gesellschaften mit Festen bis in den Morgen hinein. Die Leute schliefen dann, wo auch immer es einen Platz gab, und es trafen sich dort alle Spitzen der Gesellschaft bis zu den höchsten Würdenträgern der geistlichen und politischen Gesellschaft. Oft gab es so viele Leute dort, daß man die Garderobe wie im Restaurant auf Nummern abgeben musste. Man saß dann in einem Gartenhof, und Sekt und alles Dazugehörige gab es in rauen, nicht mehr vorstellbaren Mengen. Die guten Bekannten blieben dann, wie gesagt, und am nächsten Morgen konnte dann jeder von ihnen frühstücken, wann er wollte. Die Alma Mahler hatte so viel Trubel, daß ihr Mann, der Franz Werfel, immer auswärts arbeiten ging, weil es ihm sonst einfach nicht möglich gewesen wäre, zur Ruhe zu kommen –

Das also war die Gegenseite des Hintertreppenromanes in den kleinen Spelunken des Praters und der Kreuzkinogegend –

In dieser Zeit enstanden die beiden ausgezeichneten Bekenntnisse gegen den Irrsinn und die Verhärtung der Jugend. Er wendete sich ab von dem nur satirischen Vergnügen an der Schwäche des Menschlichen oder Allzumenschlichen. Er sah junge Menschen mit Liebe und wollte mit Liebe die Kraft der Erneuerung der Jugend erstreben. Er sah die Verblödung, die Lust am Bösen und hatte den festen Willen, da etwas Entscheidendes zu tun. Er ließ Theaterstücke Theaterstücke sein und wandte sich dem Zeitroman zu. Ich glaube, dass die Auseinandersetzung mit diesem Thema ein wichtiges Kapitel seines Lebens war.

Soweit ich mich erinnere, wurde das erste Buch *Jugend ohne Gott* in Henndorf bei Salzburg abgeschlossen. Er war kaum mit dem ersten Band fertig, da wollte er, ohne das erste Buch recht auszufeilen, schon an *Das Kind unserer Zeit* heran. Ich erinnere mich an einen Disput zwischen uns, er solle doch erst das erste Buch ganz zu Ende bringen. Entweder war es die Unruhe und Vorahnung, nicht mehr vieles schaffen zu dürfen, oder die Übermacht der Idee des ›neuen‹ Soldaten war so übermächtig, daß es ihm genügte, das erste Buch in Gedanken schon richtig durchgearbeitet zu haben. Als er mir nicht glaubte, ging er zu seinem guten Freund Zuckmayer, der ihm dasselbe sagte. Er biß sich auf die Zähne und ging wütend – aber dennoch wieder an das letzte Drittel, um es glatt zu polieren und durchdachte es dann bis in seine letzte Konsequenz: glücklich, daß wir ihn dazu getreten hatten …«

Ich zitiere diesen Brief so ausführlich, da dieses Dokument nicht nur im Einzelnen, sondern auch in der Gesamtschau sprechend und interessant ist. Hertha Pauli bestätigte Liessems Bericht, ja, er habe sie aus Berlin mitgebracht. Sie berichtete auch, dass sie sich mit Wera Liessem gut verstanden, wenn auch ein eigenartiges Verhältnis gehabt habe.[20] Die beiden waren Konkurrentinnen, und es stellte sich, wie im Märchen, die Frage, wer die rechte Braut sei. Pauli fuhr mit Horváth nach Paris, aber »die rechte Braut sitzt noch daheim«.

Horváth beim Film

Das Thema »Horváth und der Film« ist vieldeutig, ungreifbar, belastend. Es ist bis heute ein blinder Fleck. Es geht dabei nicht um Verfilmungen von Horváths Stücken und Romanen (die es vor allem von *Jugend ohne Gott* gibt), sondern um Horváths Arbeit beim Film in den Jahren 1933 bis 1935.

Die Zurückhaltung der Forschung ist verständlich, das Thema ist nicht nur unangenehm, es gibt auch einfach nicht genug Texte und Material, die als Zeugnisse zugrunde gelegt werden können. Aber mit oder ohne Zeugnis, es ist kaum zu übersehen, dass für Horváths Biographie das Kapitel »Film« eine wichtige, eine zentrale Rolle spielt. Genauso klar ist, dass es nicht nur eine Facette ist, die im Dunkeln liegt, sondern dass es eine dunkle Seite dieses Lebens ist, eine peinliche, die Horváth in Verlegenheit brachte.

Die Grundproblematik besteht darin, dass man kaum sagen kann, an welchen Filmen Horváth mitgearbeitet hat. Es gibt zu wenig Belege. Diese Problematik wird verschärft, weil er für den Film oft unter dem Pseudonym H. W. Becker gearbeitet hat, es aber auch einen wirklichen H. W. Becker gab, der in der gleichen Zeit in Berlin an Filmdrehbüchern schrieb. Über die Beziehung der beiden weiß man nichts. Es lässt sich, mit einem Wort, kein existierendes Drehbuch eines realisierten Filmes oder auch nur ein Teil eines Drehbuchs sicher auf den Autor Horváth festlegen.

Dass er für seine Arbeit beim Film, belegt durch sein Aufnahmeersuchen an den Reichsverband Deutscher Schriftsteller vom 11. Juli 1934, eine relative Nähe zur nationalsozialistischen Filmproduktion und Propaganda eingegangen ist, ist aber ebenfalls nicht zu leugnen.

Horváth hatte am 18. Juni 1934 an den Reichsdramaturgen Rainer Schlösser persönlich geschrieben, diesen Brief ließ er Schlösser über den Neuen Bühnenverlag zukommen.[21] Das war sehr bewusst eingefädelt. In dem anbiedernden Brief an den Reichsdramaturgen schrieb Horváth: »Ich habe mich also aus freien Stücken und in eindeutigster Weise für Deutschland erklärt, und da muss ich hören, dass man kein Stück von mir in Deutschland spielen kann, also in dem Lande, für das ich im Ausland immer eingetreten bin.« Es ist beschämend, wie Horváth sich in dem langen Brief selbst verleugnet. Weiter schrieb er von seinem Wunsch, am »Wiederaufbau Deutschlands« mitzuarbeiten. Horváth, das wird auch hier deutlich, war alles andere als ein Held. Oskar Maria Graf hatte recht, als er 1933 in Horváth einen Opportunisten sah.

Horváth wollte schon 1933 nicht durch politische Äußerungen auffallen, und 1934 suchte er mit seinem Antrag die Nähe der Nazis – da scheint eine gewisse Präferenz oder mindestens eine flexible Anpassungsfähigkeit deutlich zu werden.

Das Feld war unübersichtlich. Es gab Dialogzuarbeiter, es gab Autoren, die verschwiegen wurden. Der Autor, im Theater exponiert, war im Film eine zwar wichtige, aber kaum sichtbare Figur. Das ist bis heute nicht anders. Wie sehr das Horváth entgegen kam, wie sehr Scham eine Rolle gespielt hat, wie sehr es Horváth gelegen kam, nicht mit seinem Namen hinter der Filmarbeit stehen zu müssen, lässt sich sinnvollerweise nur als Frage formulieren und nicht beantworten.

Es scheint sicher, dass Horváth 1934 und auch noch 1935 vor allem in der Berliner Filmindustrie gearbeitet hat. Er entschloss sich im März 1934 nach Berlin zu gehen. Wenn Klaus Kastberger zusammenfasst: »Horváths Filmarbeiten verblieben im Stadium des Konzepts, Drehbücher im eigentlichen Sinn sind nicht nachgewiesen.«[22] –, dann fasst er die Lage wahrscheinlich treffend zusammen. Damit ist aber immer noch wenig über die Bedeutung der damaligen Beschäftigung für Horváth gesagt.

Horváth lebte 1934 und 1935 in Berlin. Mitte des Jahres 1934 versuchte er durch Aufnahme in den Reichsverband diese seine Berliner Position zu festigen. Er hat mindestens das Jahr 1934 hauptsächlich in Berlin mit Arbeit beim Film verbracht, er hat sich sehr um den Film bemüht und darin eine Perspektive gesehen. Die Dinge liegen so: Für anderthalb Jahre tauchte Horváth in die damalige Filmwelt ein, ohne nennenswerte Spuren hinterlassen zu haben.

Tatsächlich hatte Horváth gute Beziehungen zu vielen Personen, die im Film tätig waren. Wir wollen sie hier nicht alle durchgehen. Wichtig war die zu dem Schauspieler Paul Hörbiger, der in der Branche sehr gut etabliert war. Marianne Hoppe, die in Berlin lebte, hat dagegen in dieser Zeit keinen Kontakt mehr zu Horváth gehabt. Sie war eine bekannte Filmschauspielerin geworden. Obwohl für sie die Geschichte mit Horváth so große Bedeutung hatte, sah das für ihn offenbar anders aus. Er mied sie. Oder ein Kontakt war wegen eines Streits nicht mehr möglich.

Horváth, mit Schulden in das Jahr 1933 gestartet, suchte eine Möglichkeit Geld zu verdienen. Das Jahr 1933 hatte sich in Wien und Budapest für ihn beruflich nicht erfolgreich gestaltet. Berlin war der zentrale Markt für deutschsprachige Autoren geblieben. Dass Horváth später, im Rückblick und in einer Phase der Neuorientierung, einmal von sich selbst als einer »schreibenden Hur« sprach, stützt die These der Filmarbeit. »Ich habe für den Film z. B. geschrieben wegen eines neuen Anzugs oder so. Es war mein moralischer Tiefstand. Heut hab ich noch eine Krawatte davon«, schrieb Horváth mit wegwerfender Geste über sich.[23]

War Horváth in den Jahren 1934/35 also ein in der Berliner Filmindustrie arbeitender Autor geworden, Lohnschreiber mit schlechtem Gewissen, halb im Verborgenen agierend, sich halbwegs arrangierend? Politisch zweifelhaft, künstlerisch zweifelhaft, handwerklich zweifelhaft? Ja, genauso so sieht es aus.

Insgesamt zeichnet sich trotz der extrem schwierigen Materiallage ein Profil ab: Horváth sah sich in dieser Zeit in Berlin als Filmautor. Als sein Spezialgebiet hatte er die Tradition österreichischer Komödiendichter ausgemacht. Anzengruber, Raimund und deren Bearbeitung waren sozusagen die Nische, die er in der Filmwelt der Nazis für sich entdeckt hatte, und in der er einige Könnerschaft für sich beanspruchen konnte.

Horváths spätere Verzweiflung über seine Berliner Zeit bezog sich wohl nicht auf eine faschistische Tendenz seiner Arbeit, sondern seine Abhängigkeit von den Nazis, die Prostitution eines Autors und die Minderwertigkeit seiner Produkte. Im Sommer 1935 endete diese Phase seines Lebens. August/September verbrachte Horváth in Pöcking am Starnberger See. Ende September zog er nach Wien um.

»Filmideen habe ich leider keine. Ich bin filmisch verblödet, ein optischer Idiot, ein Drehbuch-Cretin, ein Treatment-Tepp, usw. usw.« schrieb Horváth am 19. Juni 1937 an Bernhard Diebold.[24]

Hoppe und Hitler

Wie ihre Zusammentreffen mit Hitler waren, hat Marianne Hoppe mehrfach erzählt. »Die wollten uns Mädchen vom Film doch immer um sich sehen«, sagte sie. »Also da rief eines Tages die Reichskanzlei an. Und man war jung und neugierig und in diesem Alter, wo man alles nimmt, was kommt. Hitler wohnte in einer Sechs-Zimmer-Wohnung im Eckhaus gegenüber vom Hotel Kaiserhof. Die Reichskanzlei war ja noch nicht fertig. Da fuhr man mit dem Fahrstuhl hoch zu einem Abendessen. Und Hitler hat monologisiert, hat immer nur von sich gesprochen. Langweilig war das. Da fragte ich: Wie leben Sie eigentlich? – Und er zeigt mir die Wohnung. Plötzlich stehe ich also da in seinem Schlafzimmer, ein Eisenbett, eine Glühbirne und ein Stuhl. Ich sage: Ach, das ist aber ungemütlich. Und gehe schnell wieder raus.«[25]

»Schnell wieder raus«, das klingt wie eine Variation auf das »Raus, nichts wie raus«, das Marianne Hoppe immer erinnerte, wenn sie an Horváth dachte.

Bei einem zweiten Essen, so erzählte sie weiter, sagte Hitler, er hätte nicht gedacht, dass er nach einem Jahr immer noch hier sitze. »Alle schauen betreten. Keiner traut sich zu sagen, das haben wir auch nicht gedacht. Er meinte aber nur, dass er immer noch da in dem Provisorium und nicht in seiner Reichskanzlei saß.« Die Erinnerung von Marianne Hoppe erscheint authentisch, Hitler legte in der Tat größten Wert darauf, dass die Reichskanzlei schnell fertig wurde. Sie ist auch wirklich schnell gebaut worden, aber es war schon Anfang 1939, als sie – unfertig – eingeweiht wurde.

Dort sei sie nie gewesen, sagte Hoppe. Das würde heißen, nimmt man ihre Angaben beim Wort, dass das letzte der Treffen mit Hitler spätestens 1937 oder 1938 gewesen ist.

Wann war das erste? Der Zeitschrift *Transatlantik* erzählte Hoppe es Anfang der 1980er Jahre so: »Und wie das dann war, wenn das Telefon klingelte: Hier ist die Reichskanzlei. Der Führer bittet Sie zum Abendessen. Die wollten uns Mädchen vom Film doch immer um sich sehen. Und ich war blond, und, wie gesagt, sehr ansehnlich und sehr, sehr begabt. Und jung, jung, jung – 22.«[26]

1934 wurde sie 25 Jahre alt. Aber Marianne Hoppe hatte sich von Anfang an zwei Jahre jünger gemacht, das hieße dann, sie wäre schon 1933 bei Hitler gewesen, spätestens 1934.

Weiter berichtete sie in dem Gespräch mit *Transatlantik*: »Da haben wir uns doch gesagt: Da gehen wir mal hin! Das müssen wir uns einfach ansehen: wie die sind! Die Renate Müller war auch dabei. Und die Sibylle Schmitz. Das wollten wir doch mal wissen. Und da haben wir uns Puppe gemacht. Und schon fuhr der Wagen vor.« Sibylle Schmitz war eine Freundin von Hoppe.

»Das wollten wir doch mal wissen«, tauchte übrigens viel später als Motiv in der Horváth-Forschung auf. Das wollte er doch mal wissen, der Horváth, was und wer und wie die Nazis waren. Deswegen sei er 1934 nach Berlin gegangen.

Hoppe erzählte in *Transatlantik*, Hitler habe endlos monologisiert, sie habe ihn nach der Wohnung gefragt, er habe ihr alles gezeigt, auch das Schlafzimmer. Darin stimmen die Berichte überein. Dann berichtete sie von einer Filmnacht, mit einem Luis-Trenker-Film, über Hitler: »Da ist der fasziniert. Da reibt der sich die Oberschenkel. Da kommt bei mir der Punkt, wo ich nicht mehr neugierig bin.«[27]

In einem anderen Interview bezeichnete sie den Film und sprach ebenfalls von Hitlers Reaktion: »Viel später waren wir noch einmal eingeladen. Das ist allerdings eine Geschichte, die ein bißchen prekär ist. Da saß Goebbels, da saß seine Frau, da saßen die ganzen Potentaten, und ich saß in der zweiten Reihe, da wurde ein Film vorgeführt, der hieß *Der Rebell* mit Luis Trenker.« In dem Film griffen die Tiroler während ihres Freiheitskampfes die Franzosen, die sich in einer Schlucht befanden, mit Steinen an. »Und da, glaube ich, kriegte Hitler eine Art von Erregung und hat so die Knie gerieben bei diesem Ereignis: wie die Steine da runterrollten auf die Franzosen drauf, und hat gestöhnt. Ich weiß nicht, ob er verrückt war, aber da kriegte er so eine Art Orgasmus, sagen wir mal.«[28]

Der Rebell war ein Film von 1932, Hitler liebte Trenker-Filme schon vor 1933.

Der Zeitraum der Zusammentreffen zwischen Hoppe und Hitler lässt sich nicht genau eingrenzen. Sie dürften 1934 begonnen und längstens bis 1938 gedauert haben. Auf jeden Fall war sie mehrfach bei ihm, auf jeden Fall kamen sie sich so nahe, dass es möglich war, zu zweit ins Schlafzimmer zu gehen. Auch hier wirkt es nicht so, als habe sie Angst gehabt, sondern als habe sie diese Situationen ziemlich wacker, sehr neugierig und vor allem spielerisch durchgestanden. Marianne Hoppe spielte sogar mit Hitler.

Hoppe und Goebbels

Es würde noch etwas dauern, bis zu diesem Bild. Es wurde bei der Premiere von *Der Herrscher* am 17. März 1937 aufgenommen. Entspannt und freudig sieht Marianne Hoppe auf dem Foto nicht aus, wie sie da neben Joseph Goebbels sitzt, vielleicht erwartungsvoll, vielleicht etwas ängstlich. Zu Goebbels Linker sitzt Emil Jannings, hinter Jannings steht Veit Harlan. Die Premierenfeier für *Der Herrscher* fand im Hotel Kaiserhof statt. »Marianne Hoppe ganz glücklich«, notierte Goebbels.

Der berüchtigte Besuch Goebbels in Marianne Hoppes Berliner Wohnung hatte da schon längst stattgefunden. Goebbels, das ist allgemein bekannt, liebte nicht nur den Film, er liebte auch die Schauspielerinnen.

»Ach Gott, wir waren damals junge und hübsche Mädels, und das wird eigentlich immer vergessen, dass wir ja doch sehr jung, aber schon erwachsen waren, Mitte zwanzig«, erzählte Marianne Hoppe im Gespräch mit Gero von Boehm[29], ganz so wie in den Momenten, wo sie auf Hitler angesprochen wurde. Boehm hatte zu ihr gesagt: »Sie haben auch Joseph Goebbels ziemlich hautnah kennengelernt.« Hier ein Auszug aus dem Gespräch:

Boehm: Wie haben Sie Goebbels kennengelernt? Was war das für eine Begegnung?

Hoppe: Na ja, das war für mich nicht so besonders gemütlich, diesen Mann da in meiner Wohnung sitzen zu haben.

Boehm: Wie kam er überhaupt rein?

Hoppe: Na, indem er seinen Adjutanten da die Treppe raufgeschickt hat, der hat geklingelt, und da stand er plötzlich.

Boehm: Was sagte er?

Hoppe: Na ja, er hat sich erst mit mir unterhalten und hat durchblicken lassen, dass das doch sehr angenehm wäre, wenn er da eine etwas nähere Verbindung schaffen könnte, und dass ich dann ein Flugzeug hätte. Da dachte ich, um Gottes willen, was sind das für Sachen? Er merkte, dass das nicht so ganz nach seiner Vorstellung ging, da hat er etwas die Daumenschrauben angesetzt, dass er doch sehr viel Einfluss hätte und solche Sachen.

Boehm: Und wie sind sie ihn losgeworden?

Hoppe: Ich stand da und dachte, was mach ich jetzt um Gottes willen, und dann habe ich gesagt: »Wenn Sie glauben, dass ich mich einem Menschen, wie Sie es sind, ausliefern werde …!« Das kam so aus mir heraus, es muss irgendwas geschehen.

Boehm: Ein harter Schnitt.

Hoppe: Na ja, das war auch ein harter Schnitt, da nahm er die Jacke und ging.

Nach seinem Besuch bei Marianne Hoppe in Siegsdorf schrieb der Dokumenarfilmer Gero von Boehm, er sei nicht ganz glücklich über das Gespräch gewesen.[30]

Immer wieder erzählte sie auch, sie habe Goebbels auf ihrer beider Reputation angesprochen und ihn sich damit vom Leib gehalten. »Aber Herr Minister, wir haben doch beide einen Ruf zu verlieren.« Bei wieder anderer Gelegenheit hat sie gesagt: »Mir blieb die Spucke weg. So was war ungewöhnlich, nicht? Und ich hatte nur diesen einen fürchterlichen, krampfhaften Gedanken, der sich immer wiederholte. Wie kriege ich den raus?«[31]

Der erste Besuch von Goebbels fand 1934 statt. Im Hinterzimmer ihrer Wohnung soll während dieses Besuchs Carl Dreyfuss, Jude, gewesen sein. Man kann sich also vorstellen, wie Dreyfuss zuhörte, als Goebbels ihr ein aufregendes und mondänes Leben ausmalte. Mit dem Flugzeug könne sie sich schnell bewegen. Vor allem aber schnell dorthin kommen können, wo er gerade war. Sie aber fand es nicht so richtig aufregend, was er zu bieten hatte. Sie fand ihn auch spießig. Im Gespräch mit der Zeitschrift *Transatlantik* sagte sie darüber: »Ich habe mir nicht vorgestellt, dass die das alles so kleinbürgerlich machen. So mit Blumen und nach den Reden in Hotelzimmern.«

Sie reagierte nicht so, wie Goebbels wollte, und seine Andeutungen und Versprechungen wurden deutlicher und drängender. Er rückte näher, und er war bereit, Versprechungen in Drohungen umschlagen zu lassen. »Ich überlege, wie ich den loswerde. Denn der fängt ja schon an … Na, da bin ich doch ganz anderer Meinung. Also ich steh' schnell auf. Und da höre ich mich doch sagen: Ach, und Sie glauben, dass ich mich so einem Menschen, wie Sie es sind, ausliefern werde? Da steht der auf und geht. Und als er weg ist, da wird mir mulmig.«[32] Hier bestätigt sich also die Geschichte, so wie sie sie Gero von Boehm erzählt hat.

Goebbels wollte, anders als Hitler, dass sie seine Geliebte wird. Zwei Stunden sei er bei dem ersten Treffen da gewesen. Später, erzählte sie ebenfalls, habe er sie mit einem Scheck über 100.000 Reichsmark zu beeindrucken versucht.[33] Goebbels wusste auch von Dreyfuss. »Marianne Hoppe: sie muss Farbe bekennen. Ihr Jude, sagt sie, ist längst abgemeldet. Ich halte ihr auch die Unmöglichkeit eines solchen Zustandes vor. Sie sieht das ein.«[34] Das klingt nicht nach Erpressung, aber nach der Andeutung davon.

An anderer Stelle erzählte sie, dass Horváth seinen Bruder Lajos zu ihr in die Wohnung geschickt habe, um verfängliche Bücher zu verstecken, wenn Goebbels wieder zu ihr käme. Demnach hätten Horváth und Hoppe auch noch in Berlin Kontakt gehabt.

Nürnberg, Reichsparteitag, 14. und 15. September 1935

Im Nürnberger Stadion spricht Hitler beim Reichsparteitag vor 54.000 Hitlerjungen überall in Deutschland berühmt gewordene Sätze. »Wir sehen heute nicht mehr im damaligen Bierspießer das Ideal des deutschen Volkes, sondern in Männern und Mädchen, die kerngesund sind, die straff sind. Was wir von unserer deutschen Jugend wünschen, ist etwas anderes als es die Vergangenheit gewünscht hat. In unseren Augen, da muss der deutsche Junge der Zukunft schlank und rank sein, flink wie Windhunde, zäh wie Leder und hart wie Kruppstahl. Wir müssen einen neuen Menschen erziehen, auf dass unser Volk nicht an den Degenerationserscheinungen der Zeit zugrunde gehe.«[35] Das Zitat stand bereits in *Mein Kampf*, es verbreitete sich aber erst nach dieser Rede.

Hitler hielt auf dem Reichsparteitag viele Reden. Die Nürnberger Gesetze »zum Schutz deutschen Blutes und deutschen Lebens« wurden verabschiedet. Bevor er an diesem Tag ganz besonders gegen Juden hetzte, sagte der Führer bei der Reichstagsrede: »Deutschland ist wieder gesund.«[36]

Gretchen

Marianne Hoppe spielte und ging ihren Weg. Ende 1935 hatte sie schon insgesamt neun Filme gedreht. Das war eine stolze Zahl. Noch erstaunlicher ist die Anzahl, wenn man bedenkt, dass zu Beginn des Jahres 1933 eine Filmrolle für sie nicht einmal in Aussicht stand. Sie hat sich in ihrem zweiten Schauspielerleben in den Jahren 1933/34, als die Nazis ihre Herrschaft festigten, extrem schnell etabliert. Der Aufstieg der Nazis und der Filmschauspielerin Marianne Hoppe liefen parallel.

Dann aber ging sie zurück zum Theater. Sie ging an das Preußische Staatsschauspiel am Gendarmenmarkt, wo Gustaf Gründgens Intendant war, wo Hermann Göring regierte, stützte und schützte, wo die besten Bühnenschauspieler des Reichs versammelt waren. Die erste Bühne des Landes, wie man so sagt.

Das Bild stammt aus dem *Faust*. Fast denkt man heute, *Faust*, wie sollte es anders sein. Alles lief darauf zu, einmal musste es sein. Marianne Hoppe spielte das Gretchen. Da schien alles zu passen, die blond-berühmte Hoppe, das tragisch fallende deutsche Mädchen, dieses Gretchen, Nazis, die dieses Stück als den Gipfel deutscher Kultur anbeteten, und Gustaf Gründgens, der berühmteste aller Mephistos. Hier konnte Marianne Hoppe wieder den tragisch versonnenen Blick haben, dieses betretene nach unten Schauen, in dem das Schicksal der Frau liegt. Ein Blick als Seufzer.

Wieder trug sie einen weißen Rundkragen. Fast alles ist also so, wie es vor 1933 war. Trotzdem ist es anders als in der Zeit ihrer ersten Theaterkarriere. Es ist weihevoller, pathetischer, es ist langweiliger und dröger. Täuscht das, weil man nachträglich mehr weiß, oder war es wirklich so: Hat sich das Bekenntnis zum heiligen Ernst in der Schauspielkunst, das nicht nur sie ablegte, schon in den Rollen und Gesichtern gespiegelt? Glaube an die Klassik, Inbrunst als Methode, um bei sich selbst zu bleiben und nicht verrückt zu werden.

Das Gretchen war nicht Hoppes erste Rolle am Staatsschauspiel. Im September 1935 war sie in *Zwei Herren aus Verona* von Shakespeare für Innigkeit, Echtheit und Anmut gefeiert worden. Es folgten *Die Jungfern vom Bischofsberg* von Gerhart Hauptmann und Oscar Wildes *Ein idealer Gatte*, beides enorme Erfolge.

Der *Faust* war die Wiederaufnahme der berühmten Inszenierung von Lothar Müthel, in der Gründgens seinen noch berühmteren Mephisto erfunden hatte. Marianne Hoppe übernahm die Rolle des Gretchens im Dezember 1935 von Käthe Dorsch. Dorsch war einmal mit Göring verlobt gewesen, und Hoppe hatte mit ihr bereits in Frankfurt in der *Minna von Barnhelm* gespielt. Den Mephisto spielte nicht Gründgens, sondern Bernhard Minetti.

Die Reaktionen auf Marianne Hoppe waren tatsächlich nicht so euphorisch wie in den drei Aufführungen zuvor. Wahrscheinlich liegt es daran, dass die nach innen gewandte Ergebenheit Gretchens, der Schicksalsglaube, ihre Sache eigentlich gar nicht waren. Auch das kann man auf dem Bild sehen. Trotz der innigen Pose denkt man, sie könnte jeden Moment aufschauen, sich des Spuks mit Faust und Teufel und Gott bewusst und sich ihrer Situation in der Welt klar werden. Marianne Hoppe liebte Tragik, aber es war die Tragik starker Frauen.

Holzwege (Die Geschichte des H III)

Der Philosoph Martin Heidegger, der an Hitlers Hände glaubte und in seiner Hütte in Todtnauberg im Schwarzwald schon länger sein Plätzchen im Leben gefunden hatte, wählte den Titel *Holzwege*, als er nach dem Krieg und der Katastrophe der Nazizeit einen Sammelband mit Aufsätzen zur Kunst veröffentlichte. *Holzwege* als Titel war für einen Mann aus dem Schwarzwald durchaus passend, das suggerierte einen distanzierten Zugang zu den eigenen Suchbewegungen, eine Art Skepsis gegenüber sich selbst. Auf dem Holzweg sein, das heißt in die Irre gehen!

Aber so meinte Heidegger es nicht. Er selbst schrieb in der berühmten Vorbemerkung: »Holz lautet ein alter Name für Wald. Im Holz sind Wege, die meist verwachsen jäh im Unbegangenen aufhören. Sie heißen Holzwege. Jeder verläuft gesondert, aber im selben Wald. Oft scheint es, als gleiche einer dem anderen. Doch es scheint nur so.«

Da geht einer durch den Wald und übersieht vor lauter Wegen sich selbst. »… die meist verwachsen jäh im Unbegangenen aufhören. Sie heißen Holzwege. Jeder verläuft …« ja, was, eigentlich müsste das doch so weitergehen: »Jeder verläuft sich hier einmal.« Aber nein, das gibt es bei Heidegger nicht. Da geht einer durch den Wald und sieht zwischen den Bäumen das Sein. Heideggers Sprache, ihr scheinbar simpler Duktus, das Handeln von den einfachen Dingen – Holz, Wald, Wege – suggeriert, dass die Gedanken auf Elementares zurückgeführt werden, dass sie elementar richtig sind. Es ist der Grundduktus des Heideggerschen Denkens überhaupt, seines Wahrheitssystems. Es ist auch der Kerngedanke des wichtigsten Essays in den *Holzwegen*.

Die Sammlung wurde 1950 erstmals veröffentlicht. Der Aufsatz *Der Ursprung des Kunstwerks* aber stammt von 1935/36. Er enthält zwei

Thesen. Die erste lautet, im Kunstwerk habe sich »die Wahrheit ins Werk gesetzt«, die zweite, das Wesen der Kunst bestehe in der »Stiftung der Wahrheit«, die »Geschichte gründet«.

Wir befinden uns hier im Zentrum von Heideggers Philosophieren, der Frage nach der Wahrheit. Wenn das Kunstwerk die Wahrheit ins Werk setzt, also verwirklicht, zur Welt bringt, dann stiftet es sozusagen die Wirklichkeit. Man könnte sagen, es erzeugt sie. Das Kunstwerk ist vor der Wirklichkeit. Da die Kunst Wahrheit stiftet, die Wahrheit aber Geschichte gründet, also das menschliche Sein und Tun, ist die Kunst vor dem menschlichen Handeln, sie ist – für den, der sie sehen kann, für den, der sie sprechen kann – die tiefere, wirklichere Wahrheit. Sie ist nicht nur der Zugang zur Wahrheit, sie ist in diesem Sinne die Wahrheit.

Da sich aber nur Heidegger als alter Waldgeher und Schwarzwälder so richtig auf den Holzwegen im tiefen Wald der Wahrheit auskennt, kennt nur er sie, und man kann nicht mit ihm darüber argumentieren oder gar rechten. Er verirrt sich nicht, er ist kein Hänsel, er ist ein Heidegger.

Niemand kennt das Unbegangene, niemand kann es kennen, außer Heidegger. Und niemand kann den, der der Wahrheit teilhaftig ist, beurteilen. So stilisiert sich einer als Wahrsager, der glauben machen möchte, dass er mit menschlichen Maßstäben nicht zu messen ist. Den Holzweg, den gibt es für einen Heidegger nicht.

Bild der Frau (X) im Dritten Reich

Zwei Bilder einer Frau. Sie stammen aus den ersten Jahren des Dritten Reichs. Diese Bilder führen etwas Schmerzhaftes vor Augen. Anhand der Bilder kann man ablesen, wie aus dieser Frau, dieser offenen Erscheinung, diesem schönen Spiel der Natur, dieser Ansammlung von Möglichkeiten, vom Jahr 1933 an eine gefestigte Persönlichkeit wurde. Es scheint quasi vor unseren Augen zu geschehen. Die Figur, die entstand, war harmlos und langweilig. Sie war freundlich, offen, patent, wie im zweiten Bild. Sie schien sogar selbstbewusst. Sie verbreitete gute Laune. Aber es gab kein Geheimnis mehr im Bild dieser Frau, nichts Unbekanntes. Was blieb, war die Harmlosigkeit einer Frau, die andere Möglichkeiten gehabt hatte.

Auch das war ein Verbrechen der Nazis. Wie sie das Frauenbild insgesamt verkürzt, verkleinert, zurechtgestutzt haben. Sie hatte so zu sein, dass sie ins Muster passte. Wie sehr innerhalb kurzer Zeit die Frauen (und mit ihnen auch die Männer) einer Vorstellung zu entsprechen hatten, wie sehr sich das Leben als Frau innerhalb kürzester Zeit veränderte, das lässt sich anhand der Bilder nur erahnen.

Es gab nun unzählige Bilder, auf denen die Frau gleich wirkte. Man bemühte sich um Unterschiedlichkeit, in Kleidung, Blick, Pose, Ausschnitt, Beleuchtung, sogar in der Frisur. Aber letztendlich scheint diese Frau immer gleich gewesen zu sein. Häuslich und verlässlich. Dieses Bild der Frau war vor allem eines: ungefährlich. Wo war die Beunruhigung hin, die noch vor kurzem von Frauen und vor allem von dieser Frau ausgegangen war? Wo waren die Lebensfreude und die Lebendigkeit geblieben, die sich in den frühen Bildern von Marianne Hoppe abgebildet hatten?

Und dann gibt es die andere Art, diese Bilder zu lesen. Wie sie das alles spielt und macht, was wir da sehen, wie wir diese Frau nie ganz bekommen werden, es mag so viele Bilder geben wie es will, sie mag in noch so vielen Posen fotografiert werden, sie mag für uns lächeln, uns anstrahlen, für uns sinnieren und sinnen, sie mag noch so schön sein und offen, sie bleibt doch für sich. Sie spielt mit uns und nicht wir mit ihr, sie spielt uns vor, was wir haben wollen. Soll ich zahm und brav sein, gut, dann bin ich zahm und brav, soll ich unbeschwert sein, gut dann bin ich es, aber du musst nicht denken, dass du MICH sehen kannst. Ich spiele dir, was du haben willst, aber nicht, weil du mich zwingst, sondern nur weil ich es kann. Ich gebe dir alles, was du willst, aber eins kannst du nicht haben. Mich. Mich wirst du nie verstehen, nie spüren, nie erleben. Also, schau hin, erfreue dich, und bilde dir alles ein, was du willst.

Es wurde dieses zweischneidige Spiel, in dem die hohe Kunst und der Ernst zu einem Halt und zur Richtschnur wurden. Das war der einzige

Selbstbetrug, der darin steckte, aber das machte nichts, das merkten die anderen ja nicht.

Dabei ging ein Teil des anderen Lebens weiter. Carl Dreyfuss, den Marianne Hoppe 1930 in Frankfurt kennengelernt hatte, lebte immer noch bei ihr in Berlin, im hinteren Zimmer der Wohnung in der Caspar-Theyß-Straße in Halensee. Sie drehte ihre Filme, fuhr zum Abendessen zu Hitler, sie wimmelte Goebbels ab, der zu ihr in die Wohnung kam, sie wurde Mitglied im Ensemble des Staatstheaters – und in ihrer Wohnung hat sie einen Juden, Intellektuellen, Marxisten halb beherbergt, halb versteckt. Das ging wahrscheinlich so bis ins Jahr 1936. Anfang Juni 1936 zog sie um, in ihr eigenes Haus, und am 19. Juni des Jahres heiratete sie Gustaf Gründgens. Da war Dreyfuss auf jeden Fall schon ausgezogen.

Am 21. Juni schrieb der »so müde und so elende« Dreyfuss ihr einen Brief: »Mein lieber Bär – Für Deinen lieben Brief tausend Dank. Du weißt nicht, wie froh es mich macht, Dich glücklich zu wissen, denn kein Mensch auf der Welt verdient es mehr als Du.« Er beglückwünscht sie zur Heirat. »Du sollst und wirst die beste und schönste Erfüllung all daran finden, was Du in Deinem Streben nach Reinheit, Klarheit und Verantwortlichkeit ersehnt hast.«[37]

Capriolen

»Im Auto fragte er mich wörtlich: Würden Sie mich heiraten?«[38] Sie hat wohl ja gesagt. Im Juni 1936 heirateten Marianne Hoppe und Gustaf Gründgens. Da beide in ihrer Sexualität nicht eindeutig waren, da beide auch gleichgeschlechtliche Beziehungen gehabt hatten, da Gründgens das im Mai fast seine Stellung gekostet hatte, hielt sich lange die Vorstellung einer Scheinehe. Der Volksmund, der gern zur Boshaftigkeit neigt, hatte das unter den Nazis nicht verlernt. »Hoppe Hoppe Gründgens – kriegn keine Kindgens – Und kriegt die Hoppe Kindgens – dann sind sie nicht vom Gründgens«, heißt der berühmte Vers aus diesem Jahr.

Das ist inzwischen widerlegt. Sie hatten eine liebevolle Beziehung, wie unter anderem zahlreiche Zettel zeigen, die sich die beiden viel arbeitenden Menschen zeitweilig anstatt der mündlichen Kommunikation zuschickten und zusteckten. Sie fanden sich im Nachlass von Marianne Hoppe und werden im Münchner Theatermuseum verwahrt.[39]

Ein Jahr nach der Hochzeit spielten Hoppe und Gründgens gemeinsam in dem Film *Capriolen*, bei dem er auch Regie führte. Der Film war von aufgedrehter Ausgelassenheit. Hier folgt der Dialog der berühmten Szene, in der die beiden sich im Wartezimmer eines Zahnarztes kennenlernen.

Er spricht sie an:

– Angst?

– Ein bisschen. Sollte mich schämen, nicht wahr?

– Aber warum denn? Bisschen Angst gehört zu einer richtigen Frau.

– Sie haben ja eine merkwürdige Meinung von Frauen.

– Ah nein, ganz im Gegenteil, die einzig wahre. Ich finde es nicht nur natürlich, reizend finde ich es. Sie ahnen gar nicht, wie wohl mir das tut.

– Na vielen Dank. Mir tut es dafür ziemlich weh!

– Ach, das tut mir leid. Wo sitzt er denn?

– Hier.

– Gott, so ein hübscher Zahn! Und tut so weh! Sieht man ihm gar nicht an, hm.

– Ich hätte schon lange her kommen sollen. Ich habe es immer wieder herausgeschoben.

– Weil Sie Angst haben?

– Nein.

– Doch. Geben Sie es ruhig zu. Vor mir müssen Sie sich nicht genieren. Ich verstehe das sehr gut. Eine reizende kleine Frau, die Angst hat, die sich schämt, dass sie Angst hat, die zugibt, dass sie sich schämt, dass sie Angst hat, die ist in meinen Augen die vollkommenste Frau, die sich ein Mann nur wünschen kann.

– Tut mir sehr leid, aber ich muss Sie enttäuschen. Im Allgemeinen bin ich nämlich sehr mutig und tapfer und stark.

– Aber warum wollen Sie das denn sein?

Eine Frau schreit im Behandlungszimmer. Sie zuckt zusammen und legt ihre Hand auf sein Knie.

– Sehen Sie! Sehen Sie! Das steht Ihnen viel besser. *Sie will die Hand wieder wegnehmen.* Nein, nein, lassen Sie erst mal hier. Wer weiß, vielleicht schreit diese heldenhafte Dame noch einmal und dann?

– Da werde ich ihnen zeigen, wie mutig ich bin.

– Schrecklich. … Zeigen Sie mal.
– Was?
– Na, wie Sie aussehen, wenn Sie mutig sind. *Sie zeigt es.* Oh Gott, ganz schlecht, ganz verkehrt. Neinneinnein.
– Sehe ich nicht so aus?
– Doch, doch, aber es passt so gar nicht zu Ihnen. Wissen Sie, viel zu viele Falten. Der ganze Reiz ist weg. Es ist ja, … Nein, nein. Weich muss das Gesicht einer Frau sein. Zart und weiblich. Wenn Sie wüssten, wie viel besser sie mir gefallen, wenn sie schwach sind.
– Ich mir gar nicht.
– Ja, weil Sie nicht sehen können, wie reizend Sie dann sind.
– Können wir nicht von was anderem sprechen?
– Wie? Oh, doch. Wetter, oder so?

Hoppe und Gründgens scheinen einen Heidenspaß bei dieser Szene über die Angst, das Gesicht und die Rolle der Frau gehabt zu haben. Gründgens hatte eine ausgesprochene Lust, jeden seiner Sätze ins Ironische zu ziehen. Er spielte die Rolle und machte sich gleichzeitig über sich lustig. Hoppe spielte dagegen eine aufreizende Naivität, die so tat, als würde sie überhaupt nicht wissen, was hier geredet und gespielt wird, und gleichzeitig alles verstehen. Eine Ahnung von Freiheit weht durch die Szene, etwas Spielerisches, wie wenn sie die Welt in Schach halten könnte. Wie wenn die Welt ihr nicht gefährlich werden könnte.

Von dieser Atmosphäre war der gesamte Film bestimmt. Gründgens war der Reporter Jack Warren, sie die Fliegerin Mabel Atkinson. Während eines Flugs, der ihn das Fürchten lehrt, macht er ihr den Heiratsantrag.

Goebbels mochte den Film nicht und fand den ganzen »Gründgens-Laden«, also das Staatstheater, »schwul«. Hitler fand den Film ebenfalls scheußlich. Die umgedrehten Geschlechterrollen gefielen beiden überhaupt nicht. Goebbels war der Meinung, Gründgens müsse ganz weg, und war bestürzt über den Sumpf im Staatstheater. Der Film aber kam heraus und Gründgens blieb. Man konnte in der NS-Zeit frivol sein.

Der Herrscher

Fast gleichzeitig: das junge Ding und der ältere Herr. Man mag sich diese Bilder kaum mehr ansehen.

Marianne Hoppe spielt Inken Peters, die junge Sekretärin, Emil Jannings den Geheimrat Matthias Clausen, Stahlwerkseigentümer. Es geht um die Führung des Betriebs. Das Drehbuch für den Film *Der Herrscher* von Veit Harlan hatte Thea von Harbou auf Basis des Dramas *Nach Sonnenuntergang* von Gerhart Hauptmann geschrieben. Die Dreharbeiten fanden von November 1936 bis Februar 1937 statt, inklusive Außendreh in Pompeji.

Clausen, der Geheimrat, ist von einer schmarotzerischen Erbenbande umgeben, die ihn entmündigen lassen möchte. Er aber, gestärkt durch die Verbindung zu Inken Peters, enterbt die Kinder und vermacht sein Stahlwerk dem Volk. Sie wird zur Vollstreckerin seines letzten Willens.

Das nun war so ganz nach dem Geschmack der Nazis. Kurz nach der Premiere im März wurde Marianne Hoppe, zusammen mit zwanzig anderen Schauspielern, von Hitler zur Staatsschauspielerin ernannt. Der Film wurde mit dem nationalen Filmpreis 1937 ausgezeichnet. Zwei Tage vor der Premiere hatte Goebbels in seinem Tagebuch festgehalten: »Abends zum Führer. Wir palavern lange. Sehen Janningsfilm »Der Herrscher«. Der Führer ist davon ganz ergriffen. Er macht den tiefsten Eindruck.« Auch Goebbels war von dem Film vollkommen überzeugt, er war für ihn »modern« und »nationalsozialistisch«: »So, wie ich mir die Filme wünsche.«

Henndorf (II)

Was Horváth zwischen 1933 und 1938 tat, mit wem er sich traf, und mehr noch, was er hoffte und anstrebte, sogar, wo er sich aufhielt, welche Loyalitäten er empfand, war lange Zeit und ist bis heute in Teilen unklar.

Inzwischen weiß man wenigstens sicher, daß er 1934/35 versuchte, in der Berliner Film- und Kulturindustrie Fuß zu fassen. Wenig weiß man bis heute über die Umstände. Man weiß nicht, wie, warum, mit welcher Entschiedenheit, welchem Nachdruck, welcher Selbsteinschätzung er das tat. Bis ins Jahr 1936 hinein schwankte Horváth, wie er sich gegenüber dem Deutschen Reich verhalten sollte. Er schwankte zwischen Annäherung und Distanzierung. Wir ahnen, dass er damit nicht glücklich war, nicht glücklich gewesen sein kann. Wenn man sein Wort nachwirken lässt, dass es nichts Schlimmeres gebe als »eine schreibende Hur«, wird die Ahnung zur Gewissheit. Horváth muss sich selbst verachtet haben. Nur macht das die Sache nicht einfacher.

Trotzdem, es ist wie fast immer bei Horváth, über sein Gefühlsleben, seine Einstellungen und Meinungen erfahren wir wenig bis nichts. Horváth hielt sich nicht nur mit seinen Ansichten in der Öffentlichkeit zurück, sein privates Leben bleibt in einer Art Schatten, in dem er nicht festzulegen ist. Seine Beziehungen, seine Loyalitäten, sein inneres Erleben sind schwer zu fassen.

Horváth, dessen Leben zwischen 1925 und 1933 seine beiden Pole in Berlin und Murnau hatte, ein Zustand, den er sich wohl sehr bewusst so ausgesucht hatte, die Metropole und die Provinz, war mit dem Januar 1933: Heimatlos? Entwurzelt? Nein, Horváth, der Diplomatensohn, der Ungar mit einem typischen k. u. k.-Stammbaum und dem ungarischen Akzent und der bayerischen Wahlheimat, hatte nie eine echte Heimat gehabt, er hatte keine Wurzeln, in dem Sinn, den das Wort damals hatte (und bis heute hat). Ja, er fühlte sich wohl in Murnau, ja, er war gern in Berlin, er konnte mit der Stadt leben. Aber Heimat? Nein.

Mit dem Jahr 1933 änderte sich das. Murnau war ab 1933 gefährlich, 1934 verkaufte die Familie ihre kleine Villa, und Horváth wurde ein Ortloser. Erst suchte er Halt in Berlin, dann war Wien so etwas wie sein Bezugspunkt. Er ging aber auch 1936 nicht, wie hier und da behauptet, ins Exil.

Wien wurde ab 1936 als Arbeits- und Verdienstmöglichkeit immer wichtiger, zu seinem Glück kannte Horváth die Stadt, aber ein Wiener Schriftsteller wurde er nicht. Er gab Interviews in Wiener Zeitungen, aber er bezeichnete sich dabei nicht als Wiener Autor. Er hatte den *Wiener Wald* geschrieben, man nahm ihn in der Stadt deswegen als Nestbeschmutzer wahr. Die wientrunkene Donauseligkeit, die ja auch in dem Stück steckt, kam in der Wahrnehmung der Wiener Kritiker erst viel später dazu.

Salzburg und Henndorf, Budapest, Berlin, München, Prag waren von 1933 bis 1938 ebenfalls wesentliche Aufenthaltsorte Horváths. St. Wolfgang, das Zillertal, Innsbruck, Schärding, Bad Vöslau, Murnau, Pöcking, die Horváth alle kurz besuchte, kamen hinzu. 1937/38 verstärkte sich die Unruhe, es waren dann noch Amsterdam, Triest, Venedig, Mailand, Rom, Neapel, Teplitz, Ostrau, Zürich und Paris. Diese Entwicklung zur Unruhe ist deutlich, wahrscheinlich gibt es von weiteren Orten, die Horváth besucht hat, keine Zeugnisse mehr. Aber ganz eindeutig zeichnet sich das Bild eines ruhelosen, reisenden, suchenden Autors ab.

Ein Exil war es nicht. Das Exil Horváths begann erst 1938 mit dem Anschluss Österreichs an das Deutsche Reich. Exil bedeutet die Entscheidung, sein Umfeld zu verlassen. Horváth versuchte daran festzuhalten. Das ist wichtig, denn allzu oft wurde der Autor nach 1945 den Exilschriftstellern zugeschlagen, was anfangs seiner Reputation und Rezeption nutzte – aber seiner besonderen Rolle nicht gerecht wird.

Ein Ort stach dabei hervor. Henndorf ist ein typisches oberösterreichisches Dorf, knapp 20 Kilometer von Salzburg am Wallersee gelegen. Die Geschichte Horváths mit Henndorf spiegelt die Geschichte seiner schwierigen Position nach 1933. Wir wissen, dass Horváth hier war, wir wissen, dass Henndorf eine besondere Bedeutung für Horváths Biographie hat, wir wissen aber nicht hinreichend genau, wie oft und wann er dort war.

Die Frage nach Henndorf ist nicht trivial wie die nach anderen Orten. Henndorf war so etwas wie ein österreichisches Murnau, ideal zum Schreiben, ein Rückzugsort. Der befreundete Carl Zuckmayer und dessen Frau Alice hatten 1926 in Henndorf ein Haus gekauft. So fand Horváth hier unkompliziert sozialen Anschluss. Dazu kam, dass mit dem nahen Salzburg, eine für ihn wichtige Kulturmetropole, in der sich jedes Jahr bedeutende Künstler versammelten, in der Nähe war, und dass es in Österreich und nicht in Deutschland lag.

Die beiden wesentlichen Quellen für Horváths Aufenthalte in Henndorf sind eben Zuckmayer und Ferdinand Csokor, ebenfalls mit Horváth (und Zuckmayer) befreundet. Während Zuckmayer, auch in menschlichen Dingen, grundsätzlich ein zuverlässiger Auskunftsgeber war[40], stellte sich heraus, dass Csokors Briefe unzuverlässige Quellen darstellen. Briefe von ihm und an ihn, die er veröffentlichte, sind durch ihn rekonstruiert und teilweise zurechtgebürstet worden.

Zuckmayer schrieb in seinen Erinnerungen weniger über Horváths Zeit in Henndorf als über dessen Tod in Paris. Trotzdem scheinen seine Worte unmissverständlich: »Einige meiner persönlichen und literarischen Freunde, so Franz Theodor Csokor, Ödön von Horváth, Dr. Albrecht Joseph oder der Darmstädter Dichter Hans Schiebelhuth, lebten und arbeiteten wochen-, ja monatelang in unserem kleinen Gästehäuschen oder im nahen Mayr-Wirtshaus.«[41] Das ist eindeutig, aber was genau bedeutet es für Horváth? Wochen- oder monatelang? Wie oft tatsächlich? Wann?

Ein Nebensatz wird spezifischer: »... in Henndorf, wo er (d. i. Horváth) während der letzten Jahre die meisten seiner größeren Arbeiten geschrieben hatte ...«.[42] Das schließt die Jahre 1936 bis 1938 ein, sonst würde die Formulierung Zuckmayers keinen Sinn ergeben. Zuckmayer schrieb in dem Abschnitt über Horváth übrigens ausdrücklich, dass er sich um ganz besondere Akkuratesse bemühe, da viele falsche Gerüchte über Horváth im Umlauf seien.

Es gibt ein weiteres Buch Zuckmayers aus dem Jahr 1976, *Aufruf zum Leben*, mit Porträts, in dem seine Kleistpreisrede und seine Grabrede für Horváth abgedruckt sind – mit einer kleinen Einleitung. Hier schreibt er, dass Horváth um 1935 das erste Mal in Henndorf gewesen sei. Dann lesen wir: »Ödön verlegte sehr bald seine eigentliche Arbeitsstätte nach Henndorf. Wenn er nicht, aus beruflichen oder privaten Gründen, in Wien zu tun hatte, lebte er in einem Zimmer des alten »Kaspar-Moser-Bräu«, nur eine Viertelstunde von unserem Haus, und schrieb am liebsten an einem Ecktisch der großen Wirtshausstube, an dem auch ich meinen Stammplatz hatte und von wo ich ihn oft gegen Abend, nach einem gemeinsamen Bier mit Obstler, zu uns abholte. So hausten wir in den letzten Jahren vor der endgültigen »Austreibung« (durch Hitlers Einmarsch) in einer Art Symbiose, in der meine Frau den Mittelpunkt bildete.«

Seine Frau Alice spielte für die Gemeinschaft bzw. Geselligkeit, Zuckmayer spricht von »Symbiose«, überhaupt eine wesentliche Rolle. Der Kaspar-Moser-Bräu ist identisch mit dem Mayr-Bräu. Insgesamt ist die Stelle, wenn wir Zuckmayer vertrauen wollen, was wir tun sollten, unmissverständlich: Spätestens von 1936 an, vielleicht auch 1935, bis 1938 war Henndorf für Horváth ein, wenn nicht der Lebensmittelpunkt.

Was erfahren wir durch Csokor? Am 9. Oktober 1933 schrieb Csokor an seinen Freund Ferdinand Bruckner: »Ich glaube, er ist beinahe traurig, daß er wieder nach Murnau in Bayern hinaus soll, wo seine Eltern eine Villa besitzen. Allerdings will er von dort weg – das Dritte Reich passt ihm auch nicht, so möchte er nach Henndorf bei Salzburg übersiedeln, der Stammburg Carl Zuckmayers, der sich dort eine alte Mühle, die »Wiesmühle«, herrlich eingerichtet hat.«

Henndorf kehrt bei Csokor immer wieder, allerdings nur in den nachträglich rekonstruierten Briefen. Man muss es deutlich sagen: Henndorf ist, wie das Exil und wie die frühe enge Bindung an Horváth, eine nachträgliche Erfindung Csokors. Das eigentliche Motiv, um das Csokors Veröffentlichung der rekonstruierten Briefe kreist, ist die Erzählung der Emigration. Seit 1933 war bei ihm von der Emigration die Rede, dann kam das Jahr 1938, mit ihm die Nazis, und die Emigration fand wirklich statt. Das ist wichtig, denn dieses falsche Emigrationsmotiv wurde als Horváthsches Lebensmotiv später übernommen und weitergeführt.

1933 lernten sich Horváth und Csokor tatsächlich kennen, aber in den Jahren bis 1935 war das Verhältnis nicht sehr eng. Sicher scheint jedoch auch: Während der Jahre 1935 bis 1938 wurde der Kontakt zwischen den beiden ausgesprochen intensiv. Ein (in diesem Fall authentischer) Brief von Csokor an Bruckner von Ende 1935 legt nahe, dass das der Zeitpunkt war, zu dem das Verhältnis der beiden eng wurde. »Mit meinem lieben Ödön ist das eine wirkliche Tragödie! Im Dritten Reich als entartet verboten, bleibt ihm nurmehr Wien, Zürich und Prag, denn auch Budapest verschließt sich ihm. Seine letzte Aufführung an einer großen Bühne Deutschlands erlebte er 1932 in Leipzig, wo auch ich mit meiner »Gesellschaft der Menschenrechte« von der Bühne Abschied nahm. Wir haben uns sehr eng befreundet, er ist mir und ich bin ihm der nächste, auch im Schicksal des Schweigens, das uns umgibt, während den hier und in Berlin Wohlgelittenen alle Türen der Verlage und Theater offen stehen; wir beide sind eigentlich schon Emigranten des Landes, darin wir wohnen.«

Henndorf (III)

Horváth gehörte trotz aller Zweifel an den Quellen zum sogenannten Henndorfer Kreis. Horváth habe, schrieb Zuckmayer aus der Sicht des Jahres 1938, die meisten seiner größeren Arbeiten der letzten Jahre in Henndorf geschrieben.[43] Der Henndorfer Kreis zeichnete sich nicht durch ein Programm aus, sondern durch gelegentliche Aufenthalte in Henndorf. Da stellt sich die Frage: Wie war Horváths Leben, wie war der Alltag in Henndorf?

Zentrale Institution im Dorf war der Mayr-Bräu (offiziell Kaspar- oder Caspar-Moser-Bräu, auch Gasthof Bräu oder Brauerei Henndorf genannt), ein ausgesprochen traditionsreiches, schmuckes und stattliches Gasthaus mit einem bemerkenswerten Wirt. Das Wirtshaus stammte vom Ende des 17. Jahrhunderts, eigentlich soll hier aber seit 1000 Jahren ein (immer wieder abgebranntes und neu errichtetes) Gebäude gestanden haben. Gegenüber, auf der anderen Seite der Dorfstraße, der Wirtsgarten, wo man im Sommer unter Kastanien im Freien essen und trinken konnte, im Hauspark des großzügigen Anwesens das Gartenhäuschen. Der Besitzer, Carl Mayr, wird von Zuckmayer mit größter Zuneigung geschildert, fast möchte man sagen mit Liebe.

Mayr, er trug Haferlschuhe aus grauem Wildleder, war ein graziler und höchst freundlicher und gutgelaunter Mensch, aber auch ein eigenwilliger Mann, der es gewohnt war, sich auf seinem Besitz seine eigenen Gesetze zu machen. Für Zuckmayer hatte er etwas von einem Märchenkönig, der dem gesamten Dorf den Stempel aufdrückte. Eine tragische Einsamkeit umwehte den Junggesellen, die abseitige Schwermut des Erben hofmannsthalscher Prägung, meinte Zuckmayer. Er schenke ihm eine »Ahnung von Schönheit und Harmonie«.

Dieser Carl Mayr war der Bruder des berühmteren Richard Mayr, erster Bass der Wiener Staatsoper, regelmäßiger Gast bei den Salzburger Festspielen, erfolgreich auf Welttourneen. Carl Mayrs Passion dagegen war »Malen, Zeichnen, Sticken und Weben«[44]. Er entwarf Trachten, das bis heute in Salzburg beliebte Henndorfer Dirndl soll von ihm stammen.

Mayr liebte auch Tapisserien. Wenn er abends in der Wirtsstube saß, soll er mit Stickereien beschäftigt gewesen sein. Horváth, der sich oft im

Mayr-Bräu einquartierte und abends ebenso oft in der Wirtsstube saß, scheint sich ausgesprochen gut mit ihm verstanden zu haben.

Eine Mayrsche Spezialität (neben dem bekannt guten Bier) war das Geisterzimmer, in dem sowohl Zuckmayer als auch Horváth übernachteten. Im Geisterzimmer spukte es wirklich, wie Zuckmayer und seine Frau Alice feststellten.

Henndorf war ein sehr ländliches Idyll. Das Dorf mit gut tausend Einwohnern war etwas vom Wallersee entfernt, ein Bach verlief durch den Ort. Mondäne Strandbäder gab es, aber sie waren in den Nachbargemeinden. Der Fremdenverkehr war erst am Beginn. 500 Gäste soll Henndorf pro Jahr gehabt haben, viel weniger als Murnau mit seinen 5000 Gästen, davon 2000 im Sommer auf längere Zeit, die Preise waren moderat. Man konnte Wandern, Baden, im Sommer die Festspiele besuchen, seit 1928 gab es einen Autobus in das 16 Kilometer entfernte Salzburg, der anscheinend oft überfüllt war. Die üblichen Erscheinungen des Tourismus, Klagen über Besucher in Badekleidung außerhalb der Bäder etwa, führten zu Diskussionen im Dorf, nicht aber zu ernsthaftem Streit.

Das weltläufige und zuweilen überhebliche Völkchen, Künstler wie Publikum der Festspiele, das seit dem Beginn der Zwanziger auch nach Henndorf kam, erzeugte manchmal Ablehnung, wahrscheinlich auch verdeckten Neid, der sich mit einem zunächst nicht ausgeprägten, dann aber deutlichen Antisemitismus traf. In den Nachbargemeinden Neumarkt und Seekirchen hatte man bereits in den 1920er Jahren dafür gesorgt, dass es »judenfreie Sommerfrischen« gab.

Als die Festspiele immer mehr als jüdische Einrichtung wahrgenommen wurden, als sich in Deutschland die Nazis breitmachten, wuchs auch in Henndorf der Antisemitismus. Die Zuckmayers und ihre Gäste versuchten sich davon nicht beeinträchtigen zu lassen, wahrscheinlich spielte der Antisemitismus für sie im Alltag keine deutliche Rolle.

Aber er war da. Nach der im März 1933 im Radio übertragenen Rede Hitlers wehten Hakenkreuzfahnen auf zahlreichen Dächern. Im April 1933 sind bei einer NS-Versammlung in Henndorf 100 Personen anwesend gewesen. 1934 gab es eine Brückensprengung durch Nazis.[45] Unter den eingesessenen Bauern fanden die Nazis wohl weniger Boden als unter dem Mittelstand, Krämern, Handelsvertretern, Beamten. Zuckmayer schrieb: »Die Leute in dieser Gegend waren nicht sehr reich und nicht sehr arm, es gab keinen Großgrundbesitz, sondern durchweg recht gut situierte Landwirte, sie saßen auf eigenen Höfen, hielten ein paar, patriarchalisch behandelte und familiär gesinnte, Knechte oder Mägde, und die zerrüttende Arbeitslosigkeit, die dem Extremismus in Deutschland den Boden bereitet hatte, war so gut wie unbekannt.«[46] Einige Seiten weiter: »Aber die Menschen, die man liebte und achtete, wie eine Mehrheit des einfachen Landvolks, waren und blieben unbestechlich.«[47]

Horváths Gastgeber Zuckmayer – ebenso wie bei Mayr in der Wirtsstube saß er abends bei Zucks, so wurde das Ehepaar genannt, in der Wiesmühle und trank Bier, Wein und Schnaps – Zuckmayer, der jüdisch war, versuchte also sich vom aufkommenden Antisemitismus nicht verunsichern zu lassen. Er wurde von der Dorfgemeinschaft mehr als akzeptiert, er wurde wohl fast als einer der ihren betrachtet, vor allem seit er 1932 dem Schützenverein eine neue Fahne gestiftet hatte. Das dazugehörige Fest scheint ein gewaltiges Ereignis in Dorf und Umgebung gewesen zu sein, Zuckmayer beschreibt es in seinen Erinnerungen viele Seiten lang. »Eine Gelegenheit zum Feiern ließ man sich in Henndorf ungern entgehen. Das Temperament der Leute war leicht, heiter, gelöst.«[48] Wer man in der Welt war, innerhalb des Dorfes habe das keine Bedeutung gehabt.

»Für die Einheimischen waren wir ›die Wiesmüller‹ – man nannte dort alle Leute nach ihrem Haus oder Hof –, und manche wussten in all den Jahren nicht, wie ich eigentlich hieß. Sie fragten auch nicht darnach, was man ›draußen‹, außerhalb des Dorfes tat, ob man dort in der Welt einen Namen hatte, ob man Stücke schrieb, malte oder Opernarien sang. Man sprach mit ihnen über Wind und Wetter, über Gras und Vieh und über ihre alltäglichen Sorgen, …«[49]

Zuckmayer hatte ein Faible für Brauchtum, einen fest geregelten Alltag und bäuerliche Bescheidenheit. Er schätzte die Bevölkerung vor Ort. »Die Menschen in diesem Dorf hatten noch Gesichter, persönliche, ausgeprägte, eigenwillige, wie man sie auf den Bildern der mittelalterlichen Meister, bei den Holzfiguren der Pacher und Riemenschneider, findet.«[50]

Henndorf war ein perfekter Ort für die Sehnsucht des urbanen Kulturarbeiters nach heiler, etwas beschränkter Welt, nach Konzentration durch Abgeschiedenheit, nach Natur, nach Einfachheit, nach bäuerlichen und damit vielleicht sogar unverdorbenen Menschen. Zuckmayer hat das so gesehen, er spricht von Henndorf wiederholt vom »Paradies«.

»Wenn man mich damals gefragt hätte, wo das Paradies gelegen sei, so hätte ich ohne Zögern geantwortet: in Österreich, sechzehn Kilometer östlich von Salzburg an der Reichsstraße, dicht beim Wallersee.«[51]

Wie Horváth es gesehen hat, wissen wir so sicher nicht. Sein langer Aufenthalt in Murnau, das so anders nicht war, spricht allerdings sehr dafür, dass er Orte wie Henndorf durchaus zu schätzen wusste. Mehr, Henndorf scheint, ab 1936/37, ein Ersatz für das verlorene Murnau gewesen zu sein. Oft besuchte Horváth die Wiesmühl, Zuckmayers etwas abgelegenes Anwesen, eine Viertelstunde zu Fuß, wenn er in Henndorf war. Wie viele andere Gäste scheint er dabei mehr Kontakt zu seiner Frau Alice als zu Zuckmayer selbst gehabt zu haben. Sie war, wie auch Zuckmayer meinte, das eigentliche Zentrum des Henndorfer Kreises. Wenn sie und Horváth gemeinsam durch den Garten spazierten, Zuckmayer selbst bevorzugte ausgedehnte Wanderungen, nahm Horváth eine Zwiebel oder Peperoni aus dem Beet, um sie roh zu verspeisen, für Alice stand dabei vor allem der unangenehme Geruch im Vordergrund. Das spricht für eine gewisse Vertrautheit.

Über die Eingebundenheit Horváths ins Dorf gibt eine Aussage von Vinzenz Greisberger[52] Auskunft: »Auf das Anschießen des Neuen Jahres um Mitternacht hat Zuckmayer viel gehalten. Ein Fass Bier gab's zur Einstimmung und dann musste der Weinkeller herhalten. Ich erinnere mich noch genau an die Feier zu Silvester 1937 auf 38, als wir in der Stube der Wiesmühl saßen. Wir – das waren der Schützenmeister Eder, sein Stellvertreter Johann Thalhammer, der Kassier Simon Thalhammer und der Fähnrich Franz Salzer, der Schriftführer und ein paar Leute vom Ausschuss. Zuckmayer sagte zu einem Schützen, der recht gut predigen konnte: »Na, dann könnten wir heute, zu Neujahr, ja auch beichten gehen.« Das wurde dann eine Gaudi! Der »Schützenpriester« hat sich in einen Bauernkasten hineingehockt, ein weißes Tuch darüber, und dann ist's ans Beichten gegangen! Der Zuckmayer und der Ödön haben gebeichtet, und dem einen hat er zur Absolution zwei Liter Weißwein und dem Ödön zwei Liter Rotwein zur Buße aufgetragen. Als Mahnung gab er den beiden mit »Macht's mit die fremden Weiberleit net so viel, weil des is a große Sünd!« Na, die sind gleich dagewesen mit den Flaschen. Das war dann noch so lustig, da sind wir erst um vier Uhr früh zum Heimmarschieren gekommen.«

Interessant ist diese Erinnerung nicht nur, weil sie eine der wenigen konkreten Schilderungen von Horváth in Henndorf ist, interessant ist sie auch, weil Greisberger Zuckmayer mit Nachnamen, Horváth aber mit dem vertrauten Vornamen erinnert. Da scheint, an Neujahr 1938, eine gewisse Nähe bestanden zu haben.

Henndorf am Wallersee wurde für Horváth zu einer Rückzugsmöglichkeit. Mit dem Arbeitsplatz wuchs dann auch die Bedeutung seiner Werke. Horváth, der sich nach Großstadt sehnte, brauchte die Ruhe zum Schreiben. Oder andersherum, er war ein Landmensch, den es in die Stadt zog. In Henndorf vor allem schrieb er *Jugend ohne Gott*, in Wien redigierte er das Manuskript. Henndorf war, wie gesagt, der Versuch, ein zweites Murnau zu schaffen. Hier, kann man sagen, begann seine zweite Karriere.

1936–1938

Emilia Galotti

Die Aufführung von Lessings *Emilia Galotti*, Premiere September 1937, gilt und galt vielen als Gustaf Gründgens' beste Inszenierung. Auch er selbst sah das so. Nie hat er sich an diesem Stück – obwohl er Lessing außerordentlich schätzte – noch einmal versucht. Es war nicht die erste Arbeit mit seiner Ehefrau Marianne Hoppe, gerade hatte er Regie bei *Was ihr wollt* geführt, wo sie die Viola gespielt hatte, aber es war die erste Aufführung, bei der sie gemeinsam auf der Bühne standen. Er selbst spielte nicht den eilfertigen und schlauen Marinelli (wie in einer früheren Aufführung), sondern den Prinzen, der der jungen, gerade verheirateten Bürgerstochter Emilia Galotti nachstellt. Gründgens Ehefrau Marianne Hoppe, sie waren zum Zeitpunkt der Premiere gut ein Jahr verheiratet, spielte Emilia. Das waren für beide ideale Rollen, und auch für Marinelli ließ sich niemand besserer denken als Bernhard Minetti. Gründgens hatte in seinem Ensemble auch sonst durchweg ideale Besetzungen gefunden: Paul Hartmann war Graf Appiani, Käthe Dorsch die Gräfin Orsina, Friedrich Kaysler und Hermine Körner die Eltern von Emilia. Allesamt nicht nur allerbeste, sondern auch perfekt passende Schauspieler.

Das andere, was die Aufführung einzigartig machte, war der Boden. Er war vollständig mit Steinplatten belegt. Marianne Hoppe: »Es sollte alles ganz sauber bleiben. Die Kostüme, das Bühnenbild, das ganze Stück war so, dass wir völlig unberührt von Staub und Realität waren, und unsere Schritte gingen ganz klar über die Bühne, klack klack klack klack klack.«[1] Das gab den Schritten etwas Hartes und Entschiedenes, das machte die Atmosphäre in Mantua eisig, vielleicht sogar aggressiv. Das war mutig und modern. Es war zugleich kalt und gespannt, kühl beherrscht und hitzig aufgeladen.

Das gab der Beherrschtheit innerhalb der Gefahr, in der das junge Paar Gründgens-Hoppe lebte, der Angst und dem gleichzeitigen Überlegenheitsgefühl dieser Schauspieler in Kontakt mit Göring, Goebbels und Hitler, dieser glühend heißen Atmosphäre, in der sie sich kühl zu beherrschen wussten, entsprechend Ausdruck. Das war politisches Theater ohne eine einzige politische Anspielung. Das war das, worauf sie dann so stolz waren. Es entsprach der Situation dieser gleichzeitig bedrohten und privilegierten Künstler, denkbar nah bei der Macht im täglichen Betrieb, sich innerlich immer weiter zurückziehend in Selbstbeherrschung. Das gab nicht nur ihnen selbst, sondern auch ihren Aufführungen die Form.

Auf dem ersten Foto sieht man Gründgens zusammen mit Marianne Hoppe. Rechts sind Marianne Hoppe und Käthe Dorsch beim Applaus bei einem *Galotti*-Gastspiel zu sehen (auf Geheiß von Goebbels und mit Görings Einverständnis) in Elbing bei Danzig (heute Elblag) Anfang Januar 1938. Dorsch war einmal mit Hermann Göring verheiratet gewesen. Das untere Foto zeigt die Truppe bei der Ankunft in Elbing, Marianne Hoppe ganz rechts im Bild. Links von ihr Hermine Körner, Käthe Dorsch und Gustaf Gründgens (v. r. n. l.).

Marianne Hoppe war eine Spielerin. Sie schaffte es, im Dritten Reich mittendrin zu sein, die Blicke auf sich zu ziehen, in immer neuen Rollen eingeschätzt und beurteilt zu werden, abgeglichen mit der Staats- und Kunstdoktrin, von den Größen des Reichs – und nicht nur von ihnen – begehrt und bedrängt zu werden, und bei all dem einen klaren Kopf zu behalten. Sie war eine Frau, es spricht aus jedem Satz, den sie sagte, die sich keinen »Kopp« machte, wenn es nicht sein musste. Ihre Rollen lebten nicht aus überschüssiger Phantasie oder sensibler Empfindlichkeit, sie lebten von Formbewusstsein, Könnerschaft und Spielfreude.

Es scheint, als habe die Gefahr sie nicht gelähmt, sondern herausgefordert. Marianne Hoppe war kein Mensch des Rückzugs. Sie kam der Macht und ihren Schrecken nahe, aber sie geriet dabei nicht durcheinander. Sie war Teil des Betriebs, aber im Innersten blieb doch etwas, was unberührt war.

Gründgens war ein ähnlicher Typus wie Hoppe. Horváth aber geriet angesichts der Nazis vollkommen aus der Spur. Das hatte sie 1933 miterlebt, was auch immer im Einzelnen damals zwischen den beiden geschehen war. Hoppe und Horváth, das waren zwei Typen, die ganz unterschiedlich, fast entgegengesetzt auf Hitler und den Nationalsozialismus reagierten.

Neger

Mit dem N-Wort hatte man kein Problem. »Im Winter gab es im Strandhotel immer rauschende Karnevalsfeste, und unsere ganze Clique verkleidete sich immer nach einem bestimmten Motto. Einmal waren alle Männer als kleine Buben in Matrosenanzügen oder als Neger in Ballettröckchen, oder die ganze Bande waren Apachen oder Lehrer mit Schülern und Schülerinnen.«[2] So erinnerte Horváths Freundin Gustl Mayr-Emhardt an die gemeinsame Jugend. Schwarze waren also Teil eines unreflektierten Exotismus zwischen Matrose und den Indigenen, die damals Indianer genannt wurden.

In einem der ersten Dramen Horváths ging es ähnlich rüde zu: »Am Rhein schänden syphilitische Neger deutsche Frauen, jawohl«, schreit die Bundeschwester am Anfang beider *Sladek*-Stücke.[3] Das Thema beschäftigte Horváth von Anfang an, in den allerersten Roman-Skizzen heißt es: »Gegen die Neger-Kultur«. Irgendjemanden, so ist anzunehmen, wollte Horváth damit charakterisieren.

Zehn Jahre später, 1937, verwendete Horváth das Wort wieder, in seinem Roman *Jugend ohne Gott*. Nun stand es nicht mehr für sich, sondern es hatte einen Doppelsinn, es stand für Juden und für alle, die in Deutschland als lebensunwert betrachtet wurden. »Die Neger« lautet die erste Kapitelüberschrift des Buches, »Alle Neger sind hinterlistig, feig und faul«, schreibt der Schüler N in einem Aufsatz. Der Lehrer will das anstreichen, erinnert sich, den Satz im Radio gehört zu haben, und lässt es bleiben. In der nächsten Stunde belehrt er den Schüler, »Auch die Neger sind doch Menschen«, wofür am darauffolgenden Tag der Vater des N in der Sprechstunde erscheint und dem Lehrer Sabotage am Vaterland vorwirft.

Im weiteren Verlauf des Romans wird der Lehrer selbst »Neger« genannt. »Morgen fahre ich nach Amerika. Der Neger fährt zu den Negern.«, lauten die letzten beiden Sätze des Buches. Die Identifikation des Autors ist nun eindeutig, er stellt sich nicht nur auf die Seite der Schwarzen, er macht sich selbst zum Schwarzen. Schwarz ist keine Sache der Hautfarbe mehr. Vor allem durch die Parallelisierung mit den Juden, wird die Hautfarbe grundsätzlich als Stigmatisierung, als Zeichen begriffen. Horváth machte aus dem simplen Rassismus einen symbolischen Rassismus.

Das N-Wort kommt bei Horváth früh und oft vor und damals, vor der Regierung der Nazis, hatte es bei ihm aber noch nicht diesen reflektierten Gebrauch. Das war kein Wunder. Es ging im damaligen Diskurs nirgends darum, Schwarzen und People of Colour Gerechtigkeit widerfahren zu lassen oder diskriminierende Bezeichnungen zu vermeiden. Dafür gab es kein Bewusstsein. *Mord in der Mohrengasse* ist der Titel des ersten Stückes, in dem man seine Eigenart entdecken kann. Wenn Erich zu Marianne in den *Geschichten aus dem Wiener Wald* sagt, sie möge viele Kinder bekommen, fügt Valerie vollkommen kontextfrei hinzu: »Nur keine Neger! Heil!«[4] Von »Lippennegerinnen«[5] und »Tellernegern« ist in *Kasimir und Karoline* die Rede. »Neger«, kann man sagen, gehörten zum Kreaturenkabinett.

Umso schwerer wiegt der Prozess, den Horváth von 1933 bis 1937 durchlaufen hat und der dann in *Jugend ohne Gott* einen anderen Gebrauch des Wortes möglich gemacht hat.

Zeesen

In diesem Haus lebte Marianne Hoppe von 1936, als sie Gustav Gründgens heiratete, bis 1945. Das Haus hatte etwa zwanzig Zimmer, rückseitig gab es Pferdestallungen, es war mit dem Auto eine knappe Stunde entfernt vom Theater am Gendarmenmarkt in Berlin.

Das kleine Schloss war 1690 von Eberhard von Danckelmann erbaut worden, aber schon 1697 wurde er enteignet und Zeesen ging in Staatsbesitz über. Zwischenzeitlich war der Soldatenkönig Friedrich I. Besitzer von Zeesen. Zu Beginn des 20. Jahrhunderts kaufte es der Bankier Gutmann, als Villa Kunterbunt wurde Zeesen zum Treffpunkt der Berliner Finanzwelt. Bald darauf übernahm es der Bankier Ernst Goldschmidt, ein Freund von Carl Zuckmayer, der einen »Haus-, Flur- und Tiersegen« für das Schlösschen verfasste und Goldschmidt mit dem Dichter Klabund bekannt machte.

Klabund schrieb hier 1926, während eines ausgedehnten Sommerurlaubs, die mehrere Seiten lange *Ode an Zeesen.*

Ein kleiner Auszug:

Hochbeladen mit dem gelben Korn
Schwankt der Wagen in die Scheune
Und das brave Pferd umspringen bellend
Sieben schwarz und weiße Wolleknäuel
Sieben Terrier Bosko Fatty Step
Tipsy Kitty Bill und Fap
Aus dem offenen Stall fegt eine Schwalbe
Drin im Stalle säugt die Kuh das Kälbchen.
Zwischen Bäumen
Wachsen schlanke steile dünne Eisensäulen
In den Horizont
Die Funktürme von Königswusterhausen …

Gründgens hat den Besitz 1934 erworben. Bald darauf notierte der Schriftsteller Erich Ebermayer: »Heute bat mich Gründgens zu sich hinaus nach Zeesen auf seinen neuen Besitz. Bei herrlichem Sommerwetter traf ich um elf über Königswusterhausen in Schloss Zeesen ein. Eine lange gerade Allee führte auf das Schloss hin; unter alten Bäumen am Ufer eines verschilften Sees der schöne, einfache, gradlinige Bau mit Hof und breiter Freitreppe. Fontane ist das erste Gefühl, das man hier hat, Stechlin, die Mark, Urpreussen.«[6]

Von September bis November 1938 wurde in Zeesen (und an der Ostsee und in Babelsberg) tatsächlich der Film *Der Schritt vom Wege* nach dem Roman *Effi Briest* von Fontane gedreht, eine Wunschrolle von Marianne Hoppe, sein Hochzeitsgeschenk an sie war der erste Drehbuchentwurf gewesen.

Marianne Hoppe verausgabte sich nicht, in dem Sinne, dass sie ihr Leben an die Kunst, ihre Erscheinung und Rollen gab. Seit Mitte der Dreißiger bis zum Ende der Naziherrschaft, etwa zehn Jahre also, stand sie nicht nur als Schauspielerin, sondern auch als Person auf dem Spiel. Sie war in dieser Zeit in doppelter Weise ausgesetzt. Marianne Hoppe war ausgesetzt als Protagonistin im Dritten Reich, als Schauspielerin im von Goebbels und Hitler so sehr verehrten und missbrauchten Film, als

Schauspielerin im von Göring so sehr verehrten und benutzten Schauspielhaus am Gendarmenmarkt. Sie verkörperte, mit ihrer Innigkeit, ihrer strahlenden Klarheit, ihrer blonden Aufrechtheit, ihrer Kraft, ihrer pragmatischen Sachlichkeit, den Typus einer Frau im Nationalsozialismus. Sie lebte in der Mitte des Systems. Sie verkehrte mit Goebbels, Hitler und Göring, und verstand es dabei, Distanz zu halten, locker zu bleiben, zu spielen. Sie lebte im Zentrum jenes Systems und sie ging darin nicht unter.

Sie war auch ausgesetzt als Schauspielerin, die mit dem Intendanten des exponierten Preußischen Staatstheaters verheiratet war, und die – man kennt das von vielen ähnlichen Konstellationen – von ihren Kollegen und vor allem Kolleginnen darum beneidet wird. Man kann in einer solchen Position nichts gegen den Verdacht tun, herausragende Rollen nur aufgrund der Beziehung mit dem Hausherren zu bekommen.

Sie war auch noch auf eine weitere, dritte, vielleicht sogar noch gefährlichere Weise ausgesetzt. Die aufkommende Massenkultur (in Deutschland begann sie kurz vor und mit dem Nationalsozialismus) war, nach einem Wort von Roland Barthes, jene Maschine, die das kollektive Begehren sichtbar machte. Es war und ist ein Begehren, von dem man vorher nicht wusste, dass es das gab und gibt. Marianne Hoppe verkörperte dieses Begehren seit den Zwanzigern und die gesamten dreißiger Jahre hindurch, und sie verweigerte sich dieser Zuschreibung nicht. Sie scheint es gespürt zu haben, sie arbeitete und sie spielte damit.

In dieser Zeit unerhörter Anspannung, mit äußersten Privilegien lebend, für die Massen jederzeit sichtbar (bewundert, begehrt, beneidet), ins Auge der Macht gerückt (Goebbels, Hitler, Göring), gab Gustaf Gründgens ihr in Zeesen tatsächlich Schutz, Liebe, Geborgenheit. Die vielen Zettel, die sie sich schrieben, und die zeitweise die persönliche Unterhaltung ersetzten, zeigen ein Paar in Vorläufigkeit, sich sehr vertrauend und brauchend, gleichzeitig gehen sie nie ganz aus sich heraus, als ob sie immer unter Beobachtung stünden, als ob sie nie ganz privat sein dürften. Die Ehe von Gustaf Gründgens und Marianne Hoppe war eine Verbindung, die von der Zeit durchdrungen war.

Marianne Hoppe war in den Jahren seit 1933 ein Star, aber sie war keine Diva. Sie wusste, was zu tun ist, sie gab sich dem Publikum hin, gab Einblicke in ihre Intimsphäre, die vielen Image-Aufnahmen, die vielen Homestorys, die vielen Illustriertenartikel, aber sie gab sich nicht vollkommen preis. Marianne Hoppe hatte sich ganz ihrem Beruf verschrieben, für ihren Beruf war sie bereit, alles zu geben, aber Hingabe, dieses Wort fällt einem nicht ein, wenn man auf ihr Leben und ihre Rollen schaut, wenn man an ihre Filme denkt. Sie scheint niemals zu zerfließen. Vielmehr meint man, sie habe die Dinge im Griff behalten, sie sei Herr (!) der Lage geblieben. Die Diva vergeht, könnte man sagen, der Star besteht.

Die wirkliche Person und die fiktive Figur, sie verschmelzen bei ihr nicht, sie bleibt Schauspielerin im klassischen Sinne. Sie verkörpert, ohne darin als Person aufzugehen. Sie wurde Teil der psychischen Intimräume des Nationalsozialismus, sie drang in die Intimsphäre der damaligen Deutschen ein, sie wurde Teil ihrer Träume, ihrer Phantasiewelten und ihres Begehrens, und sie brachte dabei das Kunststück fertig, bei sich zu bleiben.

»Aber das sind ja alles dramatische Sachen, so spielt sich das Leben nicht ab. Man musste seine Aufgabe möglichst unangefochten ausführen. Das war die Aufgabe, da lässt sich nichts dran rühren«, sagte sie 1989.[7] Da war sie achtzig Jahre alt.

Ein Kind unserer Zeit

Ein Kind unserer Zeit entstand wie *Jugend ohne Gott* 1937, vor allem in Henndorf. Horváth begann mit der Arbeit bereits, als *Jugend ohne Gott* noch nicht vollständig abgeschlossen war.

Es ist ein merkwürdiger Roman. Das Buch wirkt etwas unterkomplex und simpel pädagogisch durch den modellhaften, emotionalen Erkenntnisweg, den die Hauptfigur, zugleich der Ich-Erzähler, vom Nazi-Soldaten hin zu einem »Menschen« nimmt. Diese offenkundige pädagogische Ebene hat wohl auch zur Zurückhaltung der Interpreten gegenüber dem kurzen Roman geführt: Was soll man dazu noch sagen? Ja, stimmt ja, aber das ist nicht interpretationsbedürftig.

Hinzu kommt etwas anderes: Es sind die kurzen, abgehackten, parataktischen Sätze, die dem Roman etwas Einfaches, fast Schlichtes geben. Hauptsatz reiht sich an Hauptsatz. So, wie das Buch mit »Ich bin Soldat. Und ich bin gerne Soldat.« beginnt, so geht es weiter. Wie sich am inzwischen veröffentlichten Arbeitsmaterial sehen lässt, hielt Horváth an diesen beiden Anfangssätzen, nachdem er sie früh gefunden hatte, fest. Sie können deshalb als modellhaft gelten.

Ist das, das hauptsatzartig Abgehackte, die Rede eines Traumatisierten, eines um den Verstand gebrachten, eines vor den Kopf gestoßenen? Diese Sprechweise hat immer etwas von einem Hervorstoßen, sie lädt nicht zur Diskussion ein, zur Abwägung, zur Synthese, zum Weiterdenken, sondern sie steht für sich da. Deshalb neigt diese Form der Rede auch zu einem gewissen Pathos. Sie bewegt sich nicht. Sie hat etwas Bellendes. Gleichzeitig charakterisiert sie, zumindest hier bei Horváth, auch einen einfachen, einen nicht sprachgewandten Menschen.

An einer Stelle seines *Parataxis* genannten Hölderlin-Aufsatzes schrieb Adorno 1963: »Die parataktische Auflehnung wider die Synthesis hat ihre Grenze an der synthetischen Funktion von Sprache überhaupt.«[8] Die Sprache selbst sei synthetisch, so Adorno, sie bringe die Dinge in Vermittlung. Die parataktische Sprechweise, mit kurzen, einfachen Sätzen, scheint sich eben dagegen aufzulehnen, indem sie die Dinge festlegt und festschreibt.[9]

Das wäre der Weg und vor allem das Feld, auf dem die Sprache des Dritten Reichs und Horváths Verhältnis zu ihr sich zu untersuchen lohnen. Nirgends ist das so deutlich wie in *Ein Kind unserer Zeit*. Es geht um jene Selbstbezüglichkeit, jene Art der Tautologie, die Adorno bei Hölderlin findet (insbesondere wenn Heidegger und die Nazis ihn lesen), die es in der unvermittelnden Sprache der Nazis (genauso wie moderner Ideologen, Populisten und Autokraten) überhaupt gibt, die Horváth hier, will man in den sprachkritisch-philosophischen Abgrund schauen, der sich auftut, imitiert oder kontert.

Hitlers stakkatohafte Sprache in seinen Reden war weniger parataktisch als man nach dem Hören glauben möchte. Sie hämmerte dem Publikum ihre Glaubenssätze zwar ein, aber Hitler sprach nicht vorwiegend in Hauptsätzen. Dann hätte er wahrscheinlich nicht der große Redner sein können, der er war. Hitlers Kunst, wenn man denn davon sprechen möchte, bestand zu einem Teil darin, einfach, hauptsatzhaft einfach zu wirken. Viktor Klemperers Analyse der Sprache des Dritten Reichs, der LTI, der Lingua Tertii Imperii, wie er sie nannte, zeigte viele Sprachmuster des Nationalsozialismus, das wichtigste aber war die Wiederholung, die Wiederholung der immer gleichen Begriffe, Wendungen und Vorstellungen, die ihnen etwas Selbstverständliches gibt. Die Wiederholung, die immer wieder erneute Benennung des schon Gewussten, ist in ihrer Fixierung auf und Festschreibung des Elementaren der Parataxe verwandt.

»Wenn es dem Vaterland gut geht, geht es jedem seiner Kinder gut. Geht es ihm schlecht, geht es zwar nicht allen seinen Kindern schlecht, aber auf ein paar Ausnahmen kommts auch nicht an im Angesicht des lebendigen Volkskörpers.«[10] Es sind solche Sätze, die wie viele in *Ein Kind unserer Zeit* von Hitler stammen könnten. Es ist in Horváths fiktiver Sprache nur eine leichte Verschiebung zu einer persönlicheren und saloperen Sprache feststellbar.

Geschrieben hat Horváth das Buch fast vollständig in Henndorf, seinem Rückzugsort. Kurz bevor Horváth die Emigration tatsächlich aufgezwungen wurde, schrieb er in einer Art innerer Emigration, im Rückzug in ein oberösterreichisches Dorf, ein Buch, das vom Mitgefühl für einen Nationalsozialisten lebt, das aber auch klar antinazistisch ist. Die Grundanlage des Romans war, dass er sich in den Soldaten hineinversetzte, den Nazi ein gutes Stück weit verstand, weil er ihm eine Sprache gab. Deshalb ist diese Sprache von besonderem Interesse.

Dazu passt fast überdeutlich der Titel, *Ein Kind unserer Zeit.* Hier hat Horváth lange gezögert, hat mehrere Titel erwogen, am Ende wohl »Das verwunschene Schloss«. Er wollte dem Roman noch eine andere Qualität, einen anderen Echoraum geben. Durch den schließlich gewählten Titel wurde der Roman etwas langweilig, er war sozusagen allzu durchsichtig, so scheint es. So muss auch nicht weiter deutlich gemacht werden, welche Parallelen zu Hitlers Deutschland Horváth hier zog. Er zeichnete einen Nazi-Soldaten und machte ihn nachvollziehbar (ohne Geld, ohne Liebe, ohne Stolz), das war's.

Das letzte abgeschlossene Werk Horváths ist in einer für ihn idealen Arbeitssituation, in der zweiten Hälfte des Jahres 1937, und dann noch Anfang 1938 entstanden. Die innere Spannung der Hauptfigur, einerseits Nazi mit dem entsprechenden Gefühlshaushalt (eine Figur, wie geschaffen, um Klaus Theweleits *Männerphantasien* aus den siebziger Jahren in einfacher Sprache vorwegzunehmen), andererseits ein normales, fühlendes Wesen, dem der Autor eigene Erfahrungen und Empfindungen mitgab, ist nicht nur eine interessante Kombination und Erzählkonstellation, es ist vor allem eine ideale Theaterrolle. Kein Wunder bei einem

Dramatiker. Überraschenderweise wurde das aber vom Theater bisher nicht ausgelotet.

Woran könnte das liegen? Während *Jugend ohne Gott* permanent dramatisiert oder verfilmt wird, geschieht das bei *Ein Kind unserer Zeit* fast nie. Ist die Botschaft zu einfach?

»Liebe deine Feinde« – das sagt uns nichts mehr. Wir sagen: »Hasse deine Feinde!« Mit der Liebe kommt man in den Himmel, mit dem Hass werden wir weiterkommen - –« So Horvath am Anfang.[11] »Gute Mädchen kommen in den Himmel, böse überall hin« hieß ein erfolgreiches Buch aus dem Jahr 1996. Was sagt das? Ein Satz, der als einfache Entlarvung nationalsozialistischer Geisteshaltung galt, ist, kaum gewandelt, zur Maxime unserer eigenen Gesellschaft geworden.

Man kann sagen, dass es in *Ein Kind unserer Zeit* um den Gegensatz von (nationalsozialistischem) Kollektivismus und (humanen) Individuen geht. Der Einzelne spielt keine Rolle, sagt der Oberbuchhalter. Es geht um menschliche Wärme und eine kalte Welt. Metaphern von Kälte durchziehen das Buch. Horváth hatte nie Angst vor etwas (warmem) Kitsch. *Verhaltenslehren der Kälte* war der Titel eines Wissenschaftsbestsellers von 1994, in dem es eben um die Zeit Horváths (wenn auch nicht um Horváth) ging. Die letzten, lebendigen Worte des Soldaten sind: »Es ist kalt«, das bleibt meine erste Erinnerung –

Dann stirbt er und wird zum Schneemann.

Helga, Hildegard, Helmut, Holdine, Hedwig und Heidrun (Die Geschichte des H IV)

Das Ehepaar Goebbels mit seinen sechs gemeinsamen Kindern (im Jahr 1942). In der Mitte steht Harald Quandt, Sohn von Magda Goebbels aus erster Ehe. Vier Kinder hatten Magda und Joseph Goebbels 1938 bereits: Helga, Hildegard, Helmut und Holdine. Am 5. Mai 1938 wurde dann das fünfte Kind geboren und bekam den Namen Hedwig. In diesem Jahr wurde auch ein Propagandafilm über die Kinder des Ehepaars Goebbels gedreht.

Fast genau sieben Jahre nach der Geburt von Hedwig, am 1. Mai 1945, ermordete Magda Goebbels alle ihre Kinder im Führerbunker in Berlin. Zuvor war 1940 noch die fünfte Tochter und das sechste Kind Heidrun geboren worden. Sie war bei ihrem Tod vier Jahre alt. Die Namen dieser Kinder begannen alle zu Ehren Hitlers mit dem gleichen Buchstaben. Harald war 1921 geboren. Dass sein Vorname auch mit H begann, ist allerdings ein beängstigender Zufall.

Wien, Hotel Imperial, 14. März 1938

Am 12. März hatte Hitler Berlin verlassen, um zehn Uhr kam er mit dem Flugzeug in München an, um 16 Uhr passierte er die Grenze nach Österreich bei Braunau, vier Stunden später erreichte er Linz und nahm Quartier im Hotel Weinzinger, dort blieb er auch am 13. März. Am 14. morgens um zehn Uhr verließ er Linz Richtung Wien, wo er etwa um halb sechs eintraf.

Die Reise hatte unter reger Anteilnahme der Bevölkerung stattgefunden, Hitler war jubelnd begrüßt worden. In Wien logierte er im Hotel Imperial am Ring. Auch hier jubelte die Menge und rief nach ihm. Um 19 Uhr trat er auf den Balkon des Hotels und sagte:

»Meine deutschen Volksgenossen und -genossinnen!

Was Sie empfinden, habe ich selbst in diesen Tagen auf das Tiefste miterlebt. Es ist eine große geschichtliche Wende, die unserem deutschen Volke zuteil wurde. Was Sie aber in diesem Augenblick erleben, erlebt mit Ihnen das ganze deutsche Volk. Nicht nur zwei Millionen Menschen in dieser Stadt sind es, sondern 75 Millionen unseres Volkes, in einem Reich. Sie alle sind tief ergriffen und bewegt von dieser geschichtlichen Wende und Sie alle weihen sich einem Gelöbnis: Was immer auch kommen mag, das Deutsche Reich, so wie es heute steht, wird niemand mehr zerschlagen und niemand mehr zerreißen können! Keine Not, keine Drohung und keine Gewalt kann diesen Schwur brechen. Dies sprechen heute gläubig aus alle deutschen Menschen von Königsberg bis Köln, von Hamburg bis nach Wien!«[12]

Die Rede am 15. März auf dem Wiener Heldenplatz ist bekannt, ebenso wie die Folgen. Der Anschluss Österreichs an das einheitliche Reich war besiegelt.

Zuckmayers Wien (Masse XI)

Canettis Masseerlebnis von 1927 spiegelt sich im Erleben von Carl Zuckmayer in den Märztagen 1938. Zuckmayer sprach nicht von Masse. Die Motive, die er ausmachte, waren Neid und Rachsucht, niedrige menschliche Gefühle – in ihnen sah er schon 1932 in Henndorf den Boden, auf dem die Nazis wuchsen, sie fand er wieder in jenem Wien, das sich fiebernd dem Anschluss entgegenbrüllte.

Zuckmayer erinnerte sich an den Abend des 11. März 1938, drei Tage vor Hitlers Ansprache vom Balkon des Imperial, vier Tage vor der Rede am Heldenplatz, am Tag, als der Kanzler Schuschnigg zum Rückzug gezwungen worden war: »An diesem Abend brach die Hölle los. Die Unterwelt hatte ihre Pforten aufgetan und ihre niedrigsten, scheußlichsten, unreinsten Geister losgelassen. Die Stadt verwandelte sich in ein Alptraumgemälde des Hieronymus Bosch: Lemuren und Halbdämonen schienen aus Schmutzeiern gekrochen und aus versumpften Erdlöchern gestiegen. Die Luft war von einem unablässig gellenden, wüsten, hysterischen Gekreische erfüllt, aus Männer- und Weiberkehlen, das tage- und nächtelang weiterschrillte. Und alle Menschen verloren ihr Gesicht, glichen verzerrten Fratzen: die einen in Angst, die anderen in Lüge, die anderen in wildem, hasserfülltem Triumph. Ich hatte in meinem Leben einiges an menschlicher Entfesselung, Entsetzen oder Panik gesehen. Ich habe im Ersten Weltkrieg ein Dutzend Schlachten mitgemacht, das Trommelfeuer, den Gastod, die Sturmangriffe. Ich hatte die Unruhen der Nachkriegszeit miterlebt, die Niederschlagung von Aufständen, Straßenkämpfe, Saalschlachten. Ich war beim Münchener Hitler-Putsch von 1923 mitten unter den Leuten auf der Straße. Ich erlebte die erste Zeit der Naziherrschaft in Berlin. Nichts davon war mit diesen Tagen in Wien zu vergleichen. Was hier entfesselt wurde, hatte mit der ›Machtergreifung‹ in Deutschland, die nach außen hin scheinbar legal vor sich ging und von einem Teil der Bevölkerung mit Befremden, mit Skepsis oder mit einem ahnungslosen, nationalen Idealismus aufgenommen wurde, nichts mehr zu tun. Was hier entfesselt wurde, war der Aufstand des Neids, der Missgunst, der Verbitterung, der blinden böswilligen Rachsucht, – und alle anderen Stimmen waren zum Schweigen verurteilt. Revolution wird wohl immer grauenvoll sein, doch mag das Grausen ertragen, verstanden, überwunden werden, wenn es aus einer echten Not geboren wurde, wenn es Überzeugung und Geist war, vom Geiste kam, was die Materie zum Aufruhr trieb. Hier war nichts losgelassen als die dumpfe Masse, die blinde Zerstörungswut, und ihr Hass richtete sich gegen alles durch Natur oder Geist Veredelte. Es war ein Hexensabbat des Pöbels und ein Begräbnis aller menschlichen Würde.«[13]

Am Ende taucht bei Zuckmayer dann die Masse also doch noch auf, als Inbegriff des Niederen, als die schlimmste Stufe, auf die Menschen sinken können. Er beschreibt damit den Moment wahrscheinlich treffend, gleichzeitig reiht er sich ein in die Reihe der Massenverächter, die gerade unter Kulturschaffenden jener Zeit zahlreich waren. Volk und Plebs, Volk und Pöbel, waren hier allzu oft eines. Canetti hatte sich in die Masse hineinbegeben, Zuckmayer stand ihr fassungslos und voller Abscheu gegenüber.

Die Masse, wie sie heute wieder auftaucht, in den unterschiedlichen Städten, in Stuttgart, Frankfurt, Leipzig, vor dem Reichstag (ich schreibe das im ersten Corona-Winter), beginnt an die Wiener Masse von 1938 zu erinnern. Aber Masse ist heute durch die sozialen Medien etwas anderes geworden. Vielleicht aber bleibt sie sich, in ihren grundsätzlichen Möglichkeiten, doch gleich.

Adieu, Europa

1926 hing in der Halle des Hotels Zur schönen Aussicht eine »mächtige alte Karte von Europa«. »Alles verstaubt und verwahrlost.«[14] Horváths Europa war schon 1926 so erschöpft wie 1938 oder wie heute. »Europa. Europa. – Man müsste fort.« heißt es in dem Stück denn auch bald.[15]

Für den neuen Roman, an dem Horváth 1938 arbeitete, nach *Jugend ohne Gott*, nach *Ein Kind unserer Zeit*, stand zuerst und vor allem der Titel fest, *Adieu, Europa*.[16] Einen Satz, der diesen Titel näher erläutert, liest man im mutmaßlich ersten erhaltenen Entwurf: »Ich halte nichts mehr von Europa, fuhr er fort. Denn entweder gibts einen Krieg oder Europa versinkt in der Barbarei.«[17]

Für Horváth war Europa etwas Sterbendes, vielleicht genauso wie Österreich-Ungarn gestorben war, ein alter, modernder Kontinent. 1938 wollte er nach Amerika emigrieren. *Adieu, Europa* wäre wohl ein Buch des Abschieds geworden. Es hätten sich – nach den Entwürfen – Abrechnung, Autobiographie und Aufarbeitung gemischt. Die Abrechnung war eine Abrechnung mit Europa, der vergangenen Welt, aber auch mit sich selbst.

Die Idee von Europa hat Horváth lange beschäftigt. Schon im *Ewigen Spießer* war es, als Kobler Paneuropäer wurde, um Europa gegangen. Ein vereintes Europa war eine damals nicht sehr populäre, aber existente politische Idee. Der Schriftsteller Richard Nikolaus Coudenhove-Kalergi hatte 1922 die paneuropäische Union gegründet – auch mit dem Ziel, einen zweiten Krieg zu verhindern.

In der Skizze Horváths, in der es um das »Gas« gegangen war, findet sich auch folgender Absatz: »- mit dieser ganzen Politik ist es so wie mit dem Kabriolett. Der eine kauft dem anderen sein Kabriolett ab, Deutschland, Frankreich, England, Österreich und was weiß ich – alle kauften sich gegenseitig ihre Kabrioletts ab. Ja, wenn das alles streng reell vor sich ging, dann wäre das ein ideales Paneuropa, aber zur Zeit werden wir Deutschen von den übrigen Nationen bloß betrogen, genau so, wie ich vorher den Portschinger betrogen hab. In dieser Weise läßt sich Paneuropa nicht realisieren.«[18]

Zwischen diesen Sätzen Horváths und heute liegen der Nationalsozialismus, der Zweite Weltkrieg, Gründung und Aufbau der EU, die Osterweiterung und der Brexit. Europa aber ist geblieben, was es war: eine uneinlösbare, großartige politische Idee, heute wie damals.

Der europäische Autor Danilo Kiš schrieb in den 1970er Jahren die Erzählung *Der Heimatlose*, die vom Leben Horváths angeregt war und nur unvollendet vorliegt. Sie war lange als Teil seiner *Enzyklopädie der Toten* geplant. Ein Satz in diesem Text lautet: »Nach einem nervösen niedergeschlagenen Europa, wo die Menschen auf die Straßen strömten, um unter den Balkonen Rednern und Demagogen zu lauschen, wo die Soldaten im Paradeschritt durch die Stadt defilierten und die Massen in den Stadien brüllten, fand sich der Heimatlose Herr an diesem heiteren Apriltag plötzlich in Amsterdam wieder wie in einer anderen Welt.«[19]

Von Amsterdam, wo er tatsächlich im Mai 1938 war, reiste Horváth weiter nach Paris.

In seinen Entwürfen zu *Adieu, Europa* kann man mehrere Konzeptionen unterscheiden. Einer seiner Gedanken war die Aufteilung des Textes in mehrere »Emigrationen«, wobei er mit der ersten eine Emigration nach Österreich 1933 meinte, mit der zweiten eine Ende 1935 und mit der dritten die aktuelle, die – nach dem Anschluss von Österreich – Horváth in die USA führen sollte. Es war ein radikaler Schritt, den er mit seinem Roman sozusagen begleitete.

Zur ersten Emigration liest man in den Entwürfen Sätze wie: »Eine Welt ist zusammengestürzt, man muss ganz anders schreiben.« Unterstrichen hat Horváth: »Weil man es nicht für möglich gehalten hat, dass das kommt.« Weiter steht da: »Der Hass auf die ehemaligen Freunde und die ehemaligen Ideen« oder »Bleibe im Lande und nähre dich redlich!« Er sprach vom »Wolfgangsee«, – doppelt unterstrichen – einer »verlorenen Braut« und einem »geisteskranken Führer«, es gab den Entwurf zu einem Kapitel mit »Marianne Hoppe«.[20]

Es finden sich also Sätze und Details, die sich alle direkt auf Horváth und seine Biographie beziehen lassen, weswegen der Romanentwurf auch als Entwurf für eine Autobiographie gelesen worden ist,[21] der Begriff »Schlüsselroman«[22] ist aber passender. »Wofür bin ich denn eingetreten? Ich hab nie politisiert. Ich trat ein für das Recht der Kreatur.«[23]

In einem Kapitel im Irrenhaus sollte »die Göttin der Kunst« vorkommen. Horváth skizzierte das gemeinsam, Irrenhaus und Göttin der Kunst, führte es aber leider nicht weiter aus.

In unterschiedlichen Fassungen des einzigen etwas weiter ausgearbeiteten Kapitels, »Neue Wellen«, warf sich der Autor mehrfach vor, »Feuilleton«[24] zu schreiben. Er meinte damit Erwägungen, hin und her gewendete Gedanken, es fehlte ihm das Substantielle, die »Natur«, das einfach Wahre. Er fragte sich, ob er ein Lust- oder ein Trauerspiel schreibe – und wusste es selbst nicht. Horváth tastete sich mit dem Roman *Adieu, Europa* nach vorn, in eine ungewisse Zukunft, er erinnerte sich an die vergangenen Jahre und sprach aus der Zeit des Abschieds heraus, die er gerade erlebte.

Horváth war inzwischen, am 28. Mai, in Paris angekommen. Er wohnte im Hotel L'Univers, wo auch Hertha Pauli und Walter Mehring ein Zimmer hatten. Am 31. Mai gab es eine kleine Feier im Hotel, Carl Frucht war auch da. Am 1. Juni 1938 traf Horváth sich mit Robert Siodmak, der damals noch in Paris lebte und arbeitete.[25] Mit Beginn des Krieges würde er in die USA auswandern und in den vierziger Jahren in Hollywood Erfolg haben. Horváth und Siodmak hatten, wohl sehr ernsthaft, über eine Verfilmung des Romans *Jugend ohne Gott* gesprochen.

Unmittelbar danach wurde Horváth auf dem Weg zurück ins Hotel um halb Acht auf den Champs-Élysées bei einem Sturm von einer Ulme erschlagen und war tot. Unter den Manuskripten, die er mit nach Paris genommen hatte, befand sich *Adieu Europa*, es lag auf dem Schreibtisch seines Hotelzimmers.[26] In seiner Jackentasche fanden sich Aktaufnahmen und ein auf eine Zigarettenschachtel geschriebenes Gedicht.

»Und die Leute werden sagen / In den fernen blauen Tagen / Wird es einmal recht / Was falsch ist und was echt // Was falsch ist, wird verkommen, / auch wenn es heut regiert. / Was echt ist, das soll kommen, / auch wenn es heut krepiert.«

Horváth war auf eine seine Umgebung verstörende Weise dem Untergang Europas entkommen. Hitler ging sieben Jahre später in den Tod. Er erschoss sich im Führerbunker in Berlin. Marianne Hoppe starb hochbetagt, klar bis zum Ende, in Siegsdorf im Jahr 2002.

Die Masse, die damals so deutlich in Erscheinung trat, ist geblieben. Und sie wächst. Sie wächst unaufhaltsam. Wir finden Möglichkeiten, mit ihr umzugehen, uns in ihr zurechtzufinden. Sie aber findet neue Wege, unübersichtlich und bedrohlich zu werden. Indem sie größer wird, indem sie vielgestaltiger, globaler, vernetzter wird, entfaltet sie neue unbekannte Kräfte.

ANHANG

ANMERKUNGEN

VORGESCHICHTEN

1 Bericht von Gustl Schneider-Emhardt, Horváth-Blätter 1, S. 63 f.
2 Gustl Schneider-Emhardt, Horváth-Blätter 1, S. 64.
3 Das Hitler-Bild: Die Erinnerungen des Fotografen Heinrich Hoffmann. Aufgezeichnet und aus dem Nachlass von Joe J. Heydecker. St., Pölten/Salzburg 2008.
4 Horváth-Blätter 1, S. 67.
5 H14, Bd. 9, S. 20.
6 H14, Bd. 12, S. 286, HWA, Bd. 16, S. 101.
7 Karl Alexander von Müller: Mars und Venus. Stuttgart 1954, zit. nach Schmölders, S. 46.
8 Horváth-Blätter 1, S. 71, S. 74.
9 Materialien zu Ödön von Horváth, Hg. Traugott Krischke, Frankfurt am Main 1970, S. 108.
10 H14, Bd. 4, S. 17.
11 Gespräch zwischen Marianne Hoppe und Peter Michalzik, 1998.
12 Horváth-Blätter 1, S. 105.
13 H14, Bd. 11, S. 134.
14 Luise Ullrich, Komm auf die Schaukel, Luise, Frankfurt am Main 1975, S. 66 f.
15 H14, Bd. 3, S. 23.
16 H14, Bd. 12, S. 308.
17 H14, Bd. 12, S. 112.
18 zit. nach Gumbrecht, 1926, S. 170.

1925–1927

1 Krebs, 1959, S. 187 f.
2 RSA, Bd. 1, S. 294.
3 Joseph Goebbels, Die Tagebücher – Sämtliche Fragmente, Berlin/München 1987.
4 zit. nach Kershaw, S. 367 ff.
5 Rede Hitlers abgedruckt in RSA I, S. 323–330.
6 Notizbuch Nr. 7. ÖLA 3/W361, Bl. 42.
7 H14, Bd. 11, S. 184.
8 Gebrauchsanweisung, H14, Bd. 11, S. 216.

9 Materialien zu Ödön von Horváth, S. 32.

10 Zuckmayer, Aufruf, S. 210.

11 H14, Bd. 1, S. 48.

12 H14, Bd. 1, S. 46.

13 HRecl, Kasimir, S. 21.

14 H14, Bd. 11, S. 219 f.

15 Siehe dazu oben, Kapitel »Das Jahr 1919«.

16 HRecl, Glaube, S. 8.

17 H14, Bd. 3, S. 149.

18 HWA, Bd. 14, S. 68.

19 Literatur zum Thema: Axel Fritz, Ödön von Horváth als Kritiker seiner Zeit, München, 1973. Darin das Kapitel »Vorkriegszeit, Weltkrieg und »Zusammenbruch der herrschenden Gewalten«, S. 29–40. / Jürgen Hein: Die »Frontheater«-Szene in: Don Juan kommt aus dem Krieg. Notizen zur Edition und Interpretation, in: Ödön von Horváth: Unendliche Dummheit – dumme Unendlichkeit. Hrsg. Klaus Kastberger, Wien 2001, S. 92–107. / Karl Müller, Mein Leben beginnt mit der Kriegserklärung. Krieg und Kriegsfolgen im Werk Ödön von Horváths, in: Ödön von Horváth 1901–1938. Lebensbilder eines Humanisten, Hrsg. von Ute Karlavaris-Bremer, Karl Müller und Ulrich N. Schulenburg, Wien 2001, S. 43–61.

20 Pargner, S. 31.

21 Canetti, Masse und Macht, S. 101.

22 HWA, Bd. 18, Briefe, S. 5.

23 H14, Bd. 1, S. 178.

24 RSA II/1, S. 165 ff., 179 ff., vgl. dazu Kershaw, S. 369–379.

25 RSA II/1, S. 171.

26 Porträt von Marianne Schmidt, in: Transatlantik, S. 87.

27 Pargner, S. 30 und 34.

28 Ob das Gesuch letztlich vom Murnauer Gemeinderat, wie Elisabeth Tworek darlegt, oder von der Regierung von Oberbayern, wie Gabriele Rudnicki meint, abgelehnt wurde, ist dafür nicht entscheidend.

29 H14, Bd. 11, S. 184.

30 H14, Bd. 11, S. 137 f.

31 RSA II/1, S. 340 f.

32 Insgesamt hierzu RSA II/1, S. 337–366.

33 Canetti, Fackel im Ohr, S. 232 f.

34 Canetti, Fackel im Ohr, S. 233.

35 Canetti, Fackel im Ohr, S. 236.
36 Canetti, Fackel im Ohr, S. 237.
37 Canetti, Fackel im Ohr, S. 43.
38 Albert Krebs, Tendenzen und Gestalten der NSDAP, S. 126 f.
39 RSA II/2, S. 518.
40 H14, S. 12 und 96.
41 H14, S. 98.
42 H14, S. 134.
43 Strauß, Theater heute 8/1967, S. 53. Auch in: Botho Strauß, Versuch, ästhetische und politische Ereignisse zusammenzudenken, Frankfurt am Main 1987 S. 80.
44 HWA, Bd. 18, Briefe, S. 11.

1928–1929

1 Zit. nach Petra Kohse, S. 53.
2 Zuckmayer, Als wärs …, S. 49.
3 H14, Bd. 11, S. 185.
4 Zielgruppe der Zeitung war die junge Mittelschicht, Angestellte, Kaufleute, Techniker, berufstätige Frauen. Jochen Hung: »Die Zeitung der Zeit«, Die Tageszeitung Tempo und das Ende der Weimarer Republik. In: »Der ganze Verlag ist einfach eine Bonbonniere«. Ullstein in der ersten Hälfte des 20. Jahrhunderts, Hg. David Oels und Ute Schneider. Berlin 2015, S. 143.
5 H14, Bd. 12, S. 292.
6 vgl. Kershaw, S. 420 f. und die Literatur dazu in: Kershaw, Anm. 96 und 97, S. 855 f. Vgl. auch Kosselleck, Volk, Nation, Masse.
7 Pargner, S. 13.
8 Schmölders, S. 17 ff.
9 August Sander: Menschen des 20. Jahrhunderts, 7 Bände. München 2002. Studienband, S. 67.
10 zit. nach: Kershaw S. 389.
11 Frankfurter Zeitung am 26. 1. 1928.
12 So auch Klaus Kastberger im Nachwort zu HRecl *Wiener Wald*.
13 H14, Bd. 1, S. 250.
14 Jazbinsek, S. 51 ff.
15 Vgl. Jazbinsek.
16 H14, Bd. 11, S. 124.
17 H14, Bd. 11, S. 132.

18 Gero von Boehm: Begegnungen, S. 192.
19 Schmidt, Transatlantik, S. 79.
20 RSA III/2, S. 150, gesamte Rede: München 1929, Hofbräuhaus, Festsaal, 3. April 1929, 20 Uhr von S. 127–158.
21 RSA III/2, S. 141–142.
22 H14, Bd. 12, S. 78.
23 Literatur zum Thema: Wendelin Schmidt Dengler, Die Wahrheit hat selten Pointen. Zur Kurzprosa Ödön von Horváths, in: Klaus Kastberger (Hg.): Ödön von Horváth. Unendliche Dummheit – dumme Unendlichkeit, Wien 2001, S. 35 ff. / Kurt Bartsch, Die Erprobung des bösen Blicks. Zu Ödön von Horváths Kurzprosa vor 1933, in: Schulenburg, 2001, S. 62 ff. / Elisabeth Tworek-Müller, Provinz ist überall. Zum Vorbildcharakter des bayerischen Oberlandes in Horváths kleiner Prosa, in: Horváths Prosa, Hg. Krischke, Frankfurt am Main 1989, S. 34 ff. / Viktor Zmegač, Horváths Erzählprosa im europäischen Zusammenhang: Tradition und Innovation, in: Literatur und Kritik, H. 237/238, 1989, S. 332–345.
24 RSA II/2, S. 488.
25 Ein Wochenendspiel, 1929, H14, Bd. 3, S. 24.
26 H14, Bd. 11, S. 187.
27 H14, Bd. 11, S. 188.

1930-1932

1 Kohse, S. 63 (Marianne Hoppe im Gespräch mit Richard Schneider, SFB 22. 4. 96).
2 H14, Bd. 12, S. 292–298, Text in der Wiener Ausgabe, Bd. 14, Spießer, S. 380–383.
3 H14, Bd. 12, S. 230.
4 RSA III/3, S. 410.
5 RSA III/3, S. 412.
6 Harry Graf Kessler, Tagebücher, Band 9, Stuttgart 2018, S. 385.
7 Frankfurter Theateralmanach 1930–31, 14. Ausgabe, S. 69.
8 Frankfurter Zeitung, 3. 11. 30, zit. nach Kohse, S. 80.
9 Thomas Siedhoff, Das Neue Theater in Frankfurt am Main 1911–1935, Frankfurt am Main 1985, S. 22.
10 Ortega, Aufstand, S. 122.
11 Ortega, Aufstand, S. 73.
12 Ortega, Aufstand, S. 74.

13 Hanuschek: Canetti, S. 189/90, Anm. 7, 9, 10 – Zitate von Ende 1929 bis Dez. 1930.

14 Münchner Post vom 23. 7. 1931, S. 5, abgedruckt in: Ödön von Horváth: Erotik, Ökonomie und Politik, Hg. Nicole Streitler-Kastberger und Martin Vejvar, Salzburg 2018, S. 48.

15 RSA IV/1 S. 265.

16 RSA IV/1 S. 270 f.

17 zit. nach Kohse, S. 75.

18 Schmidt, Transatlantik, S. 80.

19 Porträt Hoppes von Evelyn Roll, Süddeutsche Zeitung 21. 6. 2000, S. 3.

20 Boehm, S. 194.

21 Gespräch RIAS, 1968 mit Harald von Troschke.

22 Kohse, S. 74.

23 Schmidt, Transatlantik, S. 80.

24 Wie Breitbach 1979 dem Horváth-Herausgeber Traugott Krischke erzählt hat.

25 Anton Kuh: Der unsterbliche Österreicher. Bremen 2012, S. 105.

26 Die Stimmen zu den Aufführungen Horváthscher Stücke in: Traugott Krischke: Horváth auf der Bühne. 1926–1938. Dokumentation, Wien 1991.

27 Horváth liebte es, Walzer zu tanzen, Horváth-Blätter 1, S. 67.

28 Vgl. Curt Riess, Gustaf Gründgens. Eine Biographie. Wien, München 1978, S. 98.

29 Frankfurter Zeitung 3. 1. 1932.

30 Marianne Hoppe: Die Prinzessin und der Eintänzer, in: Mein erstes Engagement, Hg. Hans Peter Doll, Stuttgart 1988.

31 Roll, Süddeutsche Zeitung 21. 6. 2000, vgl. Kohse S. 77.

32 Danilo Kiš, Der Heimatlose, S. 21.

33 HRecl, Kasimir, S. 64.

34 HRecl, Kasimir, S. 158.

35 H14, Bd. 11, S. 219.

36 Horváth kommt in diesem Kursbuch nur einmal vor. Sehr weit hinten, S. 171, heißt es: »Ödön von Horváth nimmt das Kleinbürgertum als eine Klasse mit eigener Persönlichkeit ernst.« Kursbuch 45, Wir Kleinbürger, Hg. Karl Markus Michael und Harald Wieser, Berlin 1976.

37 In: Kastberger, Dummheit, S. 14.

38 H14, Bd. 3, S. 11.

39 H14, Bd. 3, S. 87.

40 H14, Bd. 3, S. 29.

41 H14, Bd. 3, S. 69.
42 Edith Raim, Es kommen kalte Zeiten, Murnau 1919–1950.
43 H14, Bd. 11, S. 162.
44 H14, Bd. 11, S. 163.
45 HH, S. 83.
46 HH, S. 85.
47 Keiner Zeitung zugeordneter Zeitungsausschnitt im Hoppe-Nachlass, vom 14. 4. 1936.
48 Pauli, Riss. S. 25.
49 HRecl, Wiener Wald, S. 9 und 85.
50 HRecl, Wiener Wald, S. 65.
51 Jan-Werner Müller, Was ist Populismus?, Berlin 2016.
52 HWA, Bd. 18, Briefe, S. 5 – Brief vom 22. 1. 29 an Lotte Fahr.
53 Geschichtliche Grundbegriffe. Historisches Lexikon zur politisch-sozialen Sprache in Deutschland. Hg. Otto Brunner, Werner Conze, Reinhart Koselleck. 8 Bände, Stuttgart 1972–1997, Band 7, Artikel Volk, Nation, Nationalismus, S. 141–431.
54 Therese Giehse, Ich habe nichts zum Sagen. Gespräche mit Monika Sperr, Berlin 1977, S. 38.
55 H14, Bd. 11. S. 184.
56 HRecl, Glaube, Nachwort, S. 217.
57 H14, Bd. 11, S. 210.
58 H14, Bd. 11, S. 200 ff.
59 H14, Bd. 11, S. 205 und 213.
60 H14, Bd. 11, S. 218.
61 Horváth-Diskussion, S. 19.
62 H14, Bd. 11, S. 225.
63 Der neue Büchmann, Geflügelte Worte, München 2001, S. 482.
64 Brief 7. 11. 32 von Emil Herz und Wilhelm Gronle, beide Ullstein, an Horváth. HWA, Bd. 18, Briefe, S. 30.
65 HRecl, Glaube, S. 34.
66 HRecl, Glaube, S. 46.
67 HRecl, Glaube, S. 33.
68 HRecl, Glaube, S. 36.
69 RSA V/1, S. 139–141.
70 https://www.youtube.com/watch?v=VDfoTyQbwVg – Walter Mehring im Gespräch mit Michael Kehlmann.

1 Ullrich, Adolf Hitler, S. 416 ff.
2 Raim, kalte Zeiten, S. 353.
3 Pauli, Riss, S. 61.
4 Pauli, Riss, S. 61.
5 Krischke, Materialien zu Ödön von Horváth, S. 60 ff.
6 Pauli, Riss, S. 62.
7 Cziffra, Luftballon, S. 222.
8 HWA, Bd. 18, Briefe, S. 34.
9 HWA, Bd. 18, Briefe, S. 37.
10 Krischke/Prokop 1972, S. 136.
11 H4, Bd. 4, S. 674, Lechner, Mechanismen, S. 310.
12 Krischke, Materialien zu Ödön von Horváth, S. 88.
13 HWA, Bd. 18, Briefe, S. 36.
14 H14, Bd. 14, S. 165, Kastberger (Hg.): Dummheit, S. 218.
15 Kohse, S. 100.
16 Horváth hat in seinen Anfängen an »Sportmärchen« gearbeitet.
17 Wie der indisch-britische Autor Pankash Mikraj vor ein paar Jahren unsere Zeit nannte.
18 Ullrich, S. 465, Ebermayers Eintrag vom 11. 2. 33. vgl. Kershaw S. 573–76.
19 Krischke, Chronik, S. 89.
20 Schnitzler, S. 241 f.
21 Schnitzler, S. 135.
22 Krischke, Chronik, S. 89.
23 Krischke, Chronik. S. 90, vgl. Tworek in: Horváths Prosa, S. 36 f., Tworek, Einem Schriftsteller auf der Spur, S. 107.
24 Kohse, S. 103.
25 So äußerte Hoppe sich gegenüber Kohse, S. 101 ff., auch gegenüber mir im Gespräch 1998, vgl. auch Marianne Schmidt, Transatlantik, S. 80 f.
26 Ben Witter, Spaziergänge, S. 204.
27 siehe auch Boehm, S. 195.
28 Domarus, S. 220 f.
29 Strasser, S. 34.
30 Pauli, in: Materialien zu Ödön von Horváth, S. 59.
31 Pauli, Riss, S. 61.
32 Marianne Schmidt, Transatlantik. S. 81.

33 Ulrich Becher in: Materialien zu Ödön von Horváth, S. 91.

34 HWA, Bd. 18, Briefe, S. 35.

35 Das Schreiben wurde erstmals von Jutta Wardetzky 1983 (in der DDR) veröffentlicht.

36 Ein Briefwechsel und Dokumente, die aber am Gesamtbild nichts ändern, werden in der Wiener Ausgabe publiziert.

37 Schnitzler, S. 138.

38 Arbeiter-Zeitung, Wien, 2. 6. 1933.

39 Frucht, S. 149.

40 Frucht, S. 150.

41 H14. Bd. 8, S. 28.

42 H14, Bd. 8, S. 77.

43 vgl. Kohse, S. 110.

44 Raim, S. 223 ff.

45 So 1998 im Gespräch mit mir.

46 Marianne Schmidt, Transatlantik, S. 80.

47 HWA, Bd. 13, Kurzprosa, Seite 484 f.

48 HWA, Bd. 13, Kurzprosa, S. 484/485.

49 Bei Wikipedia ist Horváth nicht unter diesen aufgeführt.

50 Vgl. Schmidt, Transatlantik, S. 80 / Marianne Hoppe im Gespräch mit Evelyn Roll, Süddeutsche Zeitung 21. 6. 2000. So auch im Gespräch mit mir 1998.

51 H14, Bd. 7, S. 73.

52 So auch Christian Schnitzler, S. 158.

53 Schnitzler, S. 162 f.

54 Domarus, S. 315 f.

55 Wilhelm Reich, Die Massenpsychologie des Faschismus, Köln 1971, S. 52–63.

56 Reich, S. 200.

57 vgl. Kohse, S. 145.

58 Artikel vom 6. 3. 34 »Freundschaft mit der Heide«, in: Nachlass Hoppe, Deutsches Theatermuseum, vgl. Kohse, S. 143 f.

59 Irmela von der Lühe, Erika Mann, S. 120.

60 ebda., S. 25.

61 H14, Bd. 11, S. 225.

62 zit. nach Schnitzler S. 150, HA/B 55/56. Die Notizbücher sind in der Wiener Ausgabe (HWA) noch nicht erschienen. Zuerst in Martin Hell: Kitsch als Element der Dramaturgie Ödön von Horváths. Bern u. a. 1983, S. 282.

63 Robert Musil, Über die Dummheit. (Rede vom 11. 3. 1937), S. 17.

64 HRecl., Wiener, S. 43.
65 HRecl., Wiener, S. 47.
66 HRecl., Glaube, S. 8.
67 Zum Thema Dummheit: Ödön von Horváth. Unendliche Dummheit – dumme Unendlichkeit. Hg. Klaus Kastberger. Wien 2001 / Wilhelm Emrich: Die Dummheit oder das Gefühl der Unendlichkeit, in: Wilhelm Emrich, Geist und Widergeist, Zürich 1965.
68 So z. B. Schulenburg, Lebensbilder, S. 19 f.
69 Pauli, Riss, S. 59 f.
70 Filmkurier März 1934 – Kohse, S. 154–156.
71 ebda.
72 Kohse, S. 147.

1934-1935

1 Im Nachlass Hoppe, Deutsches Theatermuseum.
2 Cziffra, Luftballon, S. 222.
3 Ulrich Becher in: Materialien zu Ödön von Horváth, S. 112.
4 Kastberger, Streitler (Hg.), Vampir und Engel, S. 96.
5 ebda., S. 97.
6 Materialien zu Ödön von Horváth, S. 19 f.
7 Horváth-Blätter 1, S. 53–61.
8 Horváth-Blätter 1, S. 67.
9 Seyd an Krischke am 22. 2. 79, Horváth-Blätter 2, S. 69.
10 Cziffra, Luftballon, S. 196.
11 Frucht, S. 117.
12 Pauli, Riss, S. 61.
13 Frucht, S. 118 ff.
14 Pauli, Riss, S. 126, S. 147 f.
15 Frucht, S. 119.
16 Materialien zu Ödön von Horváth, S. 91.
17 Pauli, Riss, S. 58 ff.
18 Dormarus, Bd. I/1, S. 44.
19 Materialien zu Ödön von Horváth, S. 82 ff.
20 Pauli, Riss, S. 67 ff.
21 HWA, Bd. 18, Briefe, S. 40 f.

22 Klaus Kastberger im Nachwort zu Horváth: Himmelwärts und andere Prosa. Frankfurt 2001, S. 199.

23 Faksimile in dem Aufsatz von Polt/Schmidjell, in: Kastberger (Hg.): Unendliche Dummheit ..., S. 257.

24 Außerdem: Hell, Martin: Kleinbürgerlicher Kunstgenuß. Kino und Trivialliteratur im Werk Horváths, in: Horváths Stücke. Hrsg. v. Traugott Krischke. Frankfurt/M. 1988 S. 181–193.

25 Roll, Süddeutsche Zeitung 21. 6. 2000.

26 Schmidt, Transatlantik, S. 80 ff.

27 ebda. S. 81.

28 In der Zeitschrift *Theater heute*, April 1991, Gespräch mit Andres Müry.

29 Boehm, S. 196.

30 ebda. S. 190.

31 Im Gespräch mit Hajo Schedlich, ZDF, 1987.

32 Marianne Schmidt, *Transatlantik*, S. 83.

33 Kohse, S. 124.

34 Goebbels Tagebuch 1. Oktober 1935.

35 Domarus I/2, S. 532.

36 Domarus I/2, S. 535.

37 Pargner, S. 48.

38 Witter, S. 205.

39 vgl. dazu: Kohse, S. 169, 204–212. Schmidt, Transatlantik, S. 82.

40 Vgl. Briefwechsel 357 ff., wo zusammenfassend die Entstehung und Einschätzung des Geheimreports diskutiert wird. Zuckmayer werden »psychologische Meisterschaft«, »plastisches Darstellungsvermögen« attestiert.

41 Zuckmayer, »Als wär's ein Stück von mir«, S. 70.

42 ebda., S. 126.

43 ebda., S. 126.

44 ebda., S. 12.

45 Strasser, S. 34.

46 ebda., S. 33.

47 ebda., S. 37.

48 ebda., S. 31.

49 ebda., S. 30.

50 ebda., S. 31.

51 ebda., S. 9.

52 ein Dorfbewohner – im Gespräch mit Strasser, S. 46.

1 Im Gespräch mit Hajo Schedlich, zit. nach Kohse, S. 240.
2 Horváth-Blätter 1, S. 71.
3 H14, Bd. 2, S. 11, 95.
4 HRecl, Wiener Wald, S. 29, vgl. Ödön von Horváth: Erotik, Ökonomie und Politik. Nicole Streitler-Kastberger und Martin Vejvar (Hg.), S. 163.
5 HRecl, Kasimir, S. 7.
6 Völker, Mephistos Landhaus, S. 9 f.
7 Boehm, S. 198.
8 Adorno, Noten zur Literatur, Parataxis, S. 476.
9 Vgl. das Kapitel »Geschichte des H III: Holzwege«.
10 H14, Bd. 16, S. 17.
11 H14, Bd. 16, S. 23.
12 Domarus, S. 822 f.
13 Zuckmayer, Als wärs …, S. 88 f.
14 H14, Bd. 1, S. 135.
15 H14, Bd. 1, S. 140.
16 Wie er in einem Brief an Walter Landauer vom 25. April 1938 schrieb: »Er gefällt mir so gut, dass ich Angst habe, es könnt ihn mir jemand nehmen. … Der Titel lautet: Adieu, Europa!« HWA, Bd. 18, Briefe, S. 93.
17 HWA, Bd. 13, S. 465.
18 H14, Bd. 12, S. 295 f.
19 Danilo Kiš, Der Heimatlose, S. 19.
20 HWA, Bd. 13, S. 465–473.
21 Ian Huish, in: Krischke, Horváths Prosa.
22 HWA, Bd. 13, Vorwort, Streitler und Vejvar.
23 HWA, Bd. 13, S. 477.
24 HWA, Bd. 13, S. 476, 483.
25 »Soeben erhielt ich einen Brief von Herrn Siodmak, der sich außerordentlich für die Weltfilmrechte von *Jugend ohne Gott* interessiert«, hatte sein Verleger Landauer aus Amsterdam am 11. März 1938 an Horváth, noch in Wien, geschrieben. HWA, Bd. 18, Briefe, S. 82.
26 Pauli, Riss, S. 65 f.

LITERATURVERZEICHNIS

ARCHIVE

Deutsches Theatermuseum, München.
Deutsche Nationalbibliothek, Frankfurt am Main, Exilarchiv.
Deutsches Literaturarchiv, Marbach.
Literaturarchiv der Österreichischen Nationalbibliothek, Nachlass Horváth, Wien (ÖLA).
Schlossmuseum Murnau.
Ullstein Archiv, Berlin.

HORVÁTH WERKAUSGABEN

Ödön von Horváth: Gesammelte Werke in 4 Bänden. Hg. v. Walter Huder/Traugott Krischke/Dieter Hildebrand. Frankfurt/M. 1970–71. (H4).

Ödön von Horváth: Kommentierte Werkausgabe in 14 Einzelbänden. Hg. v. Traugott Krischke unter Mitarbeit von Susanna Foral-Krischke. Frankfurt/M. 1985–88. (H14).

Ödön von Horváth: Himmelwärts und andere Prosa aus dem Nachlaß. Hg. v. Klaus Kastberger. Frankfurt/M. 2001 (HH).

Ödön von Horváth: Ein Fräulein wird verkauft und andere Stücke aus dem Nachlaß. Hg. v. Klaus Kastberger. Frankfurt/M. 2005 (HF).

Ödön von Horváth: Wiener Ausgabe sämtlicher Werke. Am Literaturarchiv der Österreichischen Nationalbibliothek. Hg. v. Klaus Kastberger. 19 Bände. Berlin 2009 ff. Die meisten Bände sind erschienen. (HWA).

Briefe von Ödön von Horváth an Cäsar von Arx. Hg. v. Urs Viktor Kamber. Schriftenreihe der Cäsar von Arx Stiftung. Erlinsbach 2006 (HA).

Ödön von Horváth im Reclam Verlag nach der Wiener Ausgabe: Der jüngste Tag. Hg. v. Nicole Streitler, Kasimir und Karoline. Hg. v. Klaus Kastberger, Kerstin Reimann, Geschichten aus dem Wiener Wald. Hg. v. Klaus Kastberger, Nicole Streitler, Jugend ohne Gott. Hg. v. Klaus Kastberger, Evelyne Polt-Heinzl. Glaube Liebe Hoffnung. Hg. Klaus Kastberger, Martin Vejvar. Stuttgart 2009 und 2020 (HRecl).

Zitate für gewöhnlich nach HRecl oder H14 (incl. HH und HF), da diese beiden Ausgaben allgemein gebräuchlich sind. Wo es geboten erscheint, wird aber nach der maßgeblichen Ausgabe, der Wiener Ausgabe (HWA), zitiert.

Der besonders wichtige, noch im Erscheinen begriffene Band mit Briefen der Wiener Ausgabe (HWA 18) wurde mir freundlicherweise vom Herausgeber Martin Vejvar vorab zur Verfügung gestellt. Ich zitiere nach den Fahnen.

HORVÁTH: EINIGE PUBLIKATIONEN ZU LEBZEITEN

Ödön von Horváth: Sladek oder die Schwarze Reichswehr. In: Berliner Tageblatt, 27. 1. 1929.

Ödön von Horváth: Begegnung mit Kriminellen. In: Berliner Tageblatt, 25. 4. 1929.

Ödön von Horváth: Das Bitterwasser-Plakat. In: Berliner Tageblatt, 10. 8. 1929.

Ödön von Horváth: Pepis Album. In: Berliner Tageblatt, 11. 8. 1929.

Ödön von Horváth: Hinterhornbach. In: Berliner Tageblatt, 30. 3. 1930.

Ödön von Horváth: Aus der Stille in die Stadt. In: Berliner Tageblatt, 25. 5. 1930.

Ödön von Horváth: Ohne Titel. Ein Zeitstück in drei Akten. In: Die Literarische Welt, Nr. 3, März 1933, S. 3.

MARIANNE HOPPE – INTERVIEWS, GESPRÄCHE, RUNDFUNK- UND TV-BEITRÄGE

Harald von Troschke: Marianne Hoppe im Gespräch mit Harald von Troschke, RIAS Berlin, 19. 4. 1968.

Marianne Schmidt: Marianne Hoppe – Stern ohne Himmel. Ein Portrait. In: *Transatlantik* 4/1982.

Paul Barz: »Mein Gott, ich sehe Gustaf grinsen«. Ein Gespräch mit Marianne Hoppe. In: Westermanns Monatshefte 10/1982.

Ben Witter: Spaziergänge mit Prominenten. Hamburg 1982.

Hajo Schedlich: Zeugen des Jahrhunderts. Marianne Hoppe im Gespräch mit Hajo Schedlich. ZDF 26. 4. 1987 und 3. 5. 1987.

TV-Porträt von Gero von Boehm, SWR 15. 5. 1989. Gespräch mit Hoppe. Abgedruckt in: Gero von Boehm: Begegnungen. Menschenbilder aus drei Jahrzehnten. München 2012.

Evelyn Roll, Süddeutsche Zeitung, 21. 6. 2000, S. 3.

ADOLF HITLER, REDEN

Max Domarus: Hitler. Reden und Proklamationen 1932–1945. Zwei Bände in vier Halbbänden. Wiesbaden 1973 (Domarus).

Adolf Hitler: Reden, Schriften, Anordnungen. Februar 1925 bis Januar 1933. Herausgegeben vom Institut für Zeitgeschichte. K. G. Saur, München, New Providence, London. Paris. 1994- (RSA).

PRIMÄRQUELLEN

Julius Bab: Über den Tag hinaus. Kritische Betrachtungen. Hg. v. Harry Bergholz. Heidelberg/Darmstadt 1960.
Ulrich Becher: Stammgast im Liliputanercafé. In: Ödön von Horváth. Stücke. Hg. v. Traugott Krischke. Reinbek 1961.
Joseph Breitbach: Photographien. Hg.: T. O. Immisch, Ulrich Pohlmann, Klaus E. Göltz. München 1996.
Franz Theodor Csokor: 1885–1969. Lebensbilder eines Humanisten. Hg. Ulrich N. Schulenburg. Wien, München 1992.
Franz Theodor Csokor: Zeuge einer Zeit. Briefe aus dem Exil 1933–1950. München, Wien 1964.
Franz Theodor Csokor: Einleitung. In memoriam Ödön von Horváth. In: Ödön von Horváth: »Unvollendet …«. Eingeleitet und ausgewählt von Franz Theodor Csokor. Graz, Wien 1961.
Géza von Cziffra: Kauf dir einen bunten Luftballon. München, Berlin 1975.
Géza von Cziffra: Es war eine rauschende Ballnacht. Eine Sittengeschichte des deutschen Films. Frankfurt/M., Berlin 1987.
Frankfurter Theateralmanach Jahr 1930–31, 14. amtliche Ausgabe. Verlag Max Koebcke. Frankfurt/M. 1930.
Elias Canetti: Die gerettete Zunge. Geschichte einer Jugend. Frankfurt/M. 1979.
Elias Canetti: Die Fackel im Ohr. Lebensgeschichte 1921–1931. Frankfurt/M. 1982.
Elias Canetti: Masse und Macht. Frankfurt/M. 1980.
Elias Canetti: Das Augenspiel. Lebensgeschichte 1931–1937. Frankfurt/M. 1998.
Klaus Dermutz: Christoph Marthaler. Die einsamen Menschen sind die besonderen Menschen. Salzburg, Wien 2000.
Bernhard Diebold: Das Reich ohne Mitte. Roman. Zürich, New York 1938.
Karl Frucht: Verlustanzeige. Ein Überlebensbericht. Wien 1992.
Großstadtmenschen. Die Welt der Angestellten. Hg. v. Burkhart Lauterbach. Frankfurt/M. 1995.
Das Hitler-Bild: Die Erinnerungen des Fotografen Heinrich Hoffmann. Aufgezeichnet und aus dem Nachlass von Joe J. Heydecker. St. Pölten, Salzburg 2008.
Paul Hörbiger: Ich hab für euch gespielt. München, Berlin 1979.

Danilo Kiš: Der Heimatlose. Erzählungen. Übersetzt von Ilma Rakusa. München 1996.

Siegfried Kracauer: Die Angestellten. Frankfurt/M. 1971.

Traugott Krischke: Horváth auf der Bühne. 1926–1938. Dokumentation. Wien 1991.

Wera Liessem: Leben mit und ohne den Dichter Ödön von Horváth. (Manuskript im ÖLA).

Milton Mayer: They thought they werde free. The Germans 1933–45. Chicago 2017.

Robert Musil: Über die Dummheit. Berlin 1985 (Rede vom 11. 3. 1937).

José Ortega y Gasset: Der Aufstand der Massen. Stuttgart 1993.

Hertha Pauli: Der Riss der Zeit geht durch mein Herz. Frankfurt/M., Berlin 1970.

Helmuth Plessner: Grenzen der Gemeinschaft. Frankfurt/M. 2001.

Wilhelm Reich: Massenpsychologie des Faschismus. Übers. v. Herbert Graf. Köln 1971.

Wir Kleinbürger. Kursbuch 45. Hg. v. Karl Markus Michel und Harald Wieser. Berlin 1976.

Carl Zuckmayer: Aufruf zum Leben. Porträts und Zeugnisse aus bewegten Zeiten. Frankfurt/M. 1976.

Carl Zuckmayer: Als wär's ein Stück von mir. Horen der Freundschaft. Frankfurt/M. 1966.

SAMMELBÄNDE ZU HORVÁTH

Kurt Bartsch / Uwe Baur / Dietmar Goltschnigg (Hg.): Horváth-Diskussion. Kronberg/ Ts. 1976.

Dieter Hildebrandt / Traugott Krischke (Hg.): Über Ödön von Horváth. Frankfurt/M. 1970.

Horváth Blätter. 1, Hg. v. Forschungsstelle Ödön von Horváth im Thomas Sessler Verlag Wien 1983.

Horváth Blätter. 2, Hg. v. Forschungsstelle Ödön von Horváth im Thomas Sessler Verlag Wien 1984.

Horváth-Journal. 1–5, 2003–2007, Hg. v. Ödön-von-Horváth-Gesellschaft Murnau.

Horváth lesen (Hg. v. Nicole Streitler-Kastberger und Martin Vejvar) Maske und Kothurn, Wien, Köln, Weimar 2013.

Horváth spielen (Hg. v. Andreas Ehrenreich, Annette Storr und Martin Vejvar) Maske und Kothurn, Wien, Köln, Weimar 2015.

Ute Karlavaris-Bremer / Karl Müller / Ulrich N. Schulenburg (Hg.): Geboren in

Fiume: Ödön von Horváth 1901–1938. Wien 2001. Ödön von Horváth 1901 bis 1938. Lebensbilder eines Humanisten. Wien 2001.

Klaus Kastberger (Hg.): Ödön von Horváth. Unendliche Dummheit – dumme Unendlichkeit. Wien 2001.

Klaus Kastberger, Nicole Streitler (Hg.): Vampir und Engel. Zur Genese und Bedeutung der Fräulein-Figur im Werk Ödön von Horváths. Wien 2006.

Klaus Kastberger, Evelyne Polt-Heinzl: Ödön von Horváth, Jugend ohne Gott. Stuttgart 2010.

Matthias Kratz / Gabi Rudnicki-Dotzer (Hg.): Leben ohne Geländer: Internationales Horváth-Symposium Murnau 2001. Murnau 2003.

Traugott Krischke (Hg.): Materialien zu Ödön von Horváth. Frankfurt/M. 1970.

Traugott Krischke (Hg.): Materialien zu Ödön von Horváths *Geschichten aus dem Wiener Wald*. Frankfurt/M. 1972.

Traugott Krischke (Hg.): Materialien zu Ödön von Horváths *Glaube Liebe Hoffnung*. Frankfurt/M. 1973.

Traugott Krischke (Hg.): Materialien zu Ödön von Horváths *Kasimir und Karoline*. Frankfurt/M. 1975.

Traugott Krischke (Hg.): Ödön von Horváth. Frankfurt/M. 1981.

Traugott Krischke (Hg.): Materialien zu Ödön von Horváths *Geschichten aus dem Wiener Wald*. Frankfurt/M. 1983.

Traugott Krischke (Hg.): Horváths *Jugend ohne Gott*. Frankfurt/M. 1987.

Traugott Krischke (Hg.): Horváths Stücke. Frankfurt/M. 1988.

Traugott Krischke (Hg.): Horváths Prosa. Frankfurt/M. 1989.

Heinz Lunzer / Victoria Lunzer-Talos / Elisabeth Tworek: Horváth. Einem Schriftsteller auf der Spur. Salzburg, Wien 2001.

Christine Schmidjell: Ödön von Horváth, Geschichten aus dem Wiener Wald. Erläuterungen und Dokumente. Stuttgart 2009.

Ödön von Horváth: Erotik, Ökonomie und Politik. Hg. v. Nicole Streitler-Kastberger und Martin Vejvar. Salzburg 2018.

Elisabeth Tworek-Müller (Hg.): Horváth und Murnau. Ödön-von-Horváth-Verein Murnau. Murnau 1988.

SEKUNDÄRLITERATUR

Hugo Aust, Peter Haida, Jürgen Hein (Hg.): Volksstück. Vom Hanswurstspiel zum sozialen Drama der Gegenwart. München 1989.

Kurt Bartsch: Ödön von Horváth. Stuttgart/Weimar 2000.

Politik in Bayern 1919–1933. Berichte des württembergischen Gesandten Carl Moser von Fleck. Hg. v. Wolfgang Benz. Schriftenreihe der Vierteljahreshefte zur Zeitgeschichte. Stuttgart 1971.
Johanna Bossinade: Vom Kleinbürger zum Menschen. Die späten Dramen Ödön von Horváths. Bonn: Bouvier 1988.
Karsten Brandt: Horváths Eintritt in den Reichsverband deutscher Schriftsteller (RDS) am 11. 07. 1934. Paris: Univ.-Diss. 1995.
John Carey: Hass auf die Massen. Intellektuelle 1880–1939. Göttingen 1996.
Hans Daiber: Schaufenster der Diktatur. Theater im Machtbereich Hitlers. Stuttgart 1995.
Ernst Deuerlein: Der Aufstieg der NSDAP 1919–1933 in Augenzeugenberichten. Düsseldorf 1968.
Manfred Durzak (Hg.): Die deutsche Exilliteratur 1933–1945. Stuttgart 1973.
Wilhelm Emrich: Die Dummheit oder das Gefühl der Unendlichkeit. In: Ders.: Geist und Widergeist. Wahrheit und Lüge der Literatur. Frankfurt/M. 1965.
Manfred Flügge: Stadt ohne Seele. Wien 1938. Berlin 2018.
Axel Fritz: Ödön von Horváth als Kritiker seiner Zeit. Studien zum Werk in seinem Verhältnis zum politischen, kulturellen und sozialen Zeitgeschehen. München 1973.
Herbert Gamper: Horváths komplexe Textur. Dargestellt an frühen Stücken. Zürich 1987.
Herbert Gamper: »Sinds nicht tierisch?«. Einige der vorbereitenden Überlegungen zum Stück. In: Ödön von Horváth: *Geschichten aus dem Wiener Wald.* Stuttgart: Württembergisches Staatstheater 1975.
Hans Ulrich Gumbrecht: 1926. Ein Jahr am Rand der Zeit. Frankfurt/M. 2001.
Hans Ulrich Gumbrecht: Stil. Geschichten und Funktionen eines kulturwissenschaftlichen Diskurses. Frankfurt/M. 1986.
Ingrid Haag: Ödön von Horváth. Fassaden-Dramaturgie. Beschreibung einer literarischen Form. Frankfurt/M. 1995.
Brigitte Hamann: Hitlers Wien. Lehrjahre eines Diktators. München 1996.
Sven Hanuschek: Elias Canetti. Biographie. München 2005.
Martin Hell: Kitsch als Element der Dramaturgie Ödön von Horváths. Bern u. a. 1983.
Dieter Hildebrandt: Jargon der Uneigentlichkeit. In: Akzente, H. 2, 1972.
Dieter Hildebrandt: Ödön von Horváth in Selbstzeugnissen und Bilddokumenten. Reinbek 1975.
Hellmuth Himmel: Ödön von Horváth und die Volksstücktradition. In: Krischke 1981.

Alice Herdan Zuckmayer: Das Scheusal. Geschichte einer sonderbaren Erbschaft. Frankfurt/M. 1982.

Walter Huder: Zur Geschichte und Legende vom Tode des Ödön von Horvath in Paris. Nantes 1982.

Ian Huish: *Adieu Europa!* Entwurf zu einer Autobiographie? In: Horváth-Blätter 1983.

Dietmar Jazbinsek: Der internationale Mädchenhandel. Biografie eines sozialen Problems. Berlin 2002.

Urs Jenny: Horváth realistisch, Horváth metaphysisch. In: Akzente, 1971.

Klaus Kastberger: Ödön von Horváth. Voraussetzungen einer kritisch-genetischen Ausgabe. In: Editio, 2001.

Klaus Kastberger: Sich ins Exil schreiben. Ödön von Horváths Jugend ohne Gott. (Vortrag Saarbrücken 2013).

Ian Kershaw: Hitler 1889–1936. Stuttgart 1998.

Volker Klotz: Dramaturgie des Publikums. Wie Bühne und Publikum aufeinander eingehen, insbesondere bei Raimund, Büchner, Wedekind, Horváth, Gatti und im politischen Agitationstheater. München/Wien 1976.

Petra Kohse: Marianne Hoppe. Eine Biografie. Berlin 2001.

Reinhart Kosselleck: Volk, Nation, Masse. In: Otto Brunner: Geschichtliche Grundbegriffe. Band 7 Verw.-Z. Stuttgart 1978.

Albrecht Koschorke: Adolf Hitlers *Mein Kampf*. Zur Poetik des Nationalsozialismus. Berlin 2016.

Albert Krebs: Tendenzen und Gestalten der NSDAP. Erinnerungen an die Frühzeit der Partei. Veröffentlichungen des Instituts für Zeitgeschichte. Stuttgart 1959.

Traugott Krischke: Horváth-Chronik. Frankfurt/M. 1988.

Traugott Krischke: »Leben ohne Geländer«. Briefwechsel zwischen Franz Theodor Csokor und Ödön von Horváth aus den Jahren 1933 bis 1938. In: Ulrich N. Schulenburg (Hg.): Lebensbilder eines Humanisten. Ein Franz Theodor Csokor-Buch. Wien 1992.

Traugott Krischke: Ödön von Horváth: Kind seiner Zeit. Berlin 1998 bzw. München 1980.

Traugott Krischke / Hans F. Prokop (Hg.): Ödön von Horváth. Leben und Werk in Dokumenten und Bildern. Frankfurt/M. 1972.

Traugott Krischke / Hans F. Prokop (Hg.): Ödön von Horváth. Leben und Werk in Daten und Bildern. Frankfurt/M. 1977.

Einladung zur Verwandlung. Essays zu Elias Canettis »Masse und Macht«. Hg. v. Michael Krüger. München, Wien 1995.

Hajo Kurzenberger: Horváths Volksstücke. München 1974.
Wolfgang Lechner: Mechanismen der Literaturrezeption in Österreich am Beispiel Ödön von Horváth. Stuttgart 1978.
Helmut Lethen: Horváths Biotope und die »Weltoffenheit« in der Anthropologie der Zwischenkriegszeit. In: Kastberger 2001.
Irmela von der Lühe: Erika Mann. Eine Biographie. Frankfurt/M. 1996.
Heinz Lunzer / Victoria Lunzer-Talos / Elisabeth-Tworek: Horváth. Einem Schriftsteller auf der Spur. Salzburg Wien 2001.
Peter Michalzik: Gustaf Gründgens. Der Schauspieler und die Macht. Berlin 1999.
Jan-Werner Müller: Was ist Populismus? Berlin 2016.
Wolfgang Müller-Funk: Die Eroberung der Welt durch das Kleinbürgertum. Lion Feuchtwangers *Erfolg* und Horváths *Ewiger Spießer*. In: Krischke 1989.
Winfried Nolting: Der totale Jargon. Die dramatischen Beispiele Ödön von Horváths. München 1976.
David Oels / Ute Schneider (Hg.): »Der ganze Verlag ist einfach eine Bonbonniere« Ullstein in der ersten Hälfte des 20. Jahrhunderts. Berlin München Boston 2015.
Birgit Pargner: Marianne Hoppe. Hg. v. Deutsches Theatermuseum München. München, Berlin 2009.
Evelyne Polt-Heinzl/Christine Schmidjell: Geborgte Leben. Ödön von Horváth und der Film. In: Kastberger 2001.
Evelyne Polt-Heinzl / Christine Schmidjell: Ödön von Horváth, H. W. Becker und der Film. In: Kratz / Rudnicki-Dotzer 2003.
Edith Raim: »Es kommen finstere Zeiten«. Murnau 1919–1950. München 2020.
Günther Rühle: Theater für die Republik, 1917–1933 im Spiegel der Kritik. Frankfurt/M. 1988.
Günther Rühle: Theater in Deutschland 1887–1945. Seine Ereignisse – seine Menschen. Frankfurt/M. 2007.
Christine Schmidjell: Ödön von Horváth: *Geschichten aus dem Wiener Wald*. Erläuterungen und Dokumente. Stuttgart 2000.
Claudia Schmölders: Hitlers Gesicht. Eine physiognomische Biographie. München 2000.
Hansjörg Schneider: Ödön von Horváth – Dichter der Zwischenkriegszeit. In: Krischke 1983.
Hansjörg Schneider: Briefwechsel Ödön von Horváth – Verlag Allert de Lange. In: Zeitschrift für Germanistik, H. 2, 1989 (wiederabgedruckt in: Literatur und Kritik, H. 237/238, 1989).

Christian Schnitzler: Der politische Horváth. Untersuchungen zu Leben und Werk. Frankfurt/M. u. a. 1990.
Helmut Schödel: Der Wind ist ein Wiener. Reportagen für morgen. Salzburg, Wien 2012.
Jürgen Schröder: Horváths Lehrerin von Regensburg. Der Fall Elly Maldaque. Frankfurt/M. 1982.
Winfried G. Sebald: Das Mädchen aus der Feenwelt. Bemerkungen zu Liebe und Prostitution mit Bezügen zu Raimund, Schnitzler und Horváth. In: Neophilologus, H. 1, 1983.
Der Spiegel: Ödön von Horváths lustige Schwägerin. Der Spiegel vom 8. 5. 1989.
Carola Stern. Auf den Wassern des Lebens. Gustaf Gründgens und Marianne Hoppe. Köln 2005.
Christian Strasser: Carl Zuckmayer, Deutsche Künstler im Salzburger Exil 1933–1938. Wien, Köln, Weimar 1996.
Botho Strauß: Die vertierte Vernunft und ihre Zeit. *Theater heute* 1967.
Nicole Streitler: Mann und Frau bei Ödön von Horváth. Eine instruktive Rundsicht. In: Horváth Journal 2004.
Theater im »Dritten Reich«: Theaterpolitik, Spielplanstruktur, NS-Dramatik. Hg. v. Henning Rischbieter. Seelze-Velber 2000.
Hitler aus nächster Nähe. Aufzeichnungen eines Vertrauten 1929–1932. Hg. v. H. A. Turner jr. Frankfurt/M., Berlin 1978.
Volker Ullrich: Adolf Hitler. Die Jahre des Aufstiegs 1889–1939. Frankfurt/M. 2013.
Frauen um Hitler. Nach Materialien von Henriette von Schirach. München, Berlin 1983.
Berthold Viertel: Schriften zum Theater. München 1970.
Klaus Völker: Mephistos Landhaus. Klabund und Gründgens in Zeesen. Kleist-Museum Frankfurt/Oder 2008.
Uwe Wittstock: Februar 1933. Der Winter der Literatur. München 2021.

ABBILDUNGSNACHWEIS

Privatarchiv des Autors: S. 13, S. 50, S. 66, S. 119, S. 150, S. 176, S. 215, S. 225, S. 227, S. 263 (rechts oben)

S. 11, 21: Literaturarchiv der österreichischen Nationalbibliothek, Wien / Österreichisches Literaturarchiv
S. 15: Getty Images: © Heinrich Hoffmann / Freier Fotograf
S. 19: Getty Images: © Keystone / Stringer
S. 25: Nachlass Marianne Hoppe / Deutsches Theatermuseum: ©Benedikt Hoppe, Foto: P. D., Pritzwalk
S. 29: Schloßmuseum Murnau
S. 35: Nachlass Marianne Hoppe / Deutsches Theatermuseum: ©Benedikt Hoppe, Foto: Fritz Palm
S. 51: Nachlass Marianne Hoppe / Deutsches Theatermuseum: ©Benedikt Hoppe, Foto: Held
S. 57: Metropolis © 2011 Friedrich-Wilhelm-Murnau-Stiftung, Wiesbaden
S. 87: Nachlass Marianne Hoppe / Deutsches Theatermuseum: ©Benedikt Hoppe, Foto: Bild-Ton-Archiv (BTA)
S. 94, 157: Deutsches Theatermuseum München, Archiv Gertrude Fuld
S. 101: Nachlass Marianne Hoppe / Deutsches Theatermuseum: ©Benedikt Hoppe, Foto: Marta Vietz
S. 109: Axel Springer Syndication GmbH / ullstein bild / Tempo
S. 115, 134: Nachlass Marianne Hoppe / Deutsches Theatermuseum: ©Benedikt Hoppe, Foto: Hess
S. 125: Nachlass Marianne Hoppe / Deutsches Theatermuseum: ©Benedikt Hoppe, Foto: Hirsch
S. 139: Stadt Wien / Wienbibliothek im Rathaus
S. 182, 209, 245: Nachlass Marianne Hoppe / Deutsches Theatermuseum: ©Benedikt Hoppe, Foto: unbekannt
S. 193: © SZ Photo / Süddeutsche Zeitung Photo
S. 197: © ullstein bild – ullstein bild
S. 203: © Deutsche Kinemathek
S. 205: © Münchner Stadtbibliothek / Monacensia im Hildebrandhaus – Literaturarchiv
S. 218: © Ödön-von-Horváth-Gesellschaft e. V.

S. 235: © bpk / Geheimes Staatsarchiv, SPK / Bildstelle GStA PK

S. 238: © ullstein bild – Imagno

S. 241: Nachlass Marianne Hoppe / Deutsches Theatermuseum: © Ruth Wilhelmi

S. 246, links: Nachlass Marianne Hoppe / Deutsches Theatermuseum: ©Benedikt Hoppe, Foto: Terra Quick; rechts: ©bpk / adoc-photos

S. 250, links: © United Archives / kpa Publicity / Süddeutsche Zeitung Photo; rechts: Nachlass Marianne Hoppe / Deutsches Theatermuseum: ©Benedikt Hoppe, Foto: unbekannt

S. 263: links oben: Nachlass Marianne Hoppe/Deutsches Theatermuseum (©Benedikt Hoppe), Foto: Scherl-Bilderdienst; unten: © ullstein bild – ullstein bild

S. 267: links: Schloss Zeesen, um 1926; aus: Klabund, Ode an Zeesen, 1926. Privatdruck, Archiv Klaus Völker; rechts: Nachlass Marianne Hoppe / Deutsches Theatermuseum: ©Benedikt Hoppe, Foto: Greinert

S. 274: © Keystone / Freier Fotograf / Getty Images

DANK

Wir alle wissen, wie schwer es Archivar:innen manchmal fällt, ihre Schätze aus der Hand zu geben. Ich danke allen, die das getan haben, auch aus versteckten Winkeln. Etwa Birgit Pargner und Babette Angelaeas vom Deutschen Theatermuseum in München, hier liegt der Nachlass von Marianne Hoppe. Ich danke Lars-Broder Keil vom Springer Archiv, der mich auf eine eigene Spur gebracht hat und Renate Buhren vom Ullstein-Archiv.

Sehr möchte ich mich bei Elisabeth Tworek bedanken, die mich an ihrem soliden und reichen Wissen über Horváth, insbesondere zur Murnauer Zeit, hat teilhaben lassen. Ich danke der Ödön-von-Horváth-Gesellschaft und Gaby Rudnicki für eine gute Kommunikation.

Vor allem danke ich den Mitarbeiter:innen der großen Wiener Horváth-Ausgabe, insbesondere Martin Vejvar, der mich den Briefband hat vorab einsehen lassen.

Ich danke verschiedenen Mitarbeiter:innen der Deutschen Nationalbibliothek in Frankfurt am Main, die mich – auch in Corona-Zeiten – bei schwierigen Wünschen zu Hitler unterstützt haben.

Ich danke Gerhard Ahrens, der lange mit Marianne Hoppe befreundet war, für seine Auskünfte. Sehr möchte ich mich bei verschiedenen Menschen, Schauspieler:innen wie Regiseur:innen im Theater bedanken, mit denen ich über Horváth sprechen konnte. Die lebendige, assoziative, kritische Diskussionskultur ist immer wieder anregend und für mich unersetzlich.

Wichtig waren auch das Exil-Archiv in Frankfurt am Main, das Deutsche Literatur-Archiv in Marbach, die Akademie der Künste in Berlin, das Österreichische Literaturarchiv, wo der Horváth-Nachlass verwahrt und betreut wird, Hans M. Eichenlaub von der von Arx-Gesellschaft in Aarau, Werner Schroeter, Bernhard Fetz, Andres Müry und die Hoppe-Biografin Petra Kohse.

Zu tiefem Dank verpflichtet bin ich dem bayerischen Teil meiner Verwandtschaft, ohne ihn hätte ich manches nicht formulieren können. Und schließlich ist ein Autor ohne Agent:in, Alfio Furnari, und Lektor:in, Johanna Links, nur die Hälfte wert.